Lisa und Wilfried Bahnmüller
Markus Meier

AF628891

Erlebnis-Wanderungen in und um Meran

Abwechslungsreiche Touren am Wasser, durch malerische Täler und auf die schönsten Gipfel

J. BERG

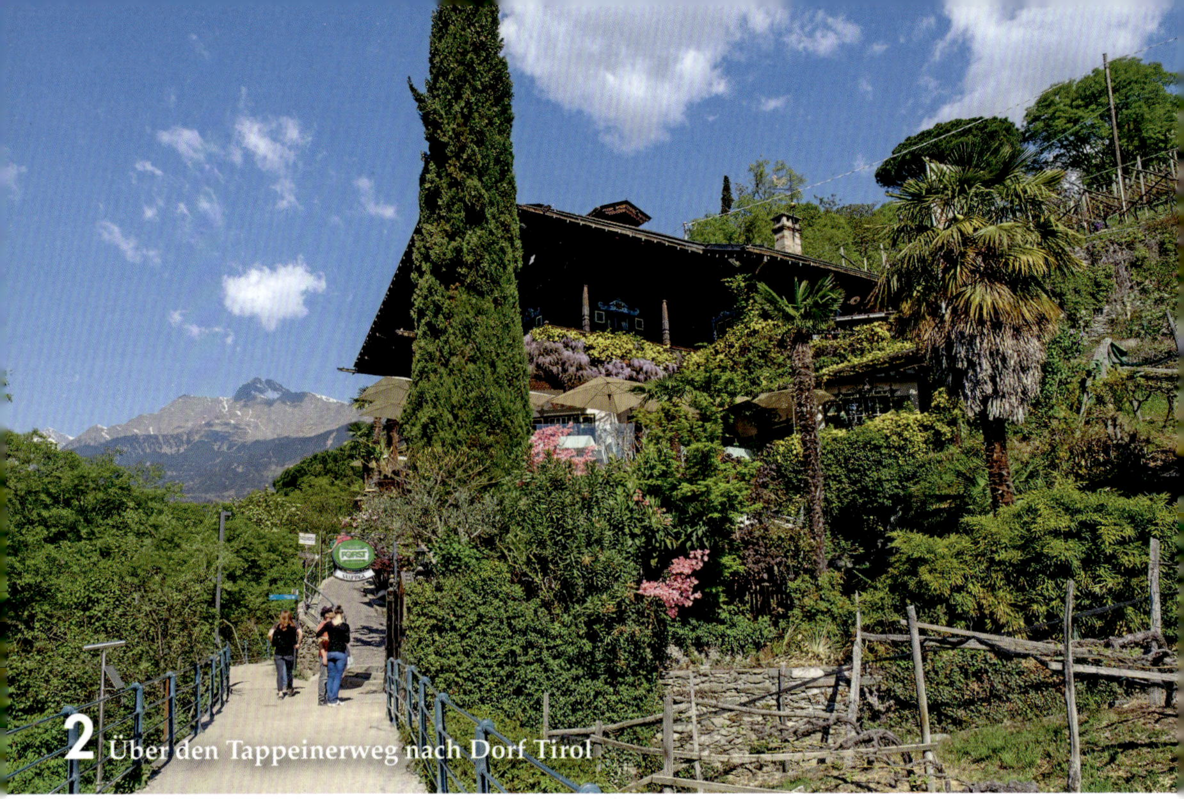

2 Über den Tappeinerweg nach Dorf Tirol

Inhalt

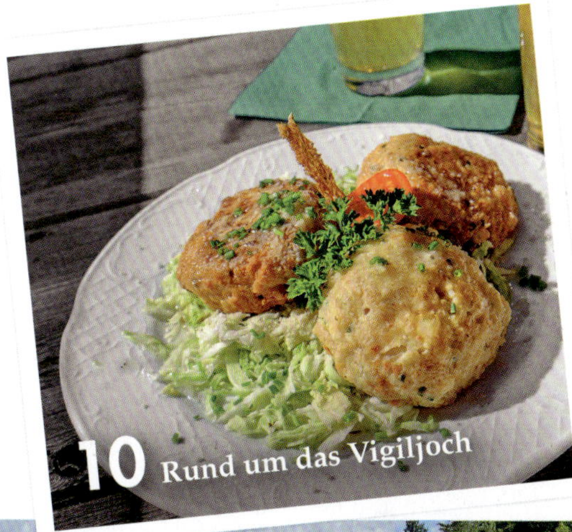

10 Rund um das Vigiljoch

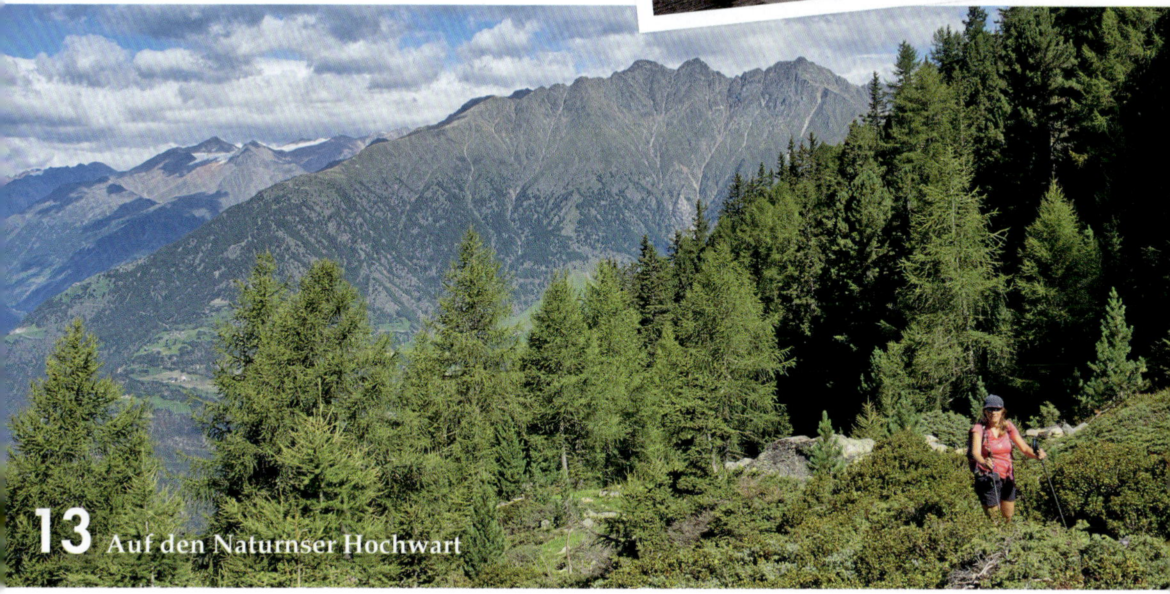

13 Auf den Naturnser Hochwart

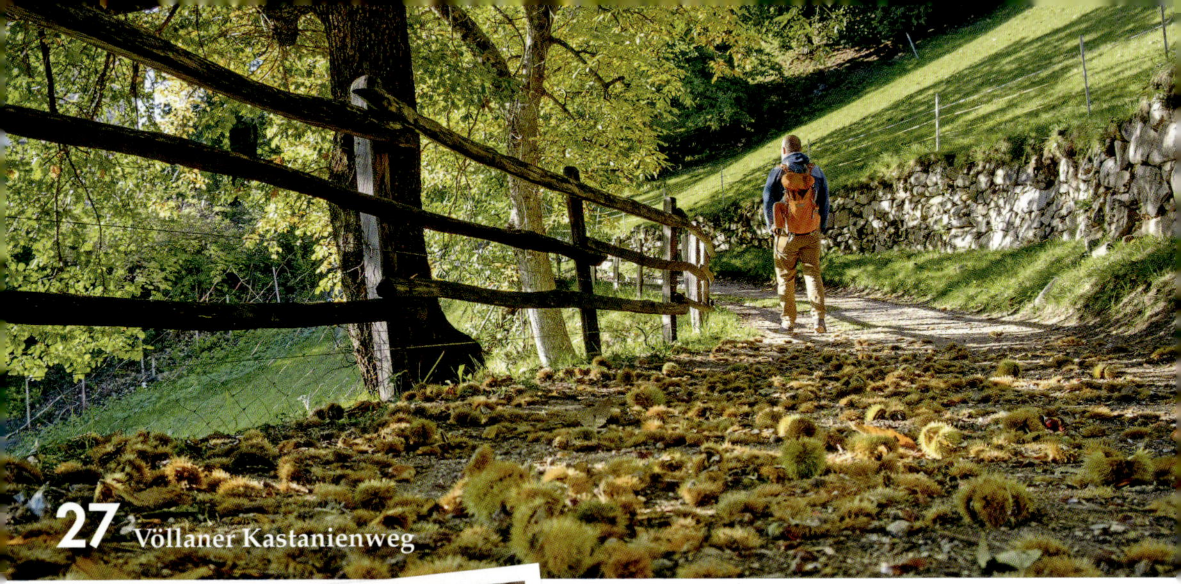
27 Völlaner Kastanienweg

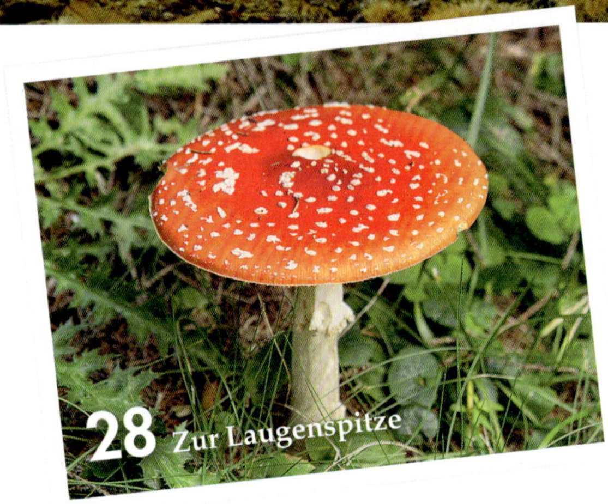
28 Zur Laugenspitze

Tourenüberblick

		Tour	km	Hm									
1	●	Kurstadt Meran	5 km	50 Hm	1.45 Std.	•	•	•	•	•			•
2	●	Über den Tappeinerweg nach Dorf Tirol	13,5 km	400 Hm	4 Std.	•	•	•	•				•
3	●	Von Meran nach Schenna	9,5 km	280 Hm	2.45 Std.	•	•	•	•	•			•
4	●	Von Obermais nach Naif	7 km	300 Hm	2.30 Std.		•	•	•	•			•
5	●	Großer Mittager und Windspitze	13,4 km	610 Hm	4.30 Std.	•				•		•	•
6	●	Schenner Waalweg zum Holzerhof	9,5 km	550 Hm	3,5 km	•	•	•					•
7	●	Über den Marlinger Waalweg	14 km	650 Hm	4 Std.	•	•	•		•			•
8	●	Am Tschermser Waalweg	7 km	240 Hm	2.15 Std	•	•	•		•			•
9	●	In die Gaulschlucht	3 km	100 Hm	1.15 Std.		•	•			•		•
10	●	Rund um das Vigiljoch	10,5 km	400 Hm	3.30 Std.	•	•	•	•	•		•	•
11	●	Hochgalsaun und Latschander Waal	3,3 km	200 Hm	1.30 Std.	•	•	•	•	•			•
12	●	Zur Zirmtalalm	11,8 km	800 Hm	5 Std.	•							•
13	●	Auf die Naturnser Hochwart	14,8 km	1360 Hm	6.30 Std.	•				•			
14	●	Der Sonnenberger Panoramaweg	7 km	350 Hm	2.45 Std.	•	•	•		•			•
15	●	Zum Partschinser Wasserfall	9 km	580 Hm	4 Std.	•		•		•			•
16	●	Leiteralm und Vellau	9,7 km	↑ 280 Hm ↓ 950 Hm	4 Std.	•				•		•	•
17	●	Zu den Spronser Seen	17,4 km	1150 Hm	7 Std.	•				•		•	•
18	●	Zur Oberen Obisellalm	10,2 km	870 Hm	5 Std.	•				•			•
19	●	Zum Erensee	10,3km	680 Hm	4 Std.	•				•			•
20	●	St. Martin am Schneeberg	16 km	810 Hm	6 Std.	•				•			•
21	●	Auf den Fleckner am Jaufenpass	6,5 km	350 Hm	2.30 Std.	•	•						•
22	●	Panoramarunde am Hirzer	4,5 km	150 Hm	1.45 Std.	•	•			•		•	•
23	●	Der Maiser Waalweg	9 km	↑ 100 Hm ↓ 250 Hm	3 Std.		•	•		•			•
24	●	Am Kuenser Waalweg	8,9 km	↑ 470 Hm ↓ 400 Hm	3.30 Std.	•	•						•
25	●	Zum Knottnkino	3,3 km	150 Hm	1.30 Std.	•	•	•	•				•
26	●	Zu den Stoanernden Mandln	20,2 km	840 Hm	7 Std.	•		•			•		•
27	●	Völlaner Kastanienweg	3 km	120 Hm	1 Std		•	•					•
28	●	Zur Laugenspitze	10,7 km	810 Hm	5 Std.	•				•			•
29	●	Ultentaler Höfeweg	6 km	↑ 100 Hm ↓ 250 Hm	2 Std.	•	•	•			•		•
30	●	Bei der Stange	14,5 km	975 Hm	6 Std.	•					•		•

Vorwort

Meran gehört zu den beliebtesten Urlaubsorten in den Alpen. Das gemilderte Klima im Talboden, die umliegenden hohen Berge und die Mischung aus Südtiroler und italienischem Flair tragen zu dieser Beliebtheit bei. Zudem sind hier die Wandermöglichkeiten ausgesprochen vielfältig, und gerade in der näheren Umgebung der Stadt finden sich viele gemütliche Wanderungen, die teils auf Waalwegen entlang der historischen Bewässerungskanäle verlaufen. Weiterer Pluspunkt: Diese Wanderungen sind ganzjährig möglich. Weiter oben locken dann die hohen Aussichtsgipfel, allen voran die mächtige Naturnser Hochwart, der Hirzer oder die Laugenspitze. Aber auch zu geheimnisvollen und historischen Plätzen wie dem Bergbaugebiet St. Martin in Schneeberg, den Stoanernen Mandln und dem Erensee führen wunderbare Wanderungen.

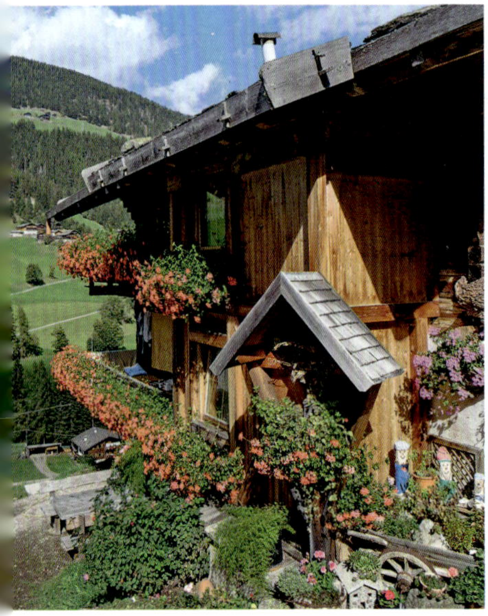

Am Ultentaler Höfeweg (Tour 29)

In diesem Buch beschränken wir uns bei den Touren nicht nur auf die nähere Umgebung von Meran, sondern entdecken auch die verschiedenen Täler, die von der Stadt in alle Himmelsrichtungen verlaufen. Dabei beginnen wir bewusst im Vinschgau mit zwei Wanderungen. Weitere Täler, die wir besuchen, sind das Passeiertal, das zum Timmelsjoch hinaufzieht und das wunderschöne Ultental. Besonders beliebt als Urlaubsziel ist die Sonnenterrasse von Hafling über Vöran, die mit einer wahrlich prächtigen Aussicht lockt. Wobei sich bei allen unserer Wanderungen grandiose Aussichten und landschaftliche Schönheiten abwechseln. Zudem unterstützen die guten öffentlichen Verkehrsmittel das Urlaubsgefühl – man kann sein Auto einfach mal stehenlassen und mit Zug, und vor allem Bussen, die Ausgangspunkte der Touren erreichen.

Meran bietet somit alle Zutaten für einen genussvollen Wanderurlaub mit südländischem Flair – wir wünschen Ihnen viel Freude bei Ihrem erlebnisreichen Meran-Urlaub!

Lisa und Wilfried Bahnmüller
Markus Meier

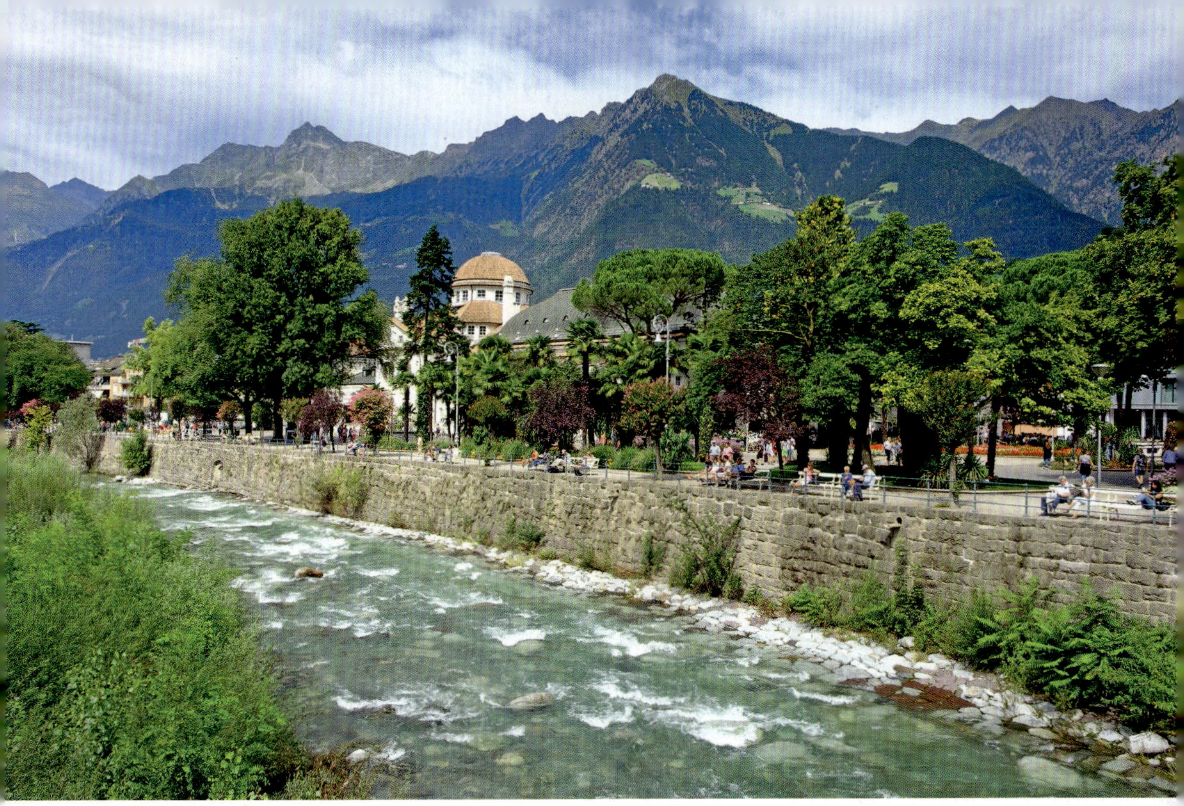

Meran eignet sich als Ausgangspunkt für alle Wanderungen (z. B. Tour 1).

Wandern in und um Meran

Für dieses Buch haben wir einige der schönsten Wege im Meraner Land ausgesucht und zu Wanderungen zusammengestellt. Alle sind von der Kurstadt Meran aus gut zu erreichen. Doch gilt es, beim Wandern und Bergsteigen ein paar allgemeine Regeln zu beherzigen.

Tourencharakter und Schwierigkeitsgrade

In diesem Buch handelt es sich um Erlebnistouren, doch überschneiden sich dabei Spaziergänge, Wanderungen und Bergtouren, von denen einige auch durchaus sportlichen Charakter besitzen. Deshalb ist die klassische Einteilung, wie sie z. B. der Alpenverein mit den Farben Blau, Rot und Schwarz kategorisiert, nicht ganz so einfach. Unsere Einteilung in »Leicht«, »Mittel« und »Schwer« dient nur zur groben Orientierung, denn jeder Wanderer empfindet die Schwierigkeiten individuell. Bei uns sind die Spaziergänge und Wanderungen meist »leicht« (blau), und alle Touren, die bzgl. ihrer Länge etwas Kondition erfordern und/oder etliche Höhenmeter beinhalten, wurden zumeist als schwieriger eingestuft. Wenn Trittsicherheit und Schwindelfreiheit erforderlich sind, weisen wir im Kasten »Tourencharakter« eindeutig darauf hin. Teilweise lassen sich diffizile Stellen auch umgehen, und überdies ist es keine Schande, einen Gipfel auszulassen und lieber an einem weniger exponierten Platz zu rasten, als sich durch Übermut und Fehleinschätzung in eine gefährliche Lage zu begeben.

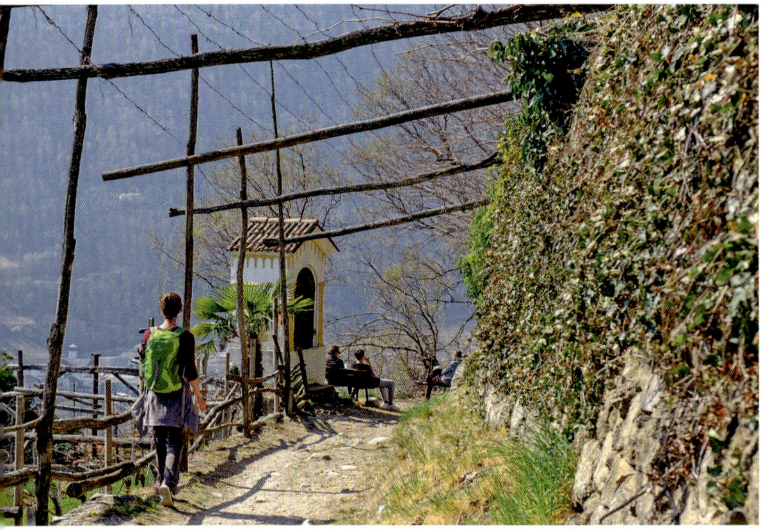

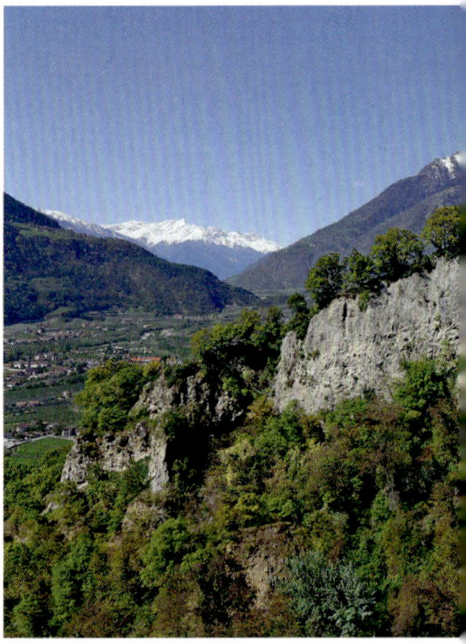

Der steile Abschnitt am Algunder Waalweg nennt sich Ochsentodweg (Tour 2).

Gehzeiten und Höhenangaben

Wir haben uns sehr um genaue Zeit- und Höhenangaben bemüht. Alle aufgeführten Zeiten verstehen sich als reine Gehzeiten und dienen nur als Richtlinien – Pausen und die Zeit für Besichtigungen muss man immer extra hinzurechnen. Die Höhenangaben beziehen wir aus unseren GPS-Daten.

Sicherheit

Viele gute Tipps für sicheres Wandern und auch den aktuellen Wetterbericht findet man auf den Seiten des Deutschen und des Südtiroler Alpenvereins (alpenverein.de, alpenverein.it). Grundsätzlich ist für den Notfall die Mitnahme eines Handys sinnvoll, für das man mittlerweile zuverlässigen flächendeckenden Empfang hat.

Wichtig vor der Tourenplanung ist das zu erwartende Wetter. Unvorhersehbare Wetterumschwünge gibt es immer wieder, und vor allem im Sommer müssen wir, besonders am Nachmittag, mit Gewittern rechnen. Im Herbst darf man nicht zu spät zu einer Tour aufbrechen, da es früher dunkel wird – man sollte daran denken, dass Ende Oktober der Stand der Sonne gleich mit dem im Februar ist. Wenn wir merken, dass wir zeitlich in Verzug kommen, ist es besser umzudrehen, als ein Risiko einzugehen.

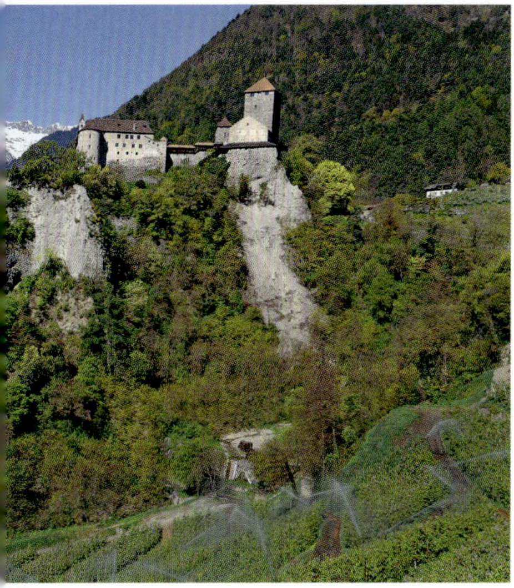

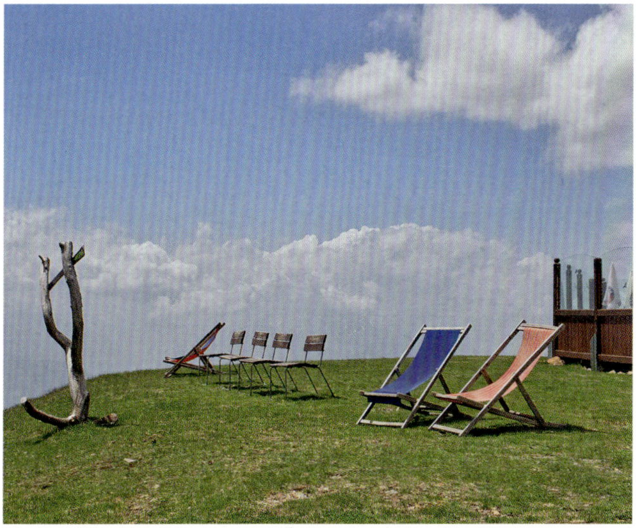

Pause an der Mittagerhütte (Tour 5)

Mitte: Schloss Tirol über Meran (Tour 2)

Grundsätzlich sind natürlich die meisten Wanderwege naturbelassen, d.h. sie können nach Regen aufgeweicht und matschig sein, im Sommer grasüberwachsen oder im Herbst durch feuchtes Laub rutschig sein. Gerölliger, steiniger Untergrund ist ebenso möglich wie wurzeldurchsetzter Waldboden. Es gibt aber auch geteerte Abschnitte, bei denen dann auch mit Straßenverkehr zu rechnen ist.

Ausrüstung

Feste Wanderschuhe sind eine Grundvoraussetzung für sicheres Wandern. Funktionswäsche ist praktisch: Wenn man schwitzt, trocknet sie schneller. Windstopper, Mütze, Sonnenkappe, aber auch ein Wechselshirt sollte man ebenso dabeihaben, und auch ein Sonnenschutz mit starkem Lichtschutzfaktor gehört in den Rucksack, ebenso wie ein Insektenabwehrmittel. Vernünftig ist

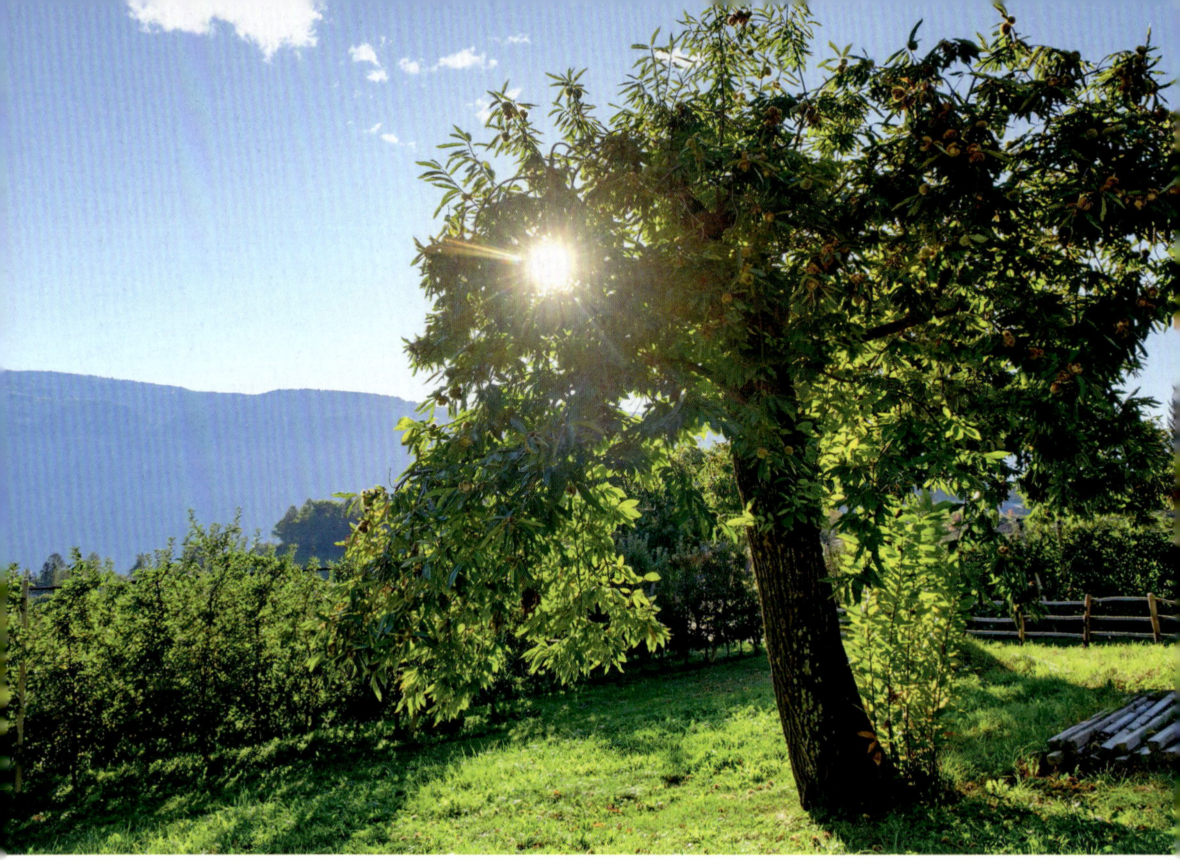

Kastanienbaum bei Völlan (Tour 27)

auch ein Erste-Hilfe-Täschchen mit Rettungsfolie (Fachhandel), das gut im Rucksack liegt und nicht viel Platz wegnimmt.

Mit das Wichtigste beim Wandern ist die Brotzeit, die in Südtirol Marende heißt. Auch wenn es auf fast allen Touren Einkehrmöglichkeiten gibt, ist doch ein Picknick mit einer Brotzeit ein unvergessliches Erlebnis. Auch bei der Mitnahme von Getränken dürfen wir niemals sparen. In den meisten Orten gibt es einen Supermarkt, eine Bäckerei oder einen Dorfladen, wo wir uns für eine Brotzeit eindecken können.

Sollten wir Wert auf eine Einkehr legen, dürfen wir nicht außer Acht lassen, dass sich Öffnungszeiten und Ruhetage der vorgeschlagenen Gasthäuser oder Almen ändern können. Um nicht hungrig und unverrichteter Dinge vor verschlossenen Türen zu stehen, prüft man am besten vorher im Internet die Öffnungszeiten und packt einen Notproviant mit ein. Tipp: Benutzen Sie aus ökologischen Gründen lieber Einwickelpapiere, Brotzeitdosen und wiederauffüllbare Getränkeflaschen statt Plastikverpackungen und Einwegflaschen.

Anfahrt

Alle Ausgangsorte der Touren lassen sich mit dem gut ausgebauten Netz des Südtiroler Nahverkehrsverbunds erreichen – eine gute und vor allem umweltverträgliche Alternative zum eigenen Auto, die uns auch eine nervige Parkplatzsuche erspart. So kann man getrost das Auto abstellen und umweltfreundlich zu den Ausgangsorten anreisen.

Naturschutz

Wir sind nur Gast in der Natur und sollten – außer Fußspuren – nichts hinterlassen! So schön Bergblumen sind und zum Pflücken verlocken: Ein Großteil von ihnen steht unter Naturschutz, und auch nachfolgende Wanderer wollen sich an ihnen erfreuen. Des Weiteren nimmt man seinen Abfall wieder mit ins Tal, und zwar jeglichen, auch den, der normalerweise verrottet!

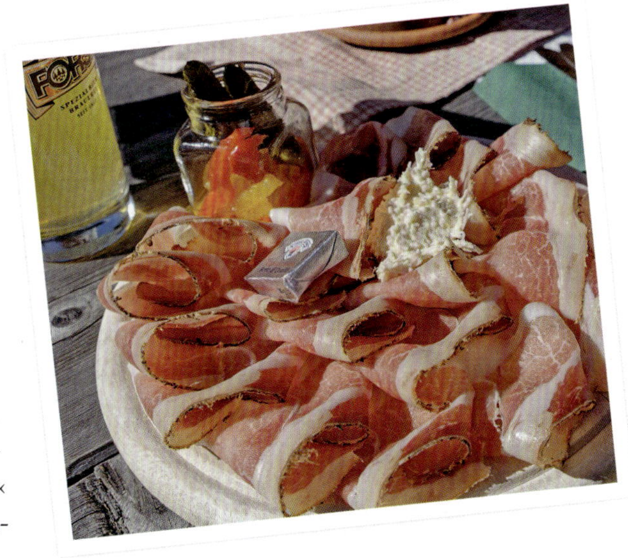

Zum Wandern gehört eine Brotzeit dazu, die Südtiroler nennen sie Marende.

Ein besonderes und leidiges Thema sind die mittlerweile zahlreichen Tempotücher, die man hinter vielen Holzstößen und Büschen findet – daher richtet sich dieser Appell vor allem an die weiblichen Wandersleut': Ein Taschentuch ist für das »kleine Geschäft« in der Natur definitiv nicht nötig (Männer benutzen auch nie eines)!

Die Wege, die wir begehen, sind offizielle Wanderwege (Alm- und Forststraßen, Wiesen- und Bergpfade sowie Steige), die extra angelegt wurden. Der Unsitte, Wege abzukürzen, folgen wir nicht, entstehen doch so Erosionsschäden! Ebenso laufen wir nicht querfeldein über eine Wiese, die als Nahrungsgrundlage für Almtiere dient – nur wenn der offiziell markierte Wanderweg über die Wiese verläuft, dürfen wir ihn nutzen, ansonsten gehen wir am Wiesenrand entlang. Alle Gatter und Weidevorrichtungen, die wir öffnen, müssen auch immer wieder verschlossen werden.

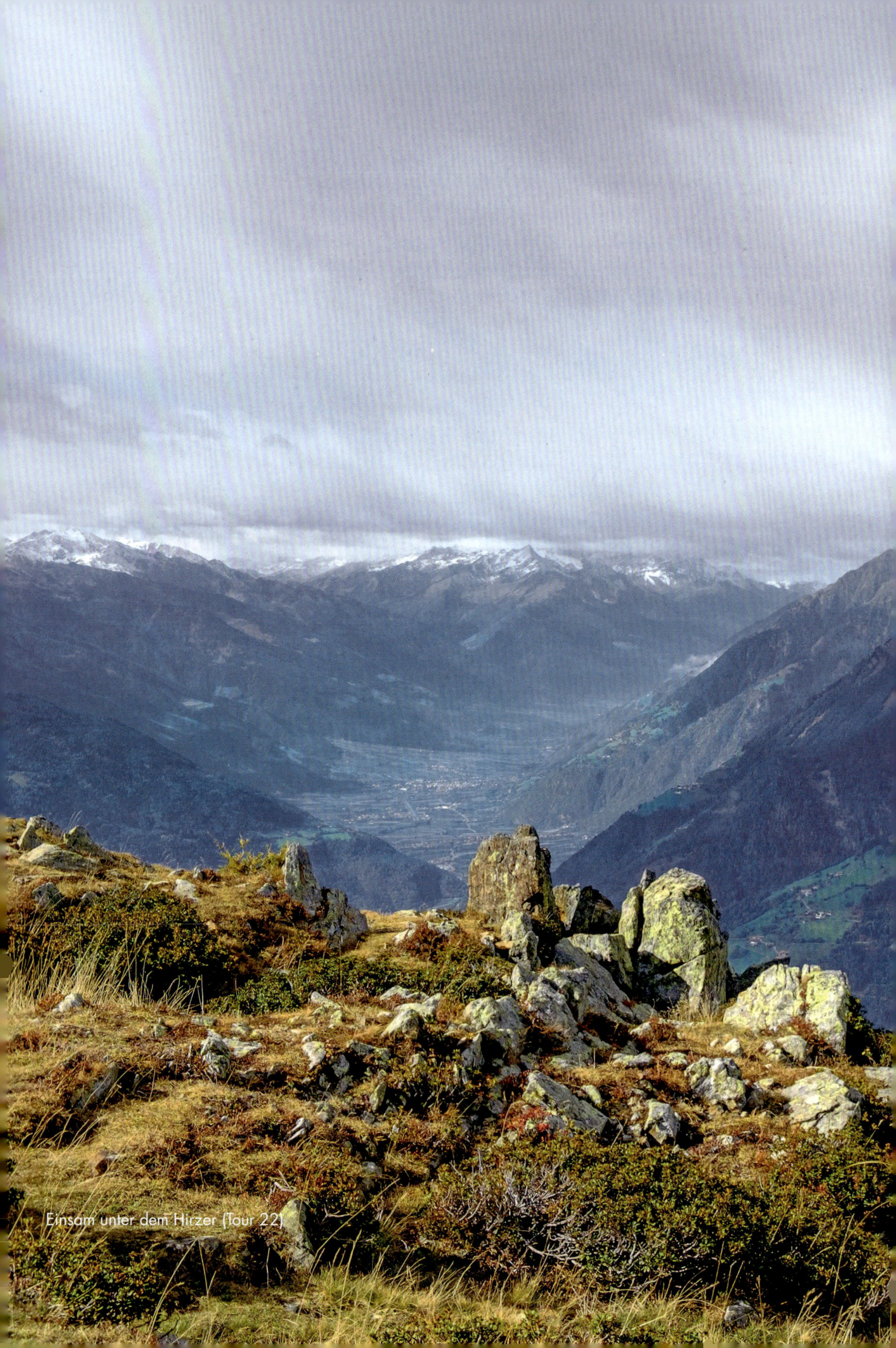

Einsam unter dem Hirzer (Tour 22)

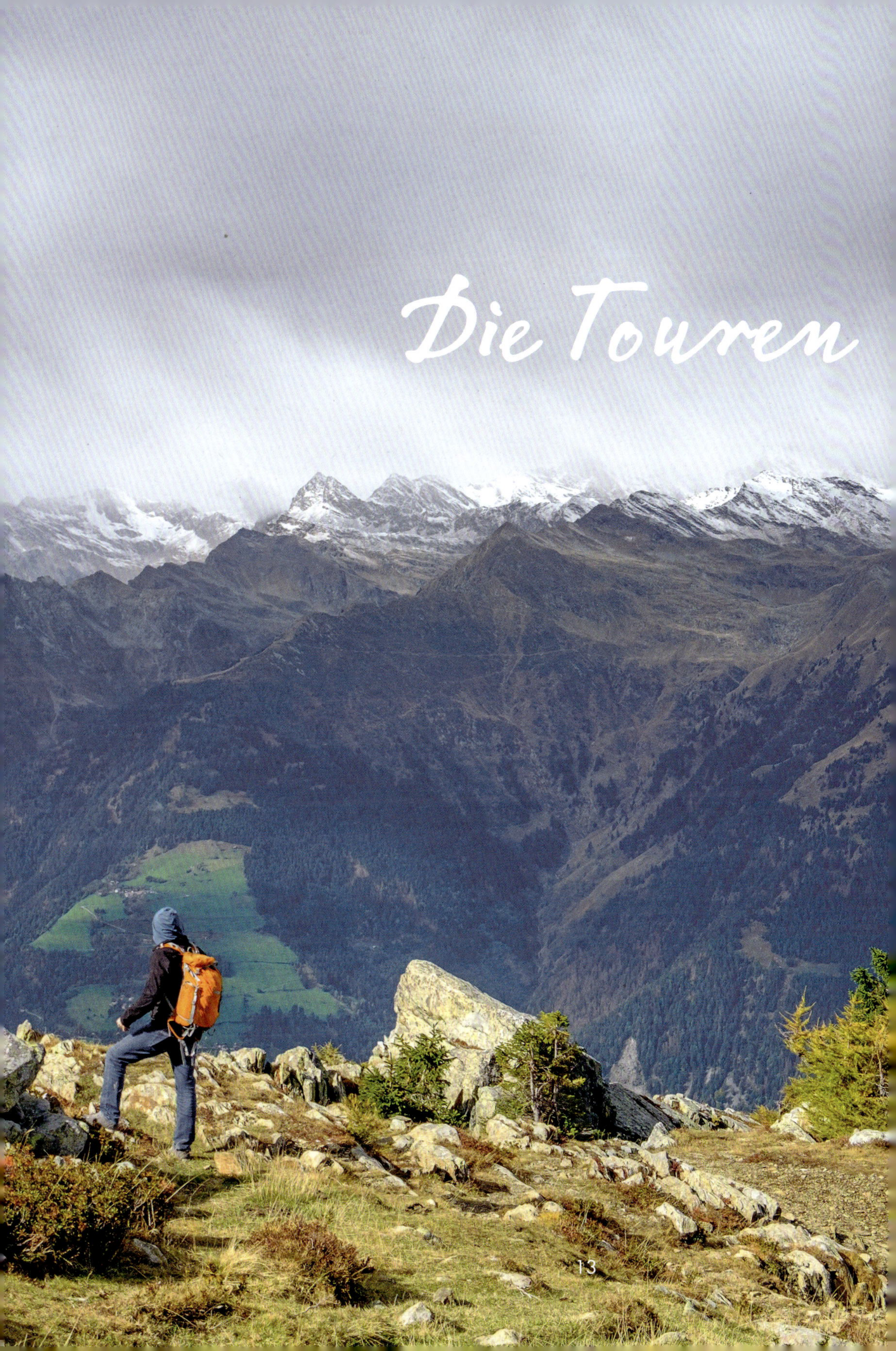

Die Touren

1 Kurstadt Meran

Dolce Vita auf historischem Boden

Leicht | 5 km | 50 Hm | 1.45 Std.

Tourencharakter
Kurzer Stadtspaziergang zu den wichtigsten Sehenswürdigkeiten Merans. Für die Besichtigungen muss man allerdings noch deutlich mehr Zeit einplanen.

Ausgangs-/Endpunkt
Therme in Meran
GPS 46.669591, 11.161040

Anfahrt
ÖPNV: Meran-Hauptbahnhof, von dort mit dem Bus oder zu Fuß in die Innenstadt und über die Europaallee und durch die Freiheitsstraße in östlicher Richtung zur Therme
Auto: In Meran sind Parkplätze rar. Direkt unter der Meraner Therme gibt es ein Parkhaus. Ein weiterer großer Parkplatz liegt in der Giuseppe-Verdi-Straße in Zentrumsnähe.

Einkehr
Meran geizt nicht mit Einkehrmöglichkeiten, es gibt zahlreiche Angebote für jeden Geschmack.

Der Besuch Merans, der Kurstadt, in die sich schon Kaiserin Sisi verliebte, gehört zu den Höhepunkten einer Südtirol-Reise. Mit einem Stadtspaziergang lassen sich alte und bewährte, aber auch unbekannte Gassen, Plätze und Winkel entdecken.

Promenieren an der Passer Wir beginnen mit der Meraner Stadtbesichtigung an der Therme, die 2005 vom Südtiroler Stararchitekten Matteo Thun entworfen wurde. Das Thermalwasser stammt aus einer 2350 Meter tiefen Bohrung im nahen Stadtteil Sinich. Um sich einen Eindruck vom Bau zu verschaffen, kann man hineingehen und durch die Glasscheiben einen Blick ins Innere werfen, ohne Eintritt dafür bezahlen zu müssen. Danach starten wir flussaufwärts und folgen dem Uferweg an der Passer entlang. Mit einem Seitenblick bewundern wir die aufwendig vergoldete Postbrücke mit ihren Ecksäulen; während des Faschismus waren die Doppeladler der k.u.k. Monarchie und der Tiroler Adler zerstört und erst später wieder hinzugefügt worden.

Auf der anderen Straßenseite kommen wir in den Elisabeth-Park und besuchen das Denkmal der hier sehr beliebten Kaiserin, der man bis heute gern eine Blume in den Schoß legt. Auch Sisi liebte

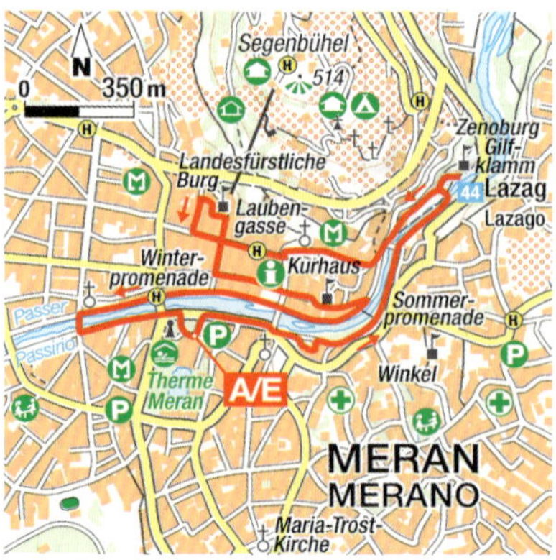

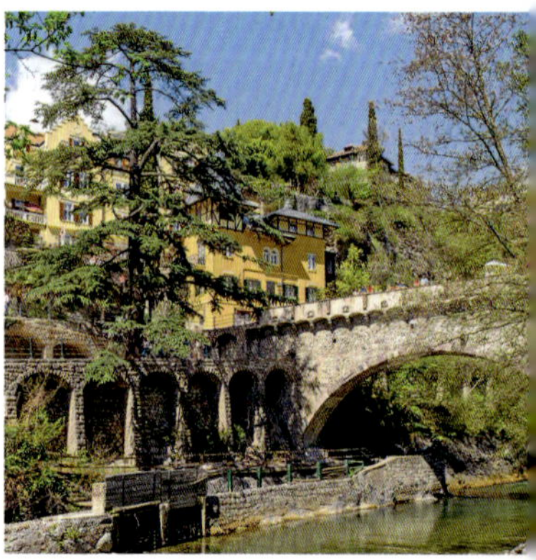

Der Steinerne Steg über der Passer

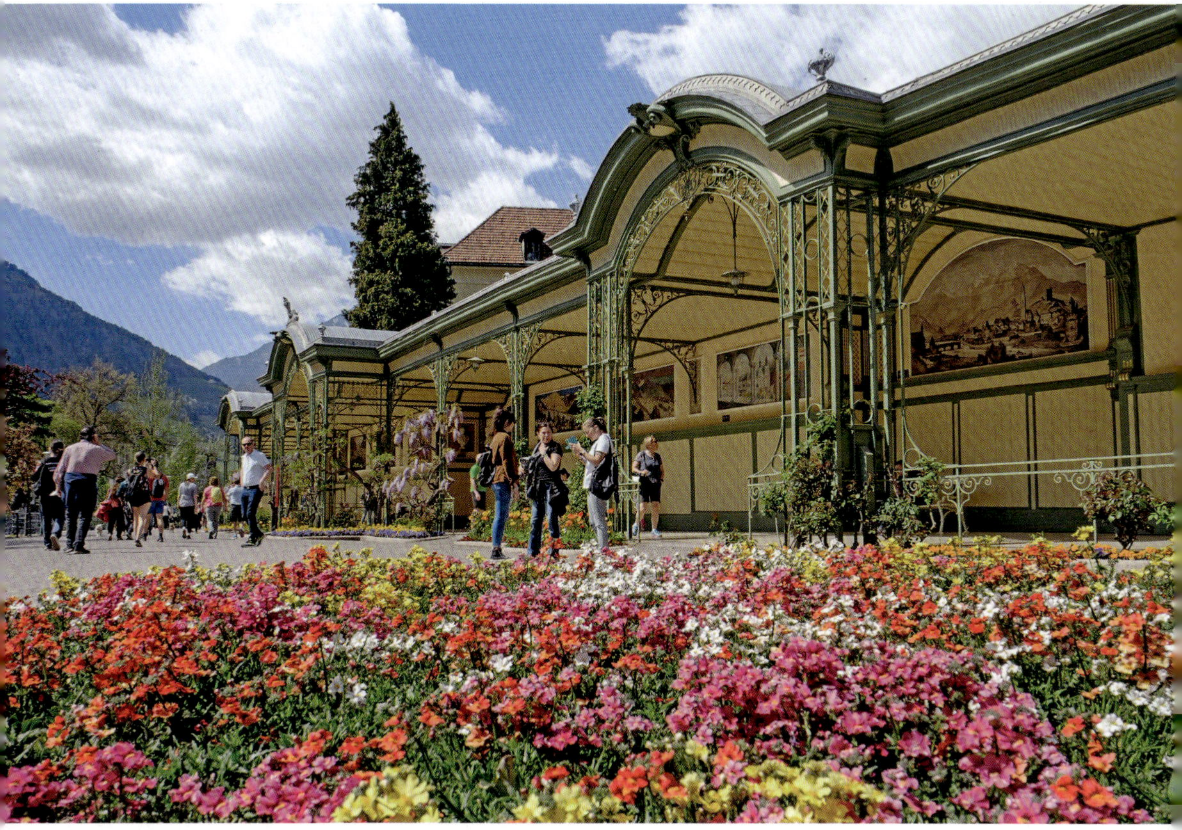

Die historische Wandelhalle auf der Winterpromenade

die Promenaden entlang der Passer. Die schattigere Seite, auf der wir nun weitergehen, wurde vor allem im Sommer genutzt. Der Weg führt uns bald unter dem Steinernen Steg hindurch, dem ältesten Flussübergang in der Stadt; die Brücke war durch ihren hohen Bau gut vor Hochwasser geschützt.

Zur Gilfenklamm Nun nähern wir uns der Gilfenklamm, einer engen Schlucht, durch die sich die Passer zwängt. An ihrer engsten Stelle werden wir über Treppen zu einem Übergang gelotst und wechseln das Ufer. Bevor wir durch die Parklandschaft zurückbummeln, lohnt sich der kurze Abstecher nach rechts zu einem Aussichtspunkt über die Klamm.
Ansonsten setzten wir nach links unseren Weg fort und sind jetzt auf der Gilfenpromenade unterwegs (den Aufstieg zum Tappeinerweg, s. Tour 2, ignorieren wir). So erreichen wir wieder die Steinerne Brücke, steigen etwas aufwärts und betreten dann durch das Passeirertor die Altstadt.

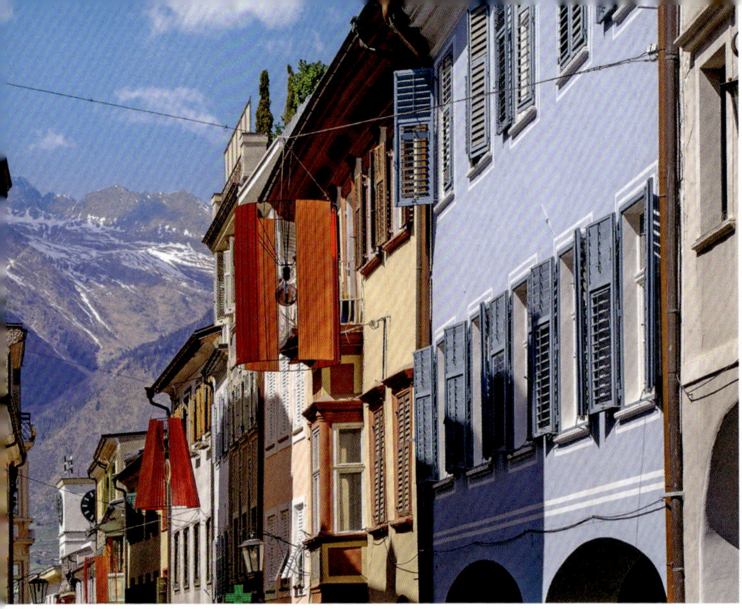

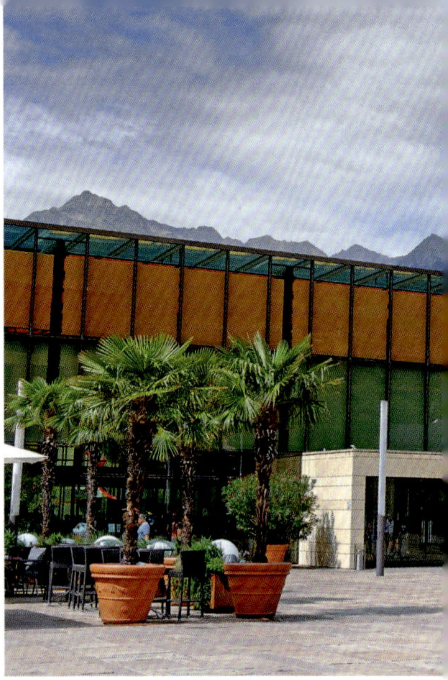

In der Laubengasse

Historische Laubengasse Schmal und eng geht es durch die Passergasse zum Pfarrplatz mit dem barocken Palais Mamming, in dem das Stadtmuseum untergebracht ist. Zumindest in die wichtigste Kirche der Stadt sollte man nun einen Blick werfen, sie ist dem Heiligen Nikolaus geweiht und besitzt ein gotisches Gewölbe. Vom Pfarrplatz geht es weiter nach Westen und geradewegs durch die Laubengasse. Man kann sich kaum entscheiden, auf welcher Seite man lieber für einen Schaufensterbummel gehen möchte, denn beidseits gibt es Laubengänge, die man früher benutzte, um wertvolle Waren trocken lagern zu können. Heute noch sind viele Läden in den historischen Räumen mit viel Altholz oder in den Gewölben untergebracht.

Panoramafreuden

Ein weiterer Tipp für Meran ist die genüssliche Auffahrt mit dem nostalgischen Panorama-Sessellift über das Hotel Panorama zum Dorf Tirol. Die Talstation liegt unweit der Landesfürstlichen Burg. Einmal im Lift sitzend, ist das die beste Entschleunigung, um aus der Stadt zu gelangen und dann z. B. zu Fuß wieder nach Meran zurückzuwandern (panoramalift.it).

Unscheinbare Burg Wir kommen zu einer Kreuzung in der Laubengasse und wenden uns nach rechts, um am Ende der Fußgängerzone die bescheidene Landesfürstliche Burg zu erreichen. Ein echtes Kleinod, dass man sich jedoch definitiv größer vorstellen würde – und das Gefühl trügt nicht, denn der ursprüngliche Tiroler Herrschersitz war Schloss Tirol (s. Tour 2) oberhalb von Meran. Eigentlich war die Burg der Wohntrakt des fürstlichen Kelleramts, den aber

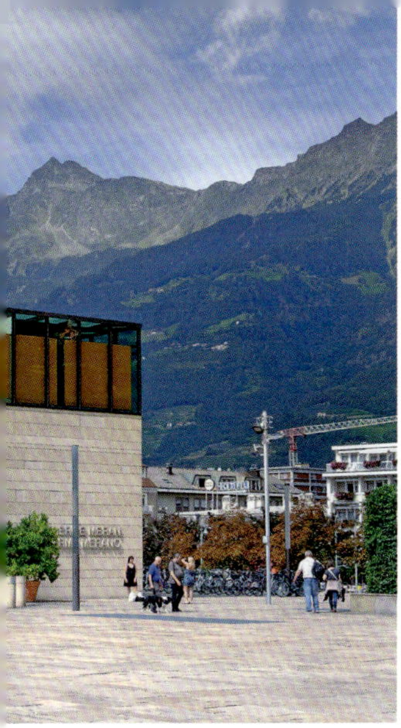

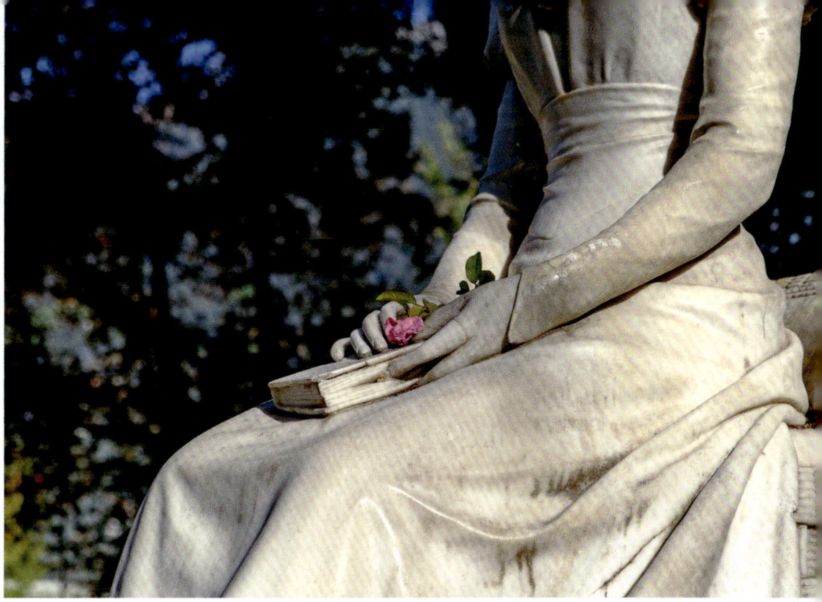

Herzog Sigmund der Münzreiche rasch zu einem Wohnschloss umbauen ließ, um seiner frisch angetrauten Gattin Eleonore, der Schwester des schottischen Königs Jakob II., ein bequemeres Schloss zu bieten.

Sisi-Denkmal

Mitte: Die Therme von Meran wurde von Matteo Thun entworfen.

Zu den Kuranlagen Hinter der Landesfürstlichen Burg kann man durch eine Gasse und einen Durchgang wieder in die Laubengasse wechseln. Dort kehren wir links zur Kreuzung zurück und folgen dann rechts der Sparkassenstraße. Vor dem Kurhaus biegen wir links ein und spazieren zunächst auf seiner Rückseite zum Sandplatz, um das Bozener Tor aus dem 14. Jahrhundert zu bestaunen, eines der wenigen erhaltenen Stadttore Merans. Dann geht es schnurgerade über den Sandplatz durch den Rest der Stadtmauer in die Gartengasse, die uns zur Winterpromenade an die Passer bringt. Jetzt rechts haltend, laufen wir an der alten Wandelhalle und an den zahlreichen prachtvoll angelegten Blumenbeeten vorbei und folgen immer dem Flusslauf bis zum weltbekannten schmucken Kurhaus.
Bereits hier lässt sich die Tour über den Thermensteg beenden – es lohnt sich jedoch, weiter entlang der Passer zu wandern. Nach der Theaterbrücke (wo es übrigens rechts in der Gelateria Costantin das beste Eis der Stadt gibt) beginnt der Skulpturenweg. Theoretisch kann man nun noch bis zur Eisenbahnbrücke flanieren und dann auf der anderen Seite zurückkehren. Da diese jedoch weniger spektakulär ist, wählen wir den Weg über den Martin-Luther-Steg und haben bald wieder unseren Ausgangspunkt bei der Therme erreicht.

2 Über den Tappeinerweg nach Dorf Tirol

Der Meraner Wander-Klassiker

Mittel | 13,5 km | 400 Hm | 4 Std.

Tourencharakter
Etwas längere Wanderung, bei der man einige Höhenmeter zurücklegt. Die Tour lässt sich abkürzen. Viel Zeit sollte man für Besichtigungen einplanen.

Ausgangs-/Endpunkt
Therme in Meran
GPS 46.669591, 11.161040

Anfahrt
ÖPNV: Meran-Hauptbahnhof, von dort mit dem Bus oder zu Fuß in die Innenstadt und über die Europaallee und durch die Freiheitsstraße in östlicher Richtung zur Therme
Auto: In Meran sind Parkplätze rar. Direkt unter der Meraner Therme gibt es ein Parkhaus. Ein weiterer großer Parkplatz liegt in der Giuseppe-Verdi-Straße in Zentrumsnähe.

Einkehr
Entlang der Strecke gibt es sehr viele Möglichkeiten.

Eine absolute Top-Wanderung im Meraner Land führt von Meran über den Tappeinerweg und den Algunder Waalweg hinauf zur Burg Tirol. Die Tour vereint Panorama, Geschichte, Kultur und Wandervergnügen und sollte daher bei allen Südtirol-Liebhabern auf der To-do-Liste stehen.

Spaziergang auf der Winterpromenade Wir starten bei der Therme in Meran, die direkt am Ufer der Passer liegt, folgen der Passer flussaufwärts und wechseln dann über die schöne Jugendstilbrücke, die Postbrücke, an das Ufer der Altstadtseite. Gleich nach der Brücke halten wir uns rechts und wandern auf der Winterpromenade weiter. Vorbei an der historischen Kurwandelhalle steigt der Weg zum Steineren Steg an, der ältesten Brücke Merans. Auch hinter der Brücke folgen wir dem Fluss

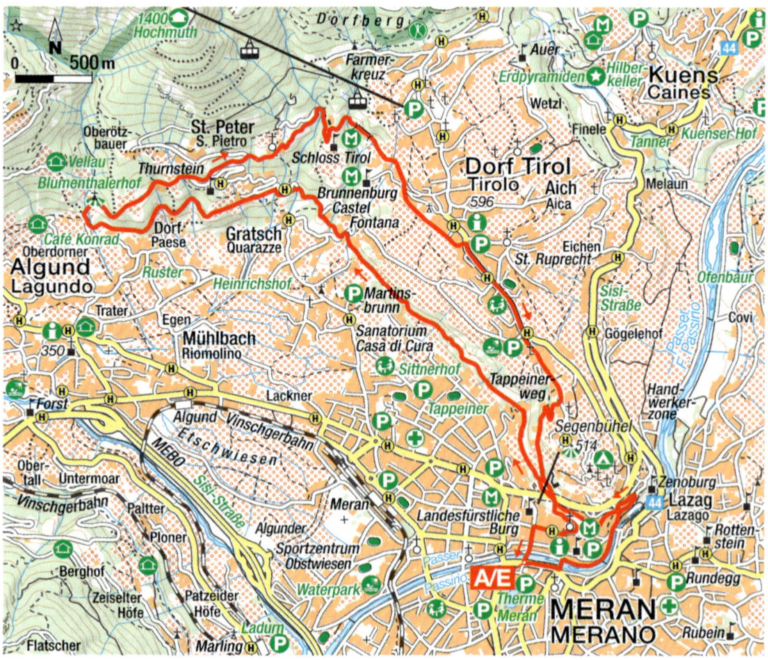

und sind nun auf der Gilfenpromenade mit ihren einmaligen Gartenanlagen und den schönen Pflanzenfiguren unterwegs.

Blumenreicher Tappeinerweg Schließlich führt nach links der Weg in vielen Schlangenlinien aufwärts. Wir queren die alte Pas-

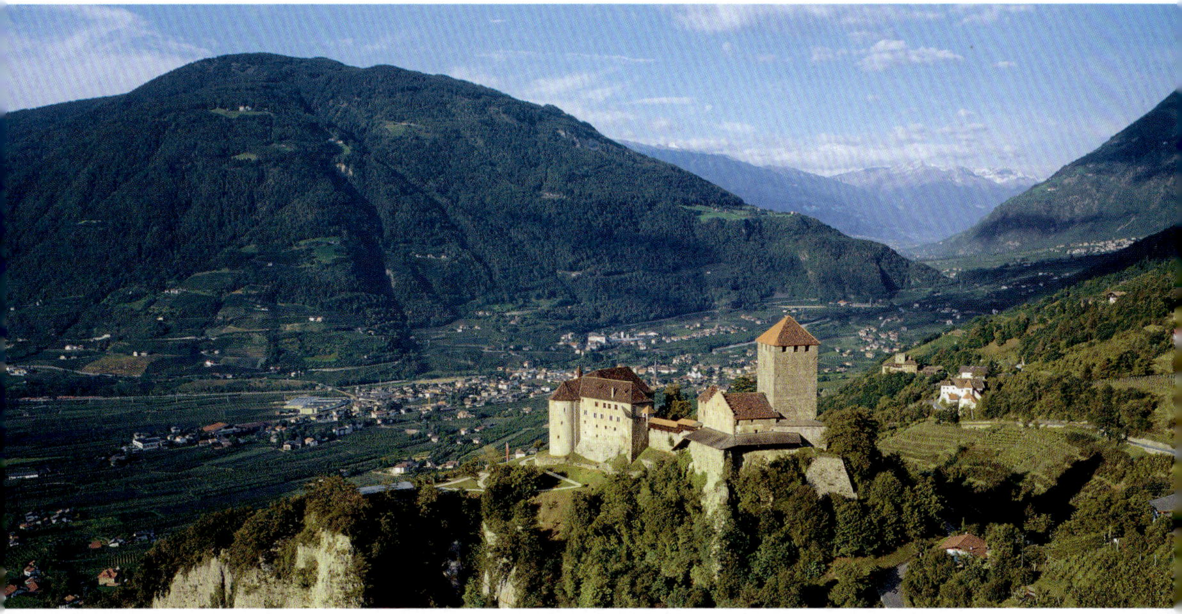

Schloss Tirol über dem Burggrafenamt

serstraße leicht nach links und erreichen damit den Beginn des Tappeinerwegs. Ab jetzt ist Schlendern angesagt. Fast eben geht es über den berühmten Panoramaweg, der zu Ehren des Kurarztes und Botanikers Dr. Franz Tappeiner benannt wurde. Der Pulverturm zu Beginn bremst uns etwas aus – er lässt sich besteigen und bietet eine hervorragende Aussicht über die Stadt.

Dann passieren wir das Denkmal für Franz Tappeiner und freuen uns mit jedem Schritt über das fantastische Panorama und die wunderbare bunte Pflanzenwelt, die die Kurgärtner so kunstvoll angelegt haben. Wenn wir ehrlich sind, hat das nichts mit Wandern zu tun, eher mit Flanieren und Spazieren, das aber dafür vom Feinsten! Die ersten Cafés locken zur Einkehr, und wer nur kurz unterwegs sein möchte, kann nach dem Restaurant Saxifraga wieder über viele Kehren in die Altstadt hinabsteigen. Ansonsten bleiben wir geradeaus und erreichen hinter dem Café Unterweger das nördliche Ende dieses traumhaften Wegs. Aber keine Sorge, auch der weitere Wegverlauf ist der reinste Genuss.

Am Algunder Waalweg Jetzt stehen wir an einer Straßenkurve mit einem kleinen Parkplatz. Wir halten uns rechts (nicht ganz rechts in die Sackgasse!) und folgen der Beschilderung »St. Peter/Schloss Tirol«. Vorbei an Palmen, Weingärten und einigen wunderbaren alten Ansitzen geht es auf der Straße ein Stück leicht bergauf. Dann erreichen wir einen Felsen, der von einem eisernen Adler gekrönt ist, und biegen unmittelbar davor links auf den Algunder Waalweg ein.

Über eine Hängebrücke geht es durch lichten Wald und schon bald wieder mit weiten Ausblicken über den Meraner Talkessel in westlicher Richtung. Der Waal begleitet uns mit seinem fröhlich plätschernden Wasser. Bis heute wird der Wasserlauf regelmäßig kontrolliert, und die Wassersiebe werden von Verstopfungen freigehalten, denn er ist immer noch ein wichtiger Wasserlieferant für die zwar sonnenverwöhnten, daher aber auch trockenen Algunder Obsthaine.

Prunkvolle Villa an der Gilfenpromenade in Meran

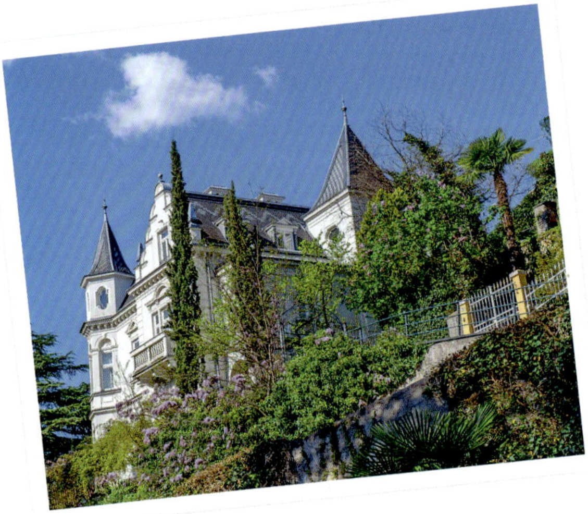

Nach St. Peter Ungefähr auf Höhe von Algund queren wir schließlich den Grabbach und steigen zur Leitenstraße hinauf. Der Algunder Waalweg würde nun weiter in westlicher Richtung verlaufen. Wir aber verlassen ihn an dieser Stelle und wandern auf der Leitenstraße rechts zum Blumenthalerhof. Unmittelbar davor wendet sich der Weg nach rechts und steigt steil an – wir sind nun auf dem Ochsentodweg unterwegs.

An der kleinen Kapelle haben wir die Steigung geschafft, und es geht nun relativ eben durch die Weinberge. Links haltend passieren wir das Schloss Thurnstein, dann folgt erneut ein kleiner Bergaufschwung, der uns zunächst nach St. Peter bringt. In das kleine Gotteshaus sollten wir unbedingt einen Blick werfen, denn in seinem Inneren gibt es wertvolle romanische Fresken zu bewundern.

Schloss und Dorf Tirol Nun ist es zum Glück nicht mehr weit, und auf unserer kleinen Straße erreichen wir bald Schloss Tirol (620 m), für das wir uns wirklich Zeit für eine Besichtigung nehmen sollten sollten – die Burg, in der das Südtiroler Landesmuseum für Kultur- und Landesgeschichte untergebracht ist, war einst die Residenz der Grafen von Tirol.

Nach der Pause folgen wir der Zufahrtsstraße zur Burg durch das Knappenloch, einen Tunnel, bis zum Dorfrand von Tirol. Die magische Aussicht bleibt uns dabei weiterhin erhalten. Gleich am Ortsbeginn wenden wir uns nach rechts auf den Falknerweg, der uns verkehrsberuhigt oberhalb der Weingärten entlangführt. Er mündet in die Hauptstraße von Dorf Tirol, der wir nach rechts folgen. Nahe dem Ortsende biegen wir am Hotel Gartner schräg rechts in den Segenbühelweg ein und spazieren vorbei an einigen Hotels bis vor das Hotel Sonnbichl, wo wir rechts in den Wanderweg einbiegen, der als Tirolersteig nach Meran beschildert ist.

Nun verliert der Weg schnell an Höhe, und wir stoßen wieder auf den uns bekannten Tappeinerweg. Auf ihm geht's ein ganz kurzes Stück nach links, ehe wir wieder nach rechts steil dem Tirolersteig abwärts folgen und so die Meraner Altstadt direkt an der Stadtpfarrkirche St. Nikolaus erreichen. Rechts haltend, spazieren wir durch die malerische Laubengasse und biegen dann links in die Sparkassenstraße ein. So kommen wir wieder zum Passerufer, wo uns ein kleiner Steg hinüber zur Therme bringt.

Mit angenehmer Steigung wurde der Tappeinerweg angelegt.

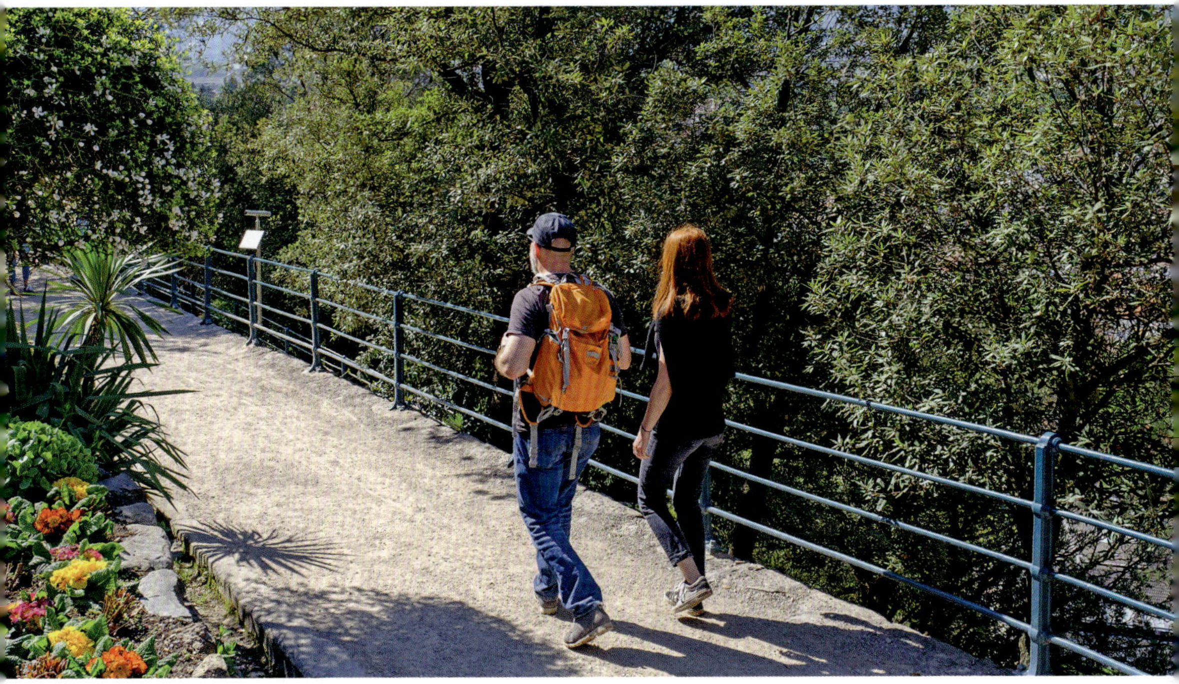

3 Von Meran nach Schenna

Auf alten Verbindungswegen

Leicht | 9,5 km | 280 Hm | 2.45 Std.

Tourencharakter
Sonnige Wanderung durch die Kurstadt Meran hinauf nach Schenna. Trotz dem Spaziergang durch die beiden Orte ist man meist auf ruhigen Wanderwegen ohne Autoverkehr unterwegs.

Ausgangs-/Endpunkt
Therme in Meran
GPS 46.669591, 11.161040

Anfahrt
ÖPNV: Meran-Hauptbahnhof, von dort mit dem Bus oder zu Fuß in die Innenstadt und über die Europaallee und durch die Freiheitsstraße in östlicher Richtung zur Therme
Auto: In Meran sind Parkplätze rar. Direkt unter der Meraner Therme gibt es ein Parkhaus. Ein weiterer großer Parkplatz liegt in der Giuseppe-Verdi-Straße in Zentrumsnähe.

Einkehr
Entlang der Strecke gibt es in Meran, Schenna und Obermais einige Restaurants, Cafés und Pizzerien.

Alte Saumpfade und historische Verbindungswege führen aus der Kurstadt Meran hinauf nach Schenna, einem sonnenverwöhnten Dorf, dessen Palmen vorwitzig ihre Wedel gegen den schneebedeckten Großen Ifinger recken. Aber natürlich gibt es neben Palmen noch viel mehr in Schenna zu entdecken.

Winterpromenade und Lazagsteig Wie bei Tour 2 starten wir an der Therme, wechseln das Ufer und wandern die Winterpromenade entlang der Passer flussaufwärts. Am Steinernen Steg wechseln wir das Ufer und folgen dann links der Beschilderung Richtung Obermais auf den Lazagsteig. Bald unterqueren wir die Jaufenstraße und freuen uns über die moderate Steigung entlang des kleinen Bachs. Kurz darauf verlassen wir den Weg nach rechts in die Alte Schlachthofstraße, bewundern die wun-

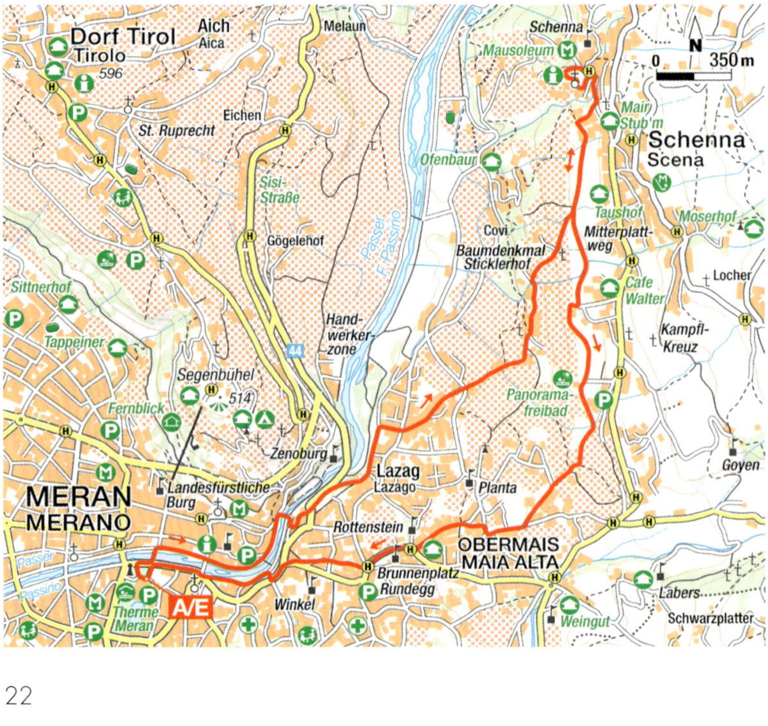

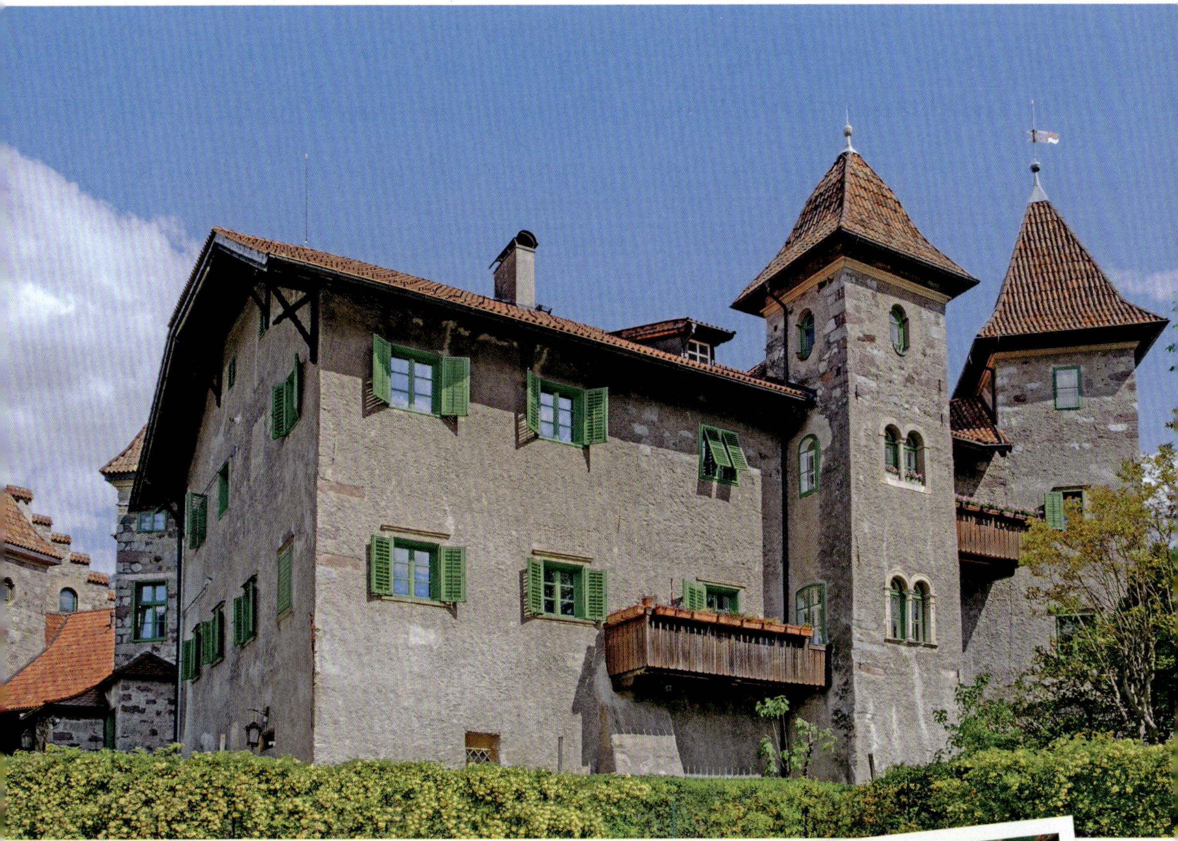

derschönen alten Villen von Obermais und steigen zum Wegedreieck an der Vergilstraße auf. Geradeaus geht es auf der Pflanzensteinstraße weiter, und am gleichnamigen historischen Ansitz mit der Sonnenuhr haben wir das Ende der dichten Bebauung erreicht.

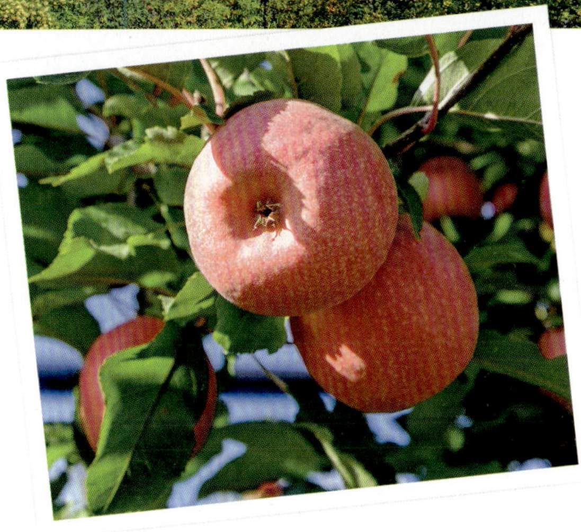

Über die Sticklegasse nach Schenna Wir folgen der von Apfelbäumen gesäumten Pflanzensteinstraße und sehen bereits Schenna und das Mausoleum vor uns. Die Abzweigung und die Radwegbeschilderung nach Schenna rechts in die Plantastraße ignorieren wir allerdings. Immer der Sackgasse folgend, erreichen wir schließlich das Naturdenkmal der großen Zeder am Sonnwendhof und etwas weiter aufwärts das Ende der Straße

Apfelplantagen säumen unseren Weg.

Oben: Der Obermaiser Ansitz Reichenbach war der Wohnsitz des Kurarztes Franz Tappeiner.

am Sticklerhof. Kurz davor beginnt rechts die Sticklegasse, der alte Saumweg, der nun steil zwischen den Obstbäumen ansteigt. Vorbei am Gedenkstock für den Freiheitskampf von 1809 genießen wir bald die Ausblicke auf das Meraner Becken und kommen, nachdem wir einen Bach gequert haben, uns weiter in Wanderrichtung haltend am Katnauweg nach Schenna (570 m).
Die feudalen Häuser hier zeigen, dass man sich der herausragenden Panoramalage des kleinen Dorfs durchaus bewusst ist. Nach dem Hotel Tyrol rechts haltend, geht es immer weiter bergauf, um dann links auf der großen Schennastraße die Ortsmitte rund um die Pfarrkirche Maria Himmelfahrt zu besuchen. Wer

Eine Liebe über den Tod hinaus

Schon von weitem fallen in Schenna drei große Bauten auf, die das Dorf überragen: zum einen die Pfarrkirche Mariä Himmelfahrt mit ihrem massiven Satteltum, dahinter das Schloss der Grafen von Meran, das immer noch den Eindruck erweckt, als müsste es jeden Tag verteidigt werden, und daneben (aber nicht minder auffällig) das Mausoleum des Erzherzogs Johann. Der Bau wurde 1860 ein Jahr nach dem Tod des Herzogs begonnen und neun Jahre später fertiggestellt. Vom Architekten Moritz Wappler in dem damals Aufsehen erregenden Stil der Neugotik geplant, ist es Zeugnis einer großen Liebe: Hier sind der Erzherzog Johann und seine bürgerliche Frau Anna Plochl, die spätere Gräfin von Meran, über ihren Tod hinaus für immer vereint.

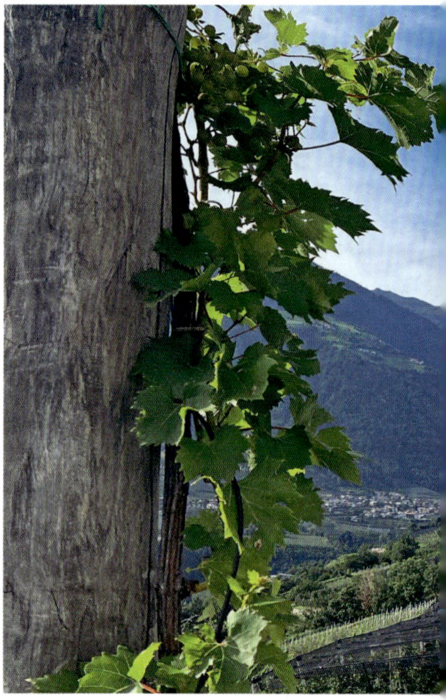

Zeit hat, sollte sich einer Führung durch das Schloss Schenna anschließen, denn sie ist sehr kurzweilig und man erfährt viel Interessantes über die Südtiroler Geschichte.

Abwärts über den Mitterweg Wir verlassen Schenna wieder auf dem Weg, auf dem wir gekommen sind, und steigen über den Katnauweg hinunter. Diesmal halten wir uns, wenn wir den kleinen Bach gequert haben, geradeaus auf den Mitterplattweg. Dieser bringt uns als Panoramaweg hoch über dem Tal, aber immer etwas unterhalb der Häuser und Hotels, wieder in südliche Rich-

tung. Eine echte Flaniermeile, für die man sich etwas Zeit lassen sollte, falls man nicht sowieso der einen oder anderen Rastbank zum Opfer fällt.
Nach dem Freibad Lido behalten wir die Richtung nur noch ein kurzes Stück bei, dann geht es rechts steiler abwärts zwischen den Apfelbäumen hindurch bis zum Oberhasler Hof. Dahinter bleiben wir nun geradeaus auf dem kleinen Naiferweg, der uns zur Planatstraße führt.

Durch Obermais Wir sind nun wieder im Villenvorort Obermais angekommen und können einige der schönen Häuser und

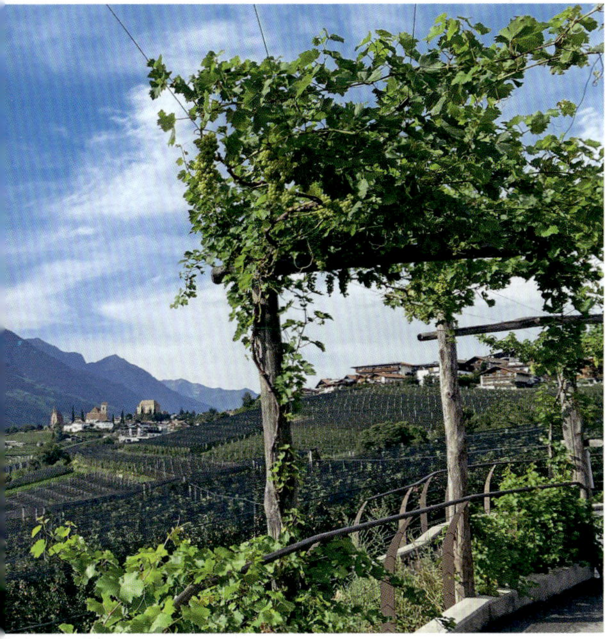

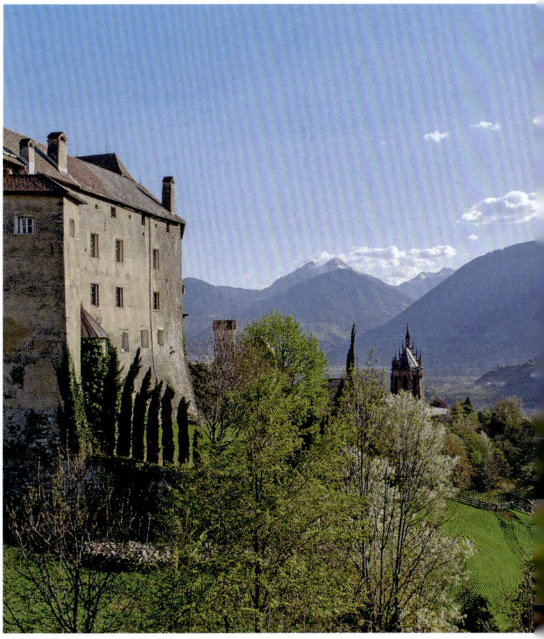

Ansitze bewundern, auch wenn sie aufgrund der Mauern nicht immer gut einsehbar sind. In die Plantastraße biegen wir nur für wenige Schritte nach rechts ein, dann führt uns links die Wanderwegbeschilderung (»Sissiweg«) in den Montaniweg. An seinem Ende folgen wir der großen Schennastraße leicht bergab nach rechts und erreichen am Brunnenplatz die Ortsmitte von Obermais. Gegenüber führt am Café Prantl der Sissiweg auf dem Kirchsteig weiter. Er bringt uns zur großen Jaufenstraße, die wir geradeaus queren, um zum Finale links auf der Sommerpromenade entlang der Passer zur Therme zurückzukehren.

Schloss Schenna und das kleine Mausoleum

Mitte: Vom Mitterplattweg blickt man auf Schenna zurück.

4 Von Obermais nach Naif

Prächtige Villen und eine Einsiedelei

Leicht | 7 km | 300 Hm | 2.30 Std.

Tourencharakter
Einfache Wanderung, die man das ganze Jahr über begehen kann. Meist auf Wanderwegen, aber auch über ein paar kleine Nebenstraßen mit wenig Verkehr

Ausgangs-/Endpunkt
Brunnenplatz in Obermais
GPS 46.669264, 11.174149

Anfahrt
ÖPNV: Mit Bus 225 von Meran nach Obermais bis Haltestelle Brunnenplatz
Auto: Obermais ist ein Ortsteil von Meran; am Brunnenplatz gibt es ein kleines Parkhaus.

Einkehr
Unterwegs keine. Am Ende der Wanderung kann man hervorragend im Restaurant Brunnenplatz (brunnenplatz.com) einkehren – unser Geheimtipp, denn auch wenn die Inneneinrichtung schon etwas in die Jahre gekommen ist, überzeugt die Küche mit ausgezeichneten Südtiroler Gerichten.

Gemütlich durch das Villenviertel schlendern, Burgen anschauen und noch eine uralte Einsiedelei besuchen – das überzeugt auf dieser eher gemütlichen, aber sehr aussichtsreichen Wanderung.

Durch Obermais Wir starten am Brunnenplatz im Ortsteil Obermais und spazieren auf der Schennastraße am Schloss Rosenstein vorbei aufwärts. Jetzt folgen Schlag auf Schlag die feudalen historischen Belle-Époque-Ansitze des einstigen k.u.k Hochadels, aber auch alte Burgen, wie das Schloss Rundegg oder gegenüber Schloss Rottenstein. Es gibt also viel zu schauen, während wir auf dem Gehweg immer weiter der Straße folgen, nur der Stadtverkehr stört uns ein bisschen.

Schließlich endet die Schennastraße am großen Kreisverkehr der Staatstraße, die nach Schenna hinaufführt. Wir müssen den Kreisverkehr ganz geradeaus in die Laberserstraße queren, am besten über den Zebrastreifen, der etwas nach links versetzt liegt. Auf der anderen Seite müssen wir leider ohne Gehweg zur Abzweigung und auch noch das schmale Stück über den Naiferbach ohne Abtrennung von der Straße absolvieren.

Über Schloss Labers Dann beginnt wieder ein Fußweg, den wir jedoch bald an der Beschilderung nach links zum Schloss Labers (520 m) verlassen. Die Burganlage, die in ihren Grundfesten auf das 13. Jahrhundert zurückgeht, wurde viele Jahrzehnte lang als Hotel genutzt. Um 1943 war hier während der NS-Zeit eine Druckerei für Falschgeld (Deckname »Operation Bernhard«) untergebracht – viele Millionen gefälschte englische Pfundnoten wurden in Umlauf gebracht, um die englische Wirtschaft zu ruinieren.

Gleich hinter dem Schloss, das zurzeit (2023) wegen Baumaßnahmen geschlossen ist, beginnt der Weg Nr. 2B entlang eines Kreuzwegs ins Naiftal. Kurz vor dem Naifbach treffen wir auf einen breiteren Weg – an diese Stelle werden wir nach der Be-

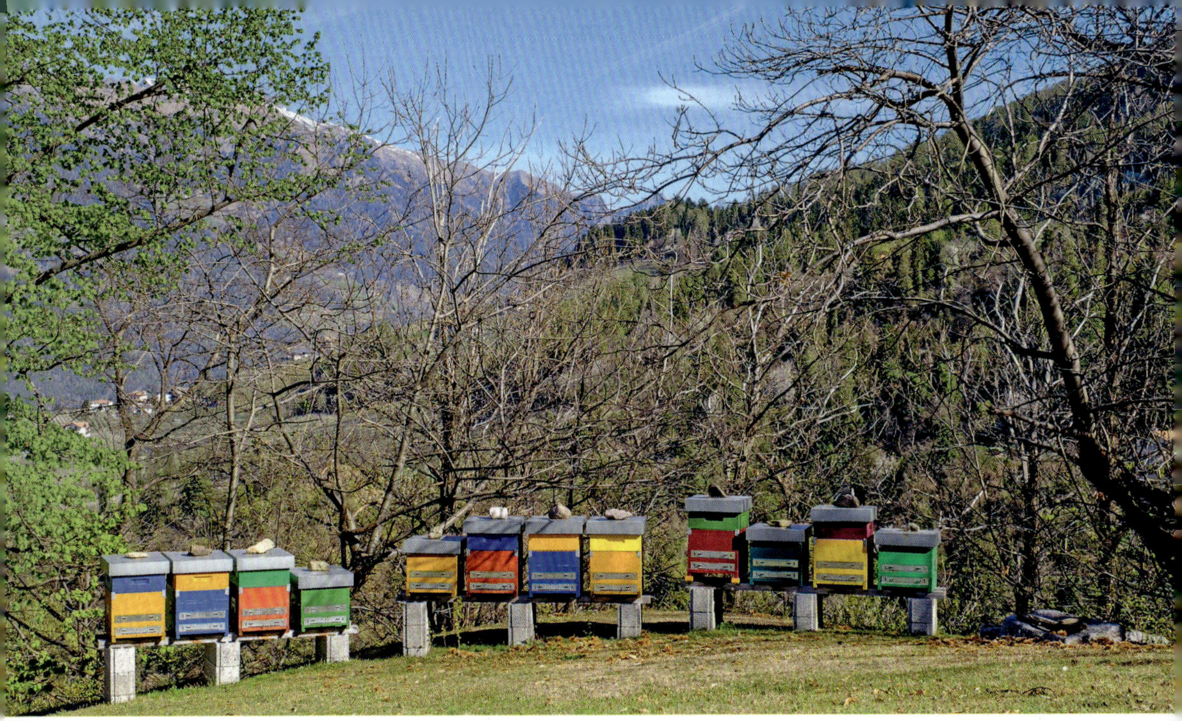

Bienenstöcke in den Apfelplantagen oberhalb der Naifkapelle

sichtigung der Kapelle zurückkehren. Wir queren den Bach und halten uns dann rechts über den großen Parkplatz des Wellnesshotels Prinz Rudolf. Am oberen Ende, geht es dann rechtshaltend wieder über eine Brücke, und schon stehen wir vor der Naifer Einsiedelei mit Kapelle (586 m).

Die Naifer Einsiedelei Wer heute die Kapelle besucht, kann sich nur schwer vorstellen, wie einsam sie wohl vor mehr als 300 Jahren gelegen war, hier am Fuß des Piffinger Köpfles, dem heutigen Skigebiet Meran 2000. Die Kapelle wurde um 1695 von den Bewohnern von Mais erbaut, die damit ihren Dank zum Ausdruck bringen wollten, dass die Muttergottes sie vor den Überschwemmungen des Naifer Bachs verschont hatte. Zumindest eine Urkunde von 1698 bezeugt, dass der Trienter Bischof die Genehmigung zur Feier der Heiligen Messe dort erlaubte. Fünf Jahre später wurde auch der Bau der Einsiedelei schriftlich erwähnt. Die ersten Einsiedler, die an der Naifer Kapelle wohnten, stammten wohl aus dem nahen Kloster Josefsberg in Algund. Sie lebten vor allem von Spenden, meist Nahrungsmitteln, die von der Bevölkerung vorbeigebracht wurden. Diese wiederum erhoffte sich von den genügsamen Eremiten besondere Gebete und vor allem

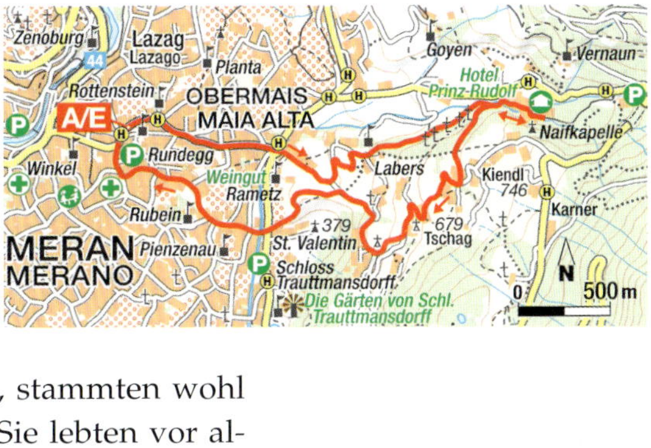

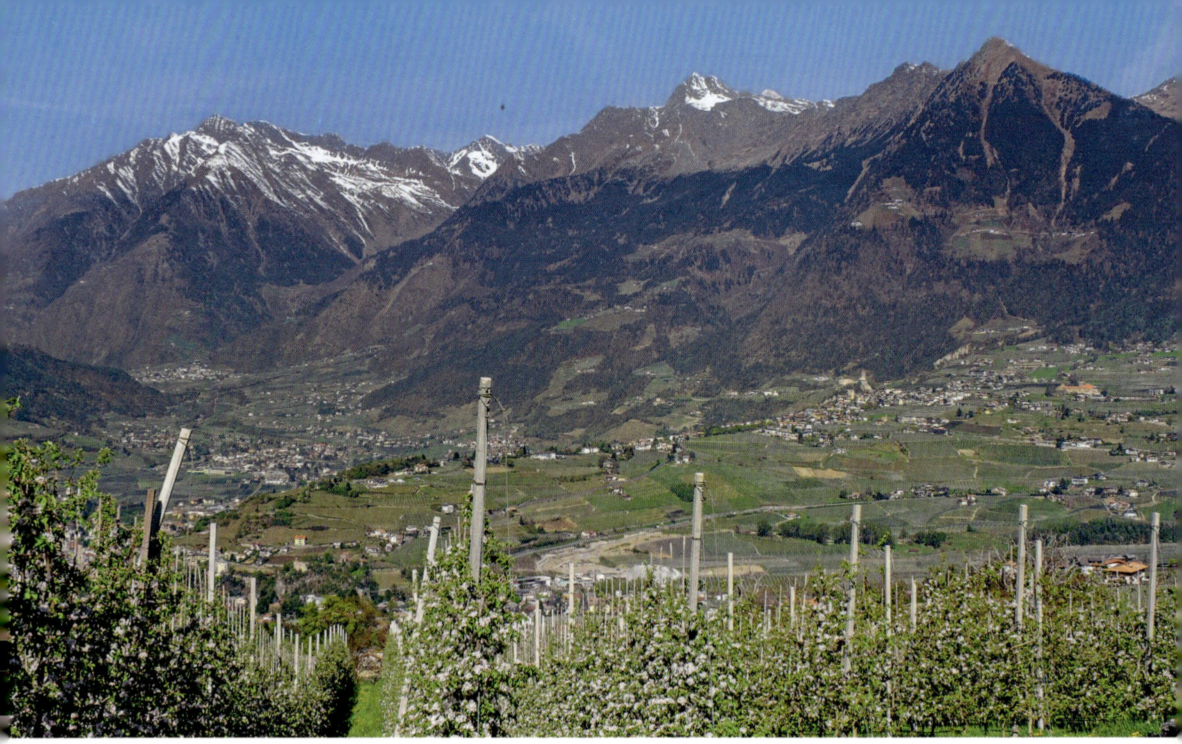

Von den Höfen Schwarzplatter oberhalb von Naif hat man einen weiten Blick bis zur Texelgruppe.

Rechte Seite oben: Die Tafel weist auf den Besuch von Kronprinz Rudolf, dem Sohn von Kaiserin Sisi, hin.

Rechte Seite unten: Die Einsiedelei Naif

Fürsprache bei Gott. Immerhin schienen ihnen die Einsiedler durch ihr enthaltsames und einfaches Leben Gott in Vielem näher zu stehen.

Aussichtsreicher Rückweg Nach der Besichtigung geht es zur Abzweigung hinter der Brücke zurück, und dieses Mal bleiben wir auf dem ansteigenden Weg geradeaus, der uns bald aus dem Wald herausführt und entlang von Obsthainen zu einem kleinen geteerten Sträßchen wird. Kurz hinter dem einsamen Wiesenhaus hat der Anstieg ein Ende. An der T-Kreuzung geht es für uns rechts weiter, Meran ist bald ausgeschildert. Entweder folgen wir nun immer der kleinen Straße, die nur für Anrainer freigegeben ist, oder wir kürzen alternativ ein paarmal auf Pfaden mitten durch die Apfelfelder ab, was natürlich viel reizvoller ist. Wo wir dann schließlich auf eine Straße treffen, folgen wir dieser nach rechts, und vorbei am Bildstock mit dem Heiligen Urban geht es bald aussichtsreich bergab. Unter uns liegt Meran, und dahinter erhebt sich die Texelgruppe.

Villenspaziergang Schon recht weit unten angelangt, müssen wir etwas aufpassen: Kurz bevor wir wieder die Abzweigung zur Burg Labers erreichen, halten wir uns gleich nach dem Ende der Leitplanken links in einen Feldweg, der leider nicht markiert ist. Er führt durch die Weinfelder steil bergab und trifft im Tal nach einem Haus wieder auf die Staatstraße. Diese müssen wir nun vorsichtig in die St.-Valentin-Straße queren, was ohne Zebrastreifen gar nicht so einfach ist. Dann sind wir aber schon wieder im Villenort Obermais. Zur Abwechslung passieren wir nun einmal ein auffällig modernes Haus, dann halten wir uns geradeaus in die Theodor-Christomannos-Straße, die uns bald an anfangs noch durch Mauern abgeschirmten Prachtbauten vorbeiführt. Die Straße mündet nach einem längeren Stück in die Dantestraße – jetzt halten wir uns rechts und spazieren das letzte Stück durch die Obermaiser Ortsmitte zurück zum Brunnenplatz.

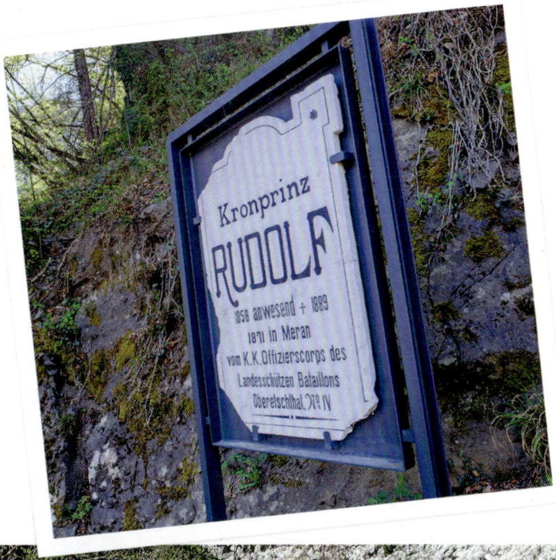

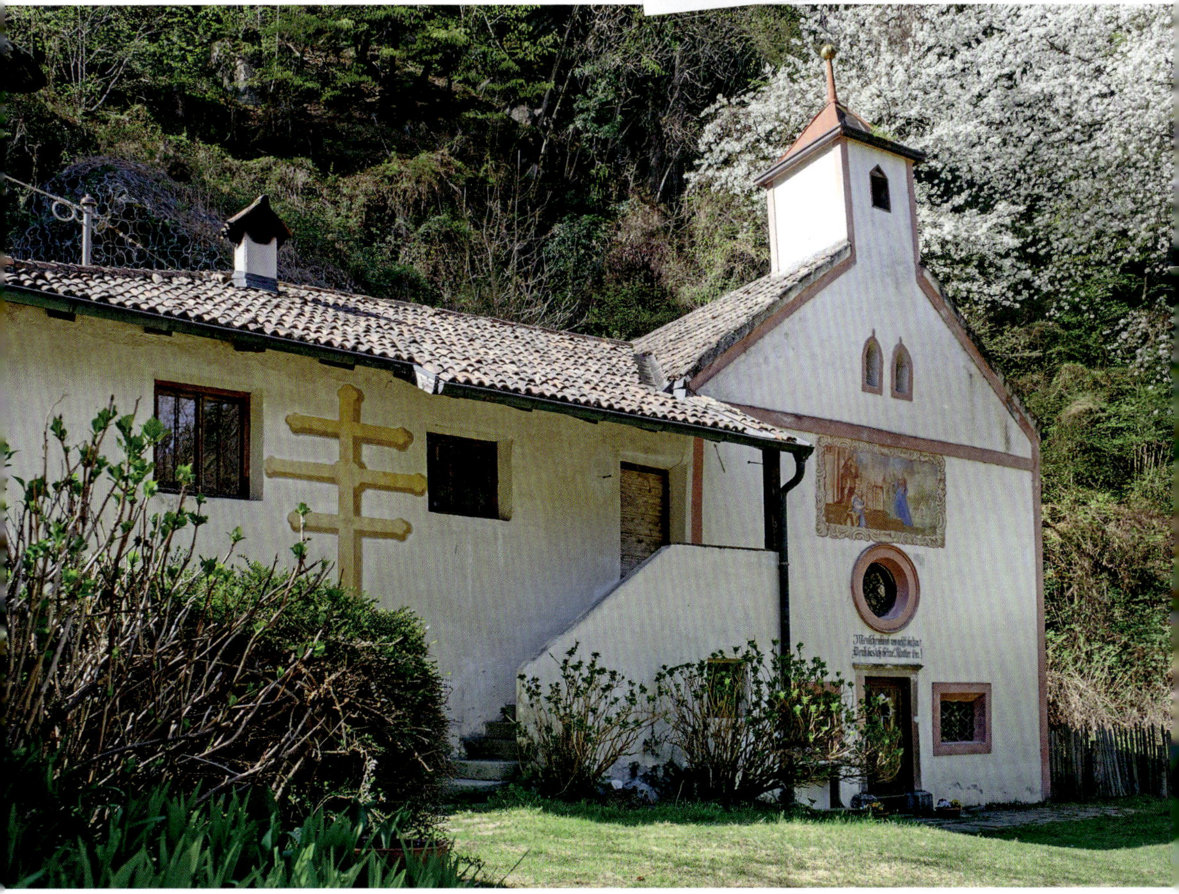

5 Großer Mittager und Windspitze

Wandergipfel bei Meran 2000

Mittel | 13,4 km | 610 Hm | 4.30 Std.

Tourencharakter
Zuerst guter, einfacher Wanderweg, Aufstieg zur Windspitze dann über einen kurzen, steilen Pfad. Der Übergang zum Großen Mittager ist wieder deutlich flacher. Etwas Trittsicherheit erforderlich

Ausgangs-/Endpunkt
Bergstation der Seilbahn Meran 2000 (meran2000.com) GPS 46.677710,11.253755

Anfahrt
ÖPNV: Mit dem Bus von Meran zur Talstation Naif
Auto: Von Meran in Richtung Hafling bis zur Talstation Naif

Einkehr
Kesselberghütte, Mittagerhütte, Meraner Hütte, Kirchsteigeralm (kirchsteigeralm.com), Waidmannalm

Die beiden Gipfel lassen sich relativ einfach von der Bergstation der Seilbahn Meran 2000 aus besteigen, die weitläufigen Flächen sind sehr schön zum Wandern. Die Windspitze ist im Gipfelbereich etwas steiler, am Großen Mittager ist es sehr flach und weit. Beide Gipfel bieten wundervolle Aussichten.

Zur Kesselberghütte Mit der Seilbahn von Naif startend, schweben wir hinauf zur Bergstation der Meran-2000-Bahn (1899 m) am Piffinger Köpfl. Von hier folgen wir den Markierungen auf gutem Wanderweg bis zum breiten Missensteiner Joch (2128 m), wo mehrere Wanderwege zusammentreffen. Am Joch gönnen wir uns eine erste Pause und genießen die Sonne und die Ausblicke auf die umliegenden Berge.

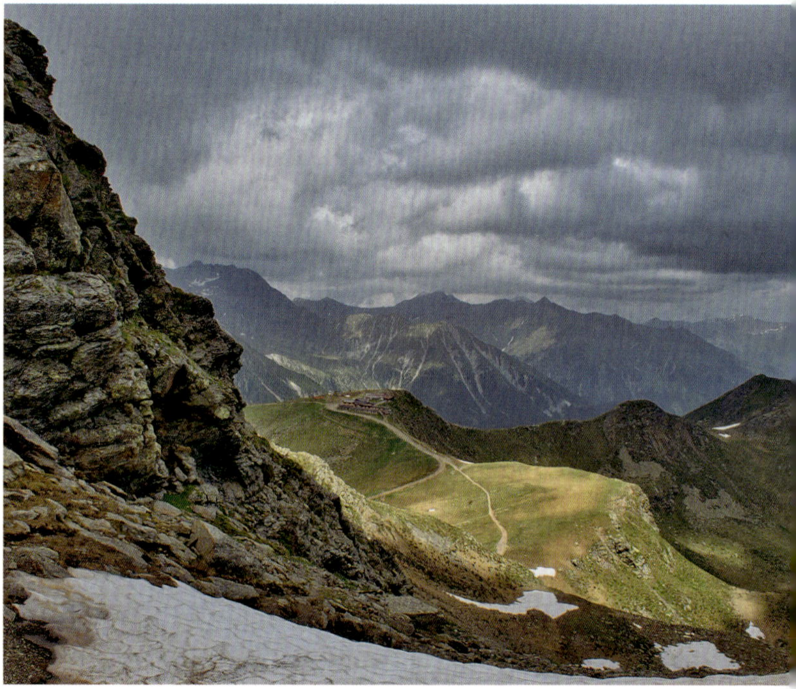

Etwas wolkenverhangener Ausblick

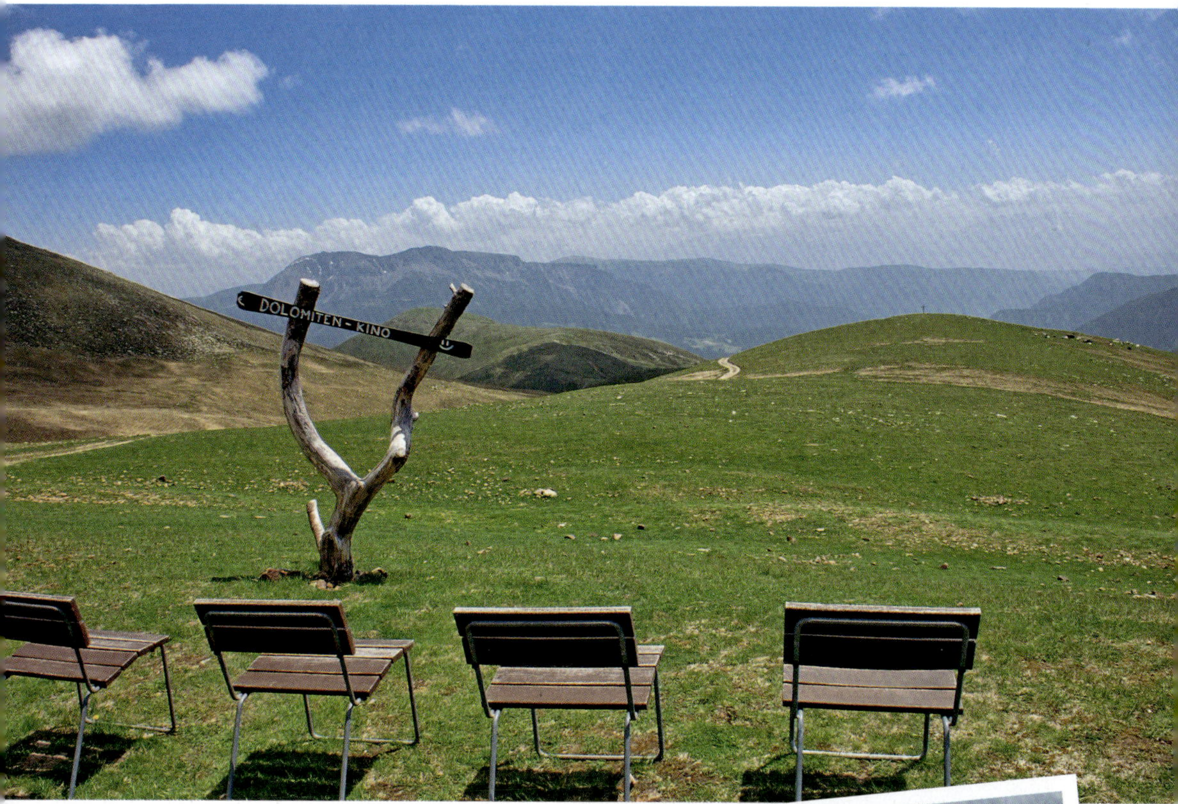

Vom Joch folgen wir nun dem Otto-Gurschler-Weg in Richtung Kesselberghütte. Der Weg, an dem immer wieder kleine Madonnenfiguren stehen, bringt uns hinauf zur großen Kesselberghütte (2300 m), der ersten Einkehrmöglichkeit auf dieser Wanderung. Hier sehen wir bereits die Windspitze von ihrer abweisenden felsigen Seite.

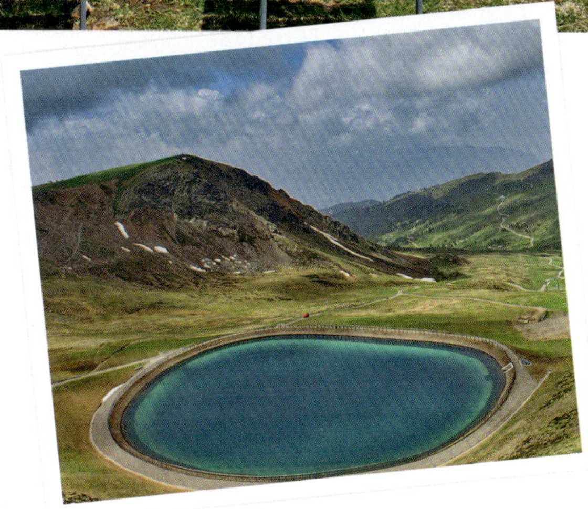

Kleiner künstlicher See an der Kesselberghütte

Oben: Aussichtsplatzerl an der Mittagerhütte

Zu den Gipfeln Von der Hütte wandern wir weiter hinauf in die Kesselbergscharte (2256 m) und unter der Windspitze hindurch. Steil steigen wir von der Scharte hinauf in die nächste Scharte zwischen Kleinem Mittager und Windspitze, wenden uns dort nach links und wandern über gut zu begehendes Schuttgelände bis unter den Gipfelaufbau der Windspitze (2392 m). Die letzten Meter zum großen Gipfelkreuz

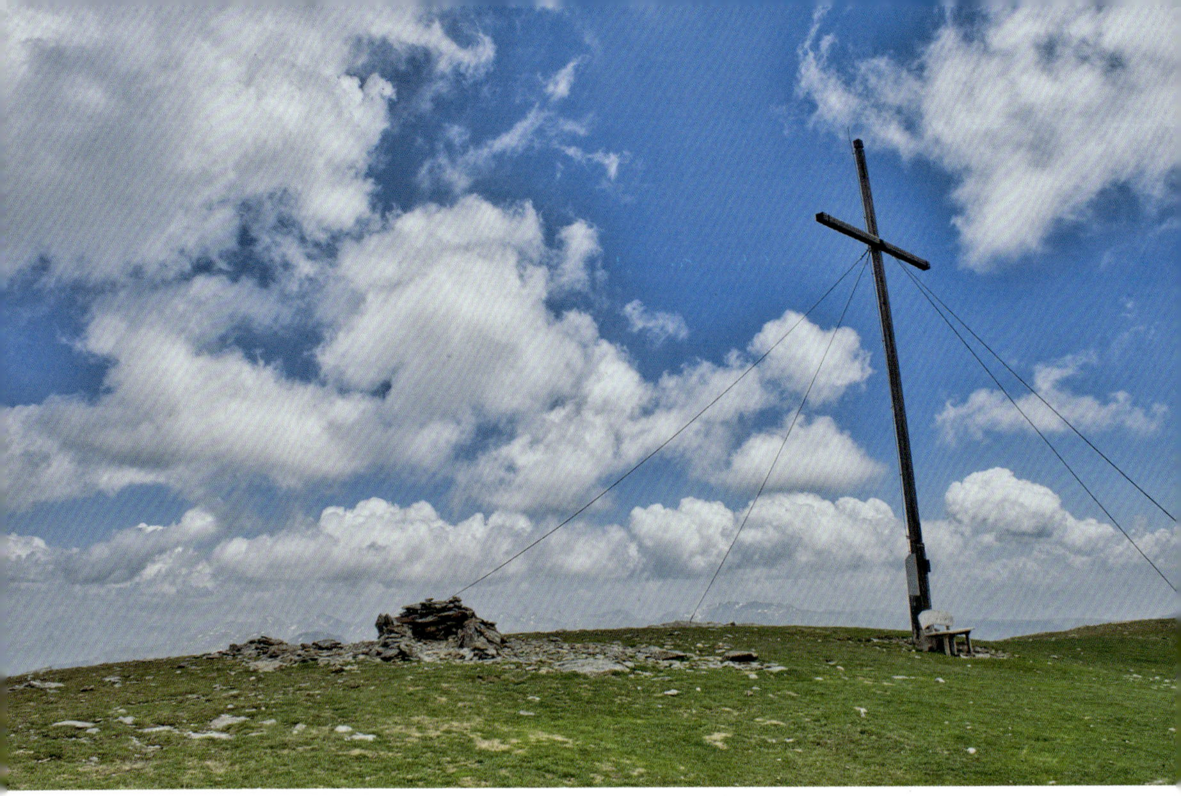

Am Gipfel des Mittager

führen über einen steilen, steinigen Steig. Oben setzen wir uns gemütlich unter das Kreuz und genießen die wunderbare Aussicht auf das wilde Ifinger-Massiv auf der gegenüberliegenden Seite.

Nach der Gipfelpause gehen wir wieder ein Stück zurück zum Verbindungsweg zum Mittager und folgen diesem nun nach Osten. Über sehr weitläufiges Gelände erreichen wir das Kreuz auf

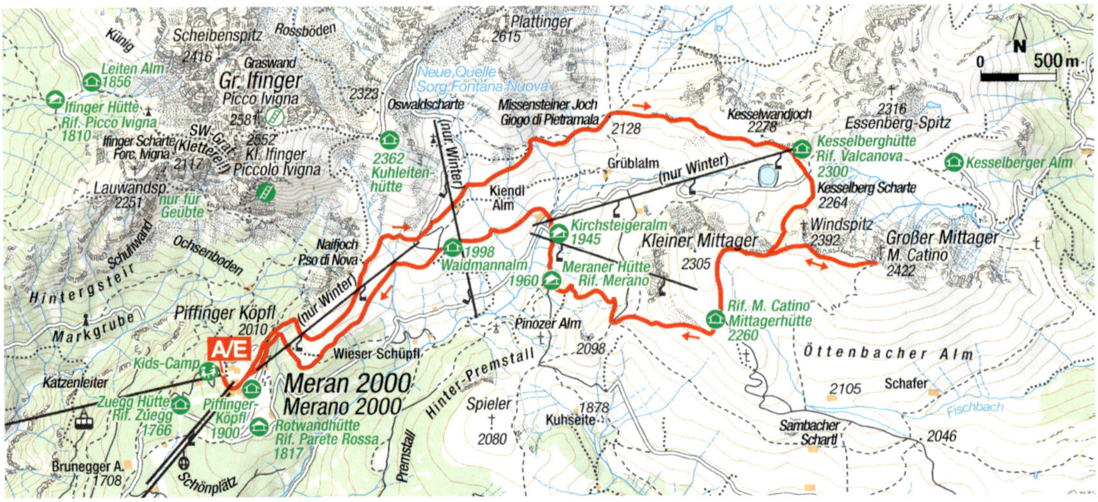

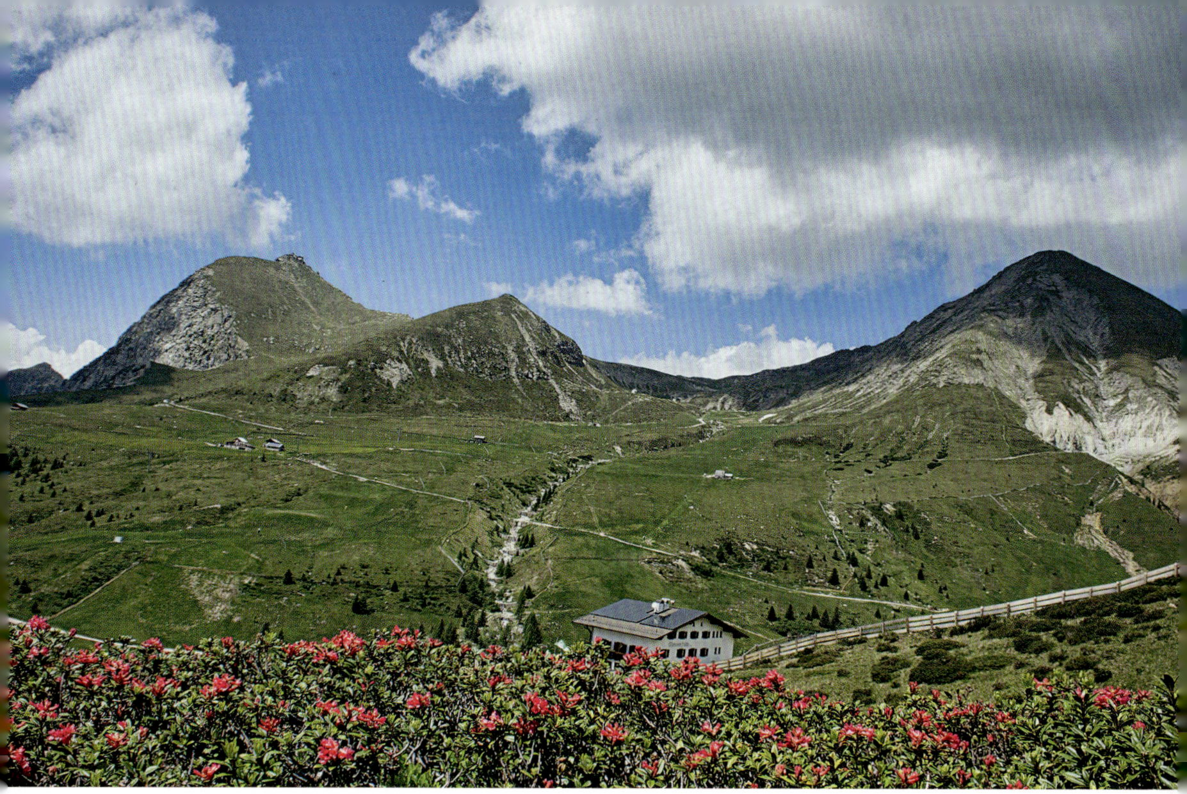

dem Großen Mittager (2422 m), wo wir auf einer Bank die Gipfeljause genießen.

Im Abstieg zur Meraner Hütte

Rückweg zur Bergstation Nach der Schaurast wandern wir zurück in die Scharte unter der Windspitze und folgen dem grasigen Rücken bis zur bewirtschafteten Mittagerhütte (2260 m), die mit Südtiroler Schmankerln lockt. Von der großen Terrasse hat man zudem einen wunderbaren Ausblick bis zu den Dolomiten. Ein steiler Pfad bringt uns anschließend hinunter zur Meraner Hütte (1937 m), wo man ebenfalls leckere Gerichte verkosten kann. Weiter geht es alsdann hinab zur Kirchsteigeralm und auf dem Weg Nr. 18 Richtung Bergstation über freies Gelände zur ebenfalls bewirtschafteten Waidmannalm. Auf einem breiten Wanderweg erreichen wir nun wieder die Bergstation und schweben mit der Seilbahn zurück ins Tal.

Zum Kratzberger See

Vom Missensteiner Joch führt ein gut markierter, relativ einfacher Wanderweg in 45 Min. zum idyllisch gelegenen Kratzberger See (2120 m). Hierher kommen verhältnismäßig wenig Wanderer, und man kann wunderbar die Ruhe und die schöne Landschaft ringsum genießen. Bei Nebel kommt gar eine leicht mystische Stimmung auf. Der Rückweg erfolgt am Anstiegsweg.

6 Am Schenner Waalweg zur Holznerhof

Palmen oder Almen?

Mittel | 9,5 km | 550 Hm | 3,5 Std.

Tourencharakter
Rundtour auf Wanderwegen und wenig befahrenen Bergstraßen, viel Schatten. Zu Anfang fast eben, dann steiler, Kondition erfordernder Anstieg zum Holznerhof

Ausgangs-/Endpunkt
Erzherzog-Johann-Platz in Schenna
GPS 46.690090, 11.187291

Anfahrt
ÖPNV: Schenna ist sehr gut mit Bussen ab Meran erreichbar.
Auto: Von Meran-Süd den Beschilderungen »Schloss Trautmannsdorf«, dann »Schenna« folgen. Am Erzherzog-Johann-Platz gibt es eine Parkgarage.

Einkehr
Die Jausenstation Am Waal (cafeamwaal.it) ist ein nettes Café. Der auch bei Einheimischen beliebte Holznerhof (holznerhof.schenna.com) bietet neben schönster Aussicht u.a. hausgemachte Knödelgerichte oder Apfelschmarrn (Ende März bis Anfang Nov. geöffnet). Zudem gibt es noch den Berggasthof Jägerrast.

Nirgendwo sonst kommen sich Palmen und schneebedeckte Gipfel so nahe wie in Schenna: Mit dieser traumhaften Kulisse lässt es sich entlang eines Waalwegs leicht wandern – und wenn wir dabei auch noch in einem guten Südtiroler Wirtshaus einkehren können, ist unser Glück perfekt!

Nach St. Georgen Wir beginnen unsere Wanderung in der Dorfmitte von Schenna am Erzherzog-Johann-Platz und gehen auf der Schennastraße ein Stück Richtung Süden. Dann beginnt links die St.-Georgen-Straße, der wir aufwärts folgen. In der Kurve weist uns ein Schild nach links auf einen Fußweg, der uns

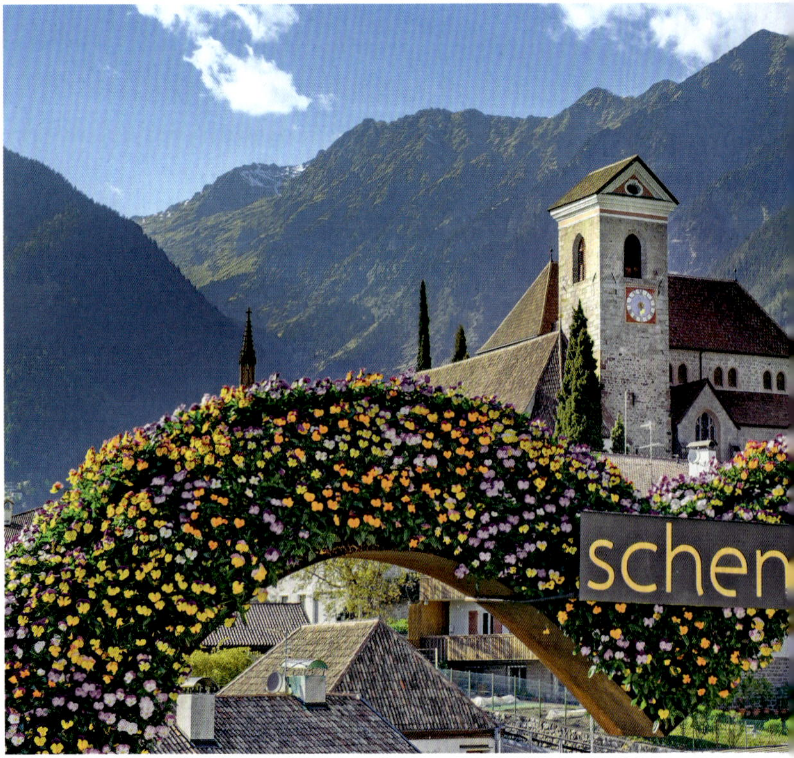

Schenna ist ein sonnenverwöhntes Dorf bei Meran.

durch Weinberge direkt nach St. Georgen (716 m) bringt. Mit einem kleinen Abstecher statten wir der Rundkirche einen Besuch ab, gehört sie doch zu den großen kunsthistorischen Kostbarkeiten Südtirols.

St. Georgen

Auf dem Kirchhügel stand einst die Burg Altschenna (12. Jh.), die den Grafen von Schenna gehörte. Die Georgskirche war damals die Burgkapelle. Ihr reicher Freskenschmuck stammt aus der Zeit um 1400 und zeigt das Georgsmartyrium in recht grausigen Details. Auch das Jüngste Gericht ist nicht gerade freundlich dargestellt – viel friedvoller ist da schon das Fresko des Hl. Nikolaus, der mit seinen goldenen Äpfeln drei Mädchen in ihren wunderschönen Gewändern mit weiten Flügelärmeln eine standesgemäße Aussteuer verschafft. Und noch viel schöner ist die weite Aussicht von der Kapelle über das gesamte Burggrafenamt bis hinüber zum Mendelpass!

Über den Schenner Waalweg Unser Weg führt gegenüber der Kapelle am Georgenhof nach rechts weiter. Auf der Straße geht es kurz leicht bergab, dann biegen wir gegenüber vom Moserwirt links in die ansteigende Straße ein. Der Waalweg ist nun ausgeschildert, er beginnt kurz hinter dem Hotel Apfeloase Locherhof. Jetzt folgen wir fast eben dem plätschernden Wasser,

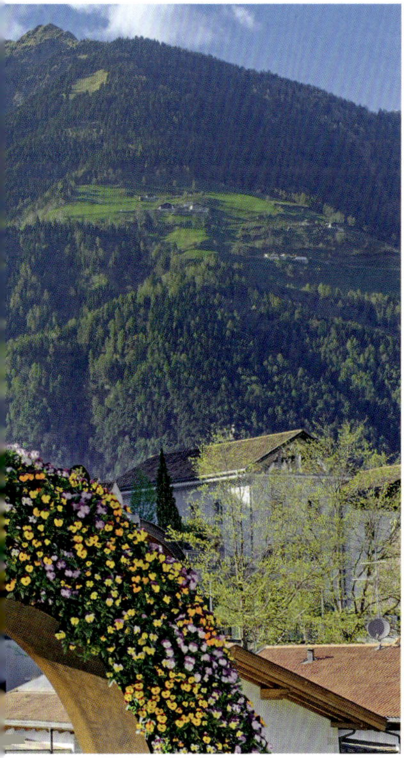

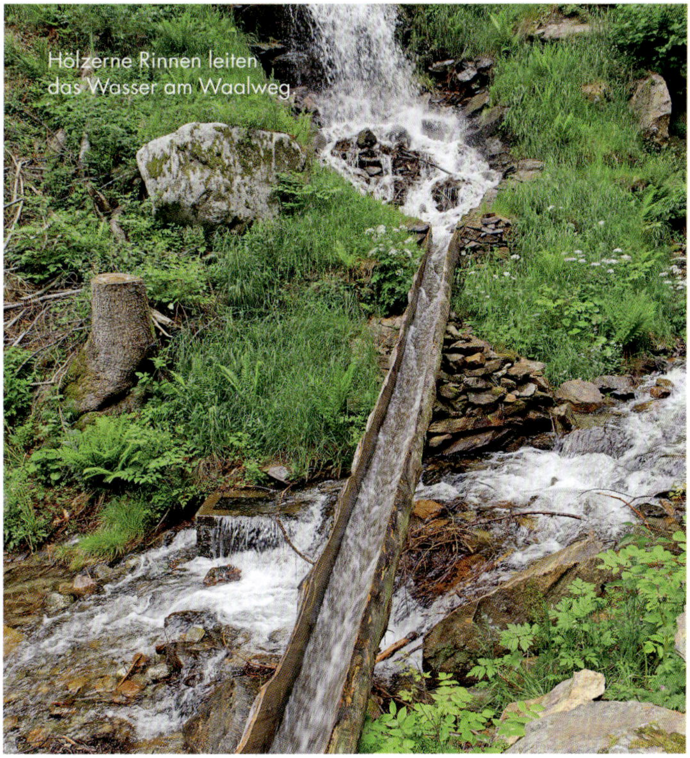

Hölzerne Rinnen leiten das Wasser am Waalweg.

Rechte Seite: Steil führt der Weg über Stufen am Schenner Waalweg.

teilweise durch den Wald, teilweise mit schöner Aussicht. Wir passieren das Café Am Waal und werden zur ersten Einkehr verführt.

Danach queren wir wieder ein Wäldchen und kurz darauf eine kleine Straße, auf der wir später zurückkehren werden. Nun ist es nicht mehr weit, bis wir leicht ansteigend einen kleinen Wasserfall passieren und das Ende des Waalwegs sowie kurz darauf die Talstation der Taser Seilbahn erreichen.

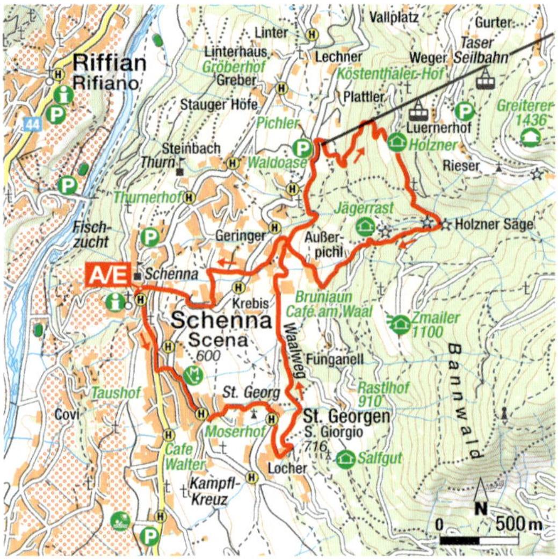

Zum Holznerhof

Jetzt ist eine Entscheidung fällig: Wer genug hat, kann von hier in einer guten halben Stunde direkt nach Schenna zurückkehren. Wir haben jedoch Lust auf mehr und nehmen noch etwa 45 Minuten Aufstieg in Kauf. Deshalb folgen wir dem schmalen Steig Nr. 20, der direkt oberhalb vom Parkplatz der Seilbahn beginnt und uns zu einem Gänsemarsch zwingt, da er im Zickzack an der Bahntrasse entlang bergauf führt.

Dann schwenkt er nach rechts in den Wald hinein, wird etwas breiter und bringt uns nach einigem Hin und Her an den Waldrand unterhalb des Holznerhofs (1100 m). Über die Wiesen erreichen wir schließlich diese beliebte Ausflugswirtschaft. Die Südtiroler Marenden (Brotzeiten), die hier serviert werden, sind legendär, genauso wie die Aussicht auf den Talboden von Meran und die Berge im Hintergrund. Dass der Holznerhof keine echte Wirtschaft ist, sondern eigentlich ein Bauernhof mit einem Buschenschank, der hauseigene Produkte anbietet, hebt unsere Stimmung umso mehr.

Abstieg über die Jägerrast

Nach der Stärkung nehmen wir die Zufahrtsstraße talwärts, passieren die Holzner Säge mit ihrem gewaltigen Stein am Mühlbach und erreichen etwas tiefer den Gasthof Jägerrast. Hier wendet sich die Straße nach links, wir aber steigen geradeaus auf dem Waldweg Nr. 18 abwärts.

Bald stoßen wir auf ein kleines Sträßchen und folgen nun den zahlreichen Wegweisern Richtung Schenna, kreuzen einmal sogar unseren vom Aufstieg bekannten Waalweg und wandern so sehr aussichtsreich zurück nach Schenna und weiter (wobei einige Varianten möglich sind) bis zum Erzherzog-Johann-Platz.

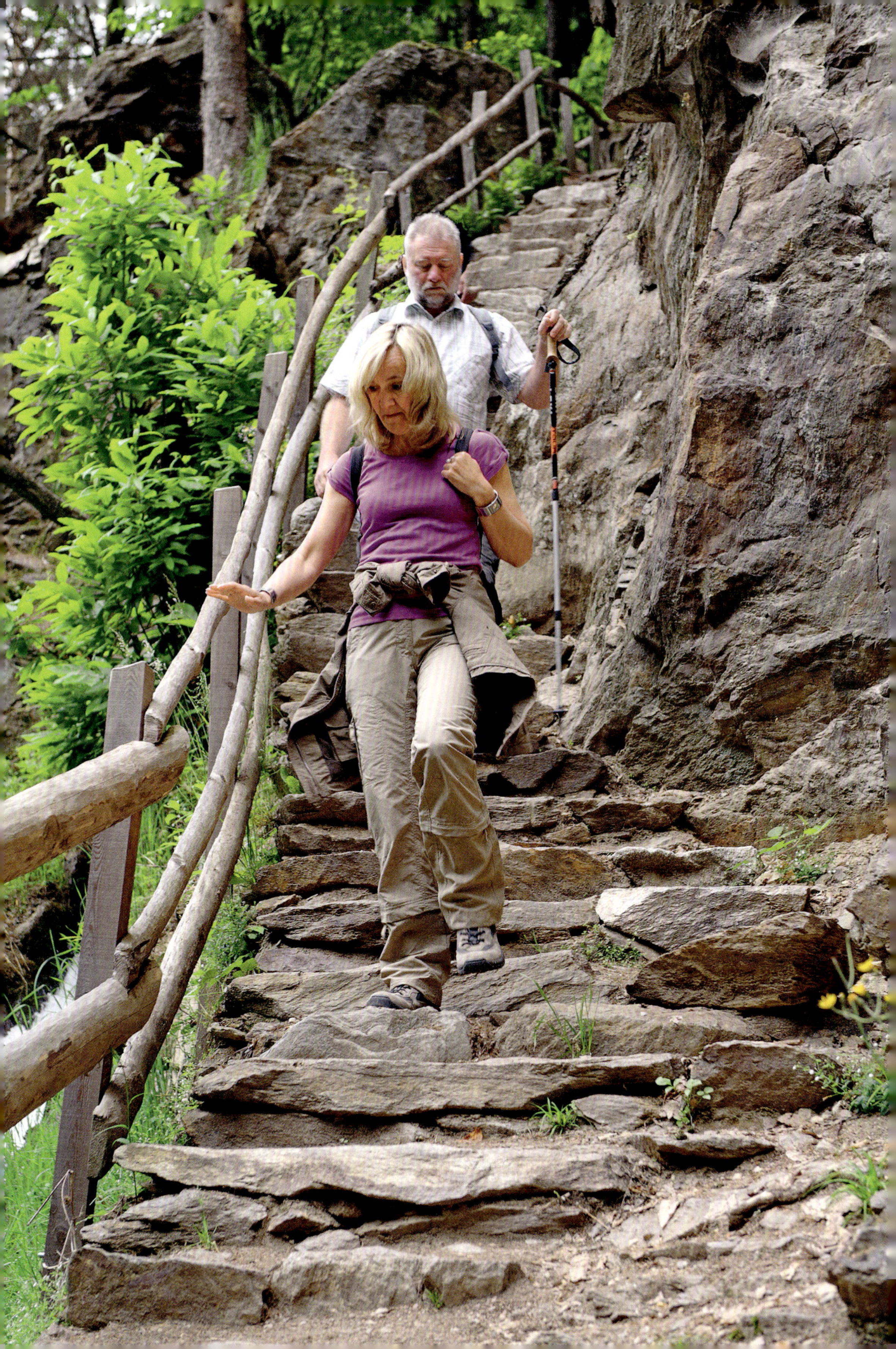

7 Über den Marlinger Waalweg

Der längste (und schönste?) seiner Art in Südtirol

Mittel | 14 km | 650 Hm | 4 Std.

Tourencharakter
Die Hälfte der etwas längeren Wanderung verläuft nach einem ersten kleinen Aufstieg fast eben. Die restlichen Höhenmeter bewältigen wir über knackige Steigungen am Rückweg. Die Wanderung lässt sich abkürzen.

Ausgangs-/Endpunkt
Pfarrkirche in Marling
GPS 46.654816, 11.140870

Anfahrt
ÖPNV: Marling ist sehr gut mit Bussen ab Meran und mit dem Zug (entweder Haltestelle Untermais oder Bahnhof Marling/Vinschgaubahn) erreichbar.
Auto: Marling liegt südlich von Meran. Im Ort nur wenige Parkplätze; der Waalweg-Wanderparkplatz liegt in der Nähe des Gasthauses Waalheim in der Bergerstraße.

Einkehr
Unterwegs mehrere Möglichkeiten – am Rückweg im Gasthaus Senn am Egg (sennamegg.it, Mo Ruhetag) am Höhenweg, werden wir mit Südtiroler Küche und bester Aussicht verwöhnt.

Die Wanderung entlang des beliebten Südtiroler Waalwegs zählt ungeachtet des Ansturms anderer Wanderenthusiasten zu den schönsten Erlebnissen in Südtirol. Die Tour kann man entweder als Streckenwanderung bis Töll absolvieren oder als Rundtour über den Höhenweg beenden.

Start in Marling Mit der Marlinger Pfarrkirche im Rücken queren wir die Dorfstraße in die Anselm-Pattis-Straße. An einem Wegkreuz teilt diese sich – wir halten uns links in die Bergerstraße, der Waalweg ist bereits ausgeschildert. Unsere Straße steigt weiter an, und bald genießen wir die ersten Blicke über Marling hinweg auf das Meraner Becken. An einem Wanderparkplatz kommen wir zum Gasthaus Waalheim und steigen scharf rechts zum Gasthaus hinauf, wo der Wanderweg um das Gebäude herumführt und dann einen Bach quert.

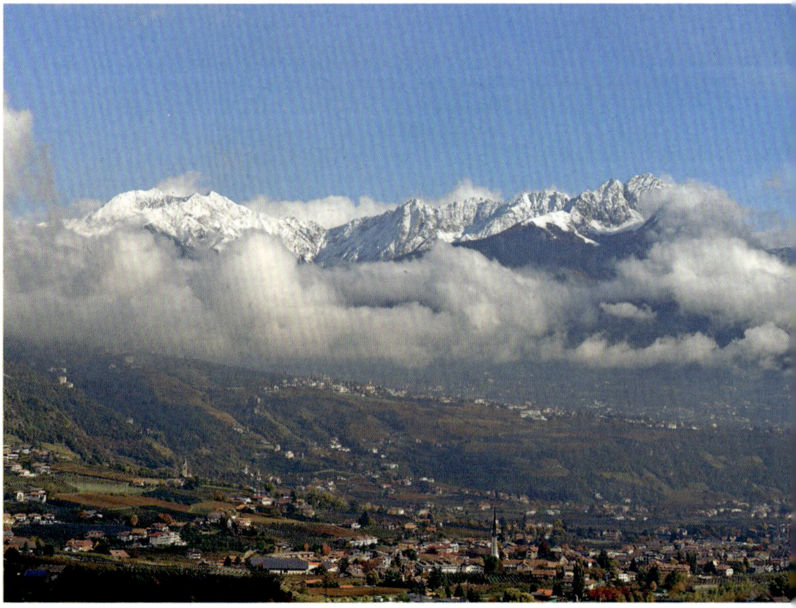

Die Aussicht über Meran und das Burggrafenamt bleibt über viele Kilometer hinweg wunderschön.

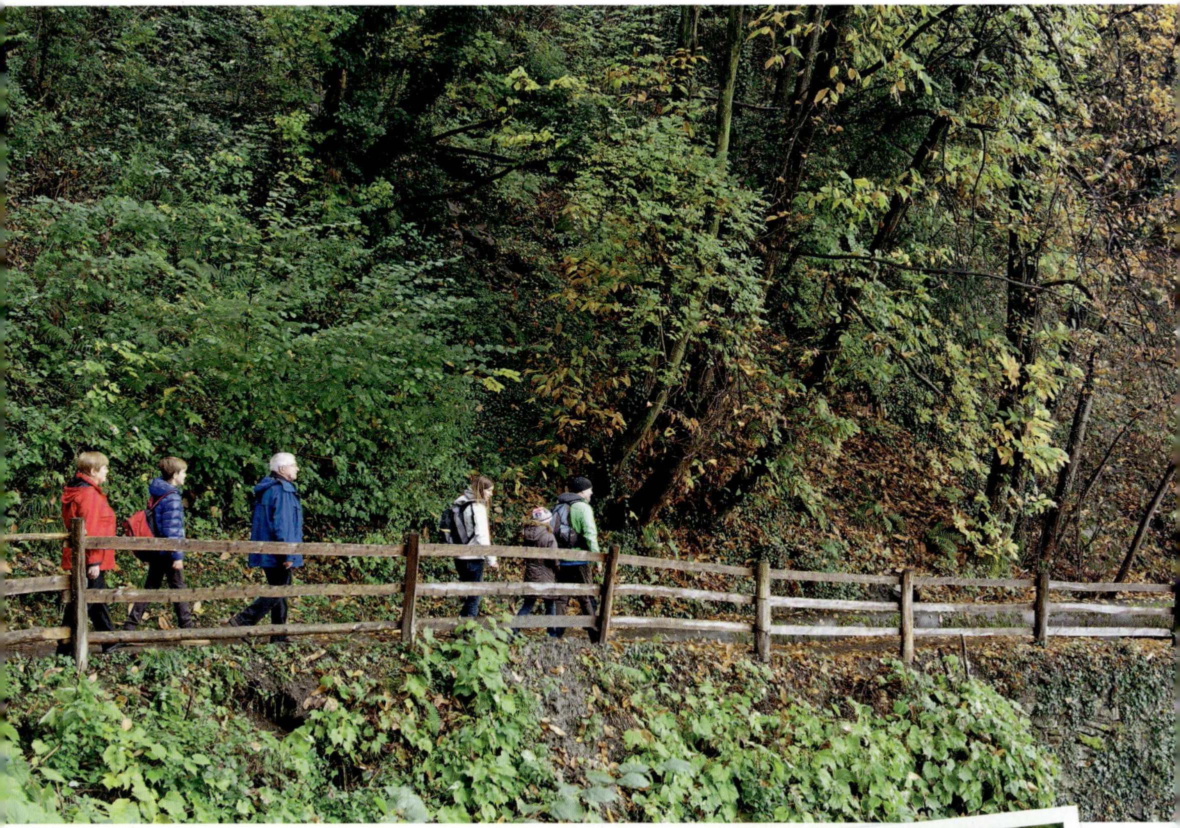

Wasserspiele, Obsthaine und Weinberge Jetzt geht's auf den Marlinger Waalweg, und wir wandern fast eben in nördlicher Richtung weiter. Das Wasser begleitet uns mit leisem Gemurmel. Kaum treten wir aus dem Wald, genießen wir die einzigartige Aussicht über das breite Meraner Becken: Unter uns liegt Marling, dahinter sehen wir die ovale Pferderennbahn und die Stadt Meran, und an den Hängen hinter der Kurstadt erkennen wir die Burg Tirol. Umrahmt wird das Ganze von vielen hohen Bergen, wie z. B. der herausragenden Mutspitze.

Der Gasthof Waldschenke lockt mit einer Einkehr, und wer mit Kindern unterwegs ist, kann sich alsdann kaum dem reizvollen Natur-Erlebnisweg entziehen, der hinter dem Gasthof als Runde

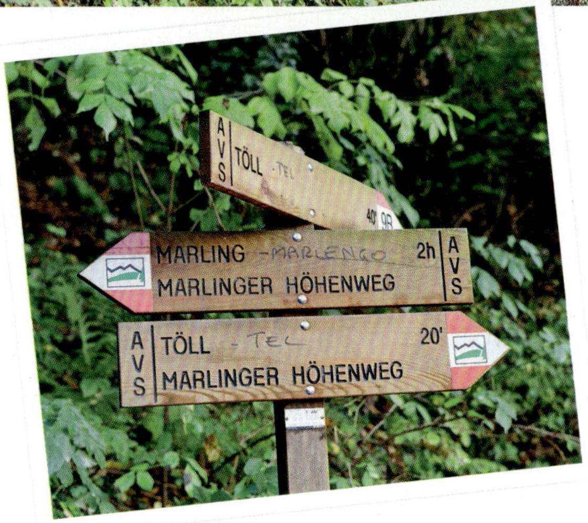

Verlaufen kann man sich nicht, die Wege sind gut ausgeschildert.

Oben: Fast eben verläuft der Hinweg.

startet. Mit dem Larchwalderhof und dem Gasthof Enzian, die alle knapp hintereinander liegen, ist hier die Dichte an sonnigen Aussichtsterrassen hoch. Bald passieren wir die kleine Kirche St. Felix, die einige Höhenmeter über uns liegt, und folgen weiter der Beschilderung des Waalwegs. Es geht durch Obsthaine und Weinberge, und ganz langsam wendet sich unser Weg dem Vinschgauer Tal zu.

Unten: Äpfel und Weinreben gedeihen hier hervorragend.

Variante für den Rückweg

Wer mit öffentlichen Verkehrsmitteln zur Wanderung nach Marling angereist ist, wandert nicht über den Höhenweg zurück, sondern folgt noch für gut 10 Min. weiter dem Waalweg – dieser sich noch sehr lohnende Wegabschnitt endet an der Vinschgauer Straße bei Töll, wo man die Staatstraße an der Ampel quert und gegenüber in der Alten Landstraße zur Bushaltestelle gelangt. Von dort fährt man mit Bus 213 zurück nach Meran (insgesamt dann 2.30 Std., 7 km, 350 Hm).

Genialer Waalweg Der Wegverlauf wird nun etwas dramatischer, und wir bewundern die Ingenieurskunst, die den Wasserlauf bereits vor über 250 Jahren so kunstvoll in den steilen Hang zu legen verstand. Es geht über Brücken und an Felsen vorbei, durch die das Wasser mittels eines Tunnelsystems seinen Weg findet. Unter uns sehen wir die Vinschgau-Bahn und die große Brauerei Forst –

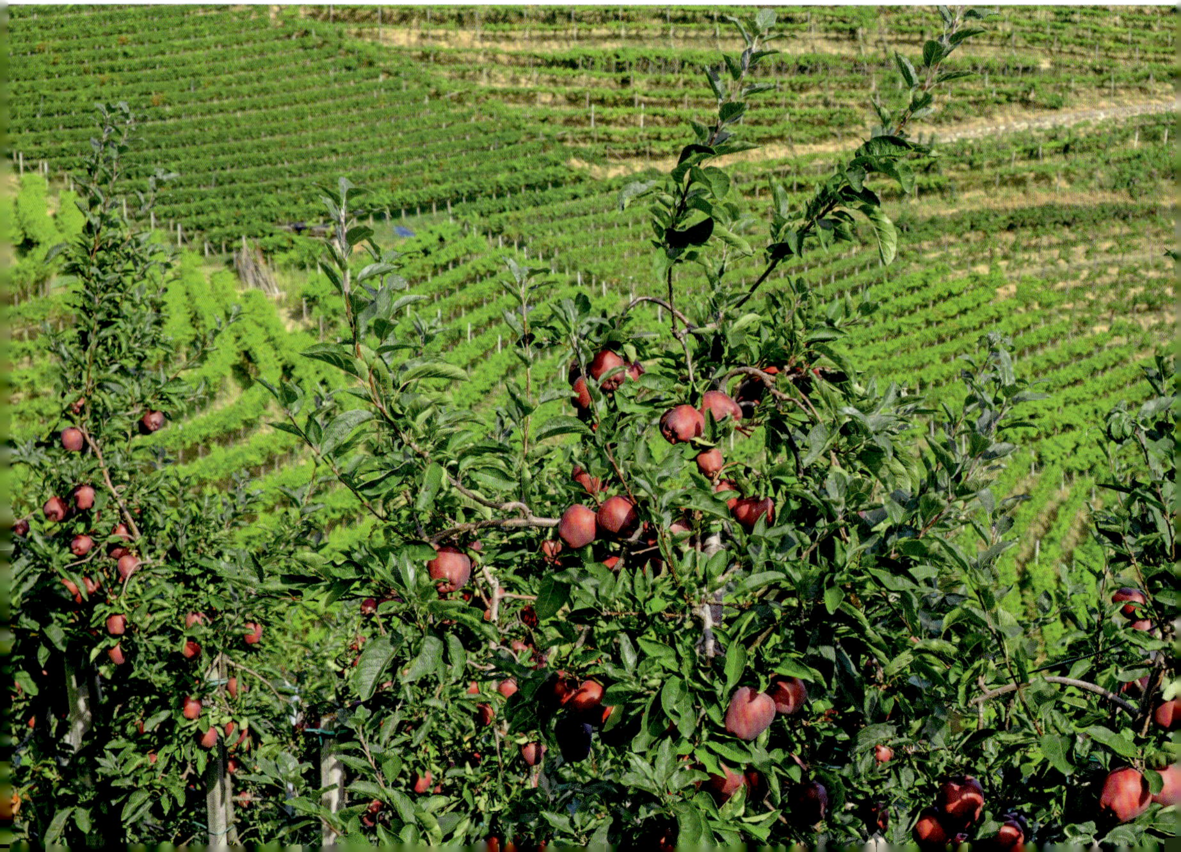

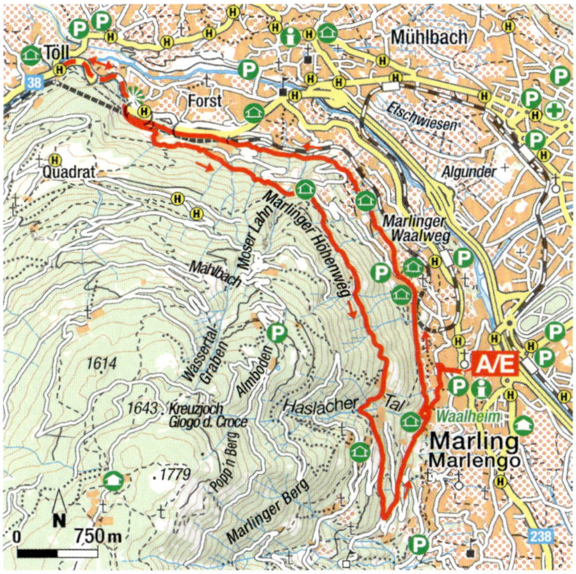

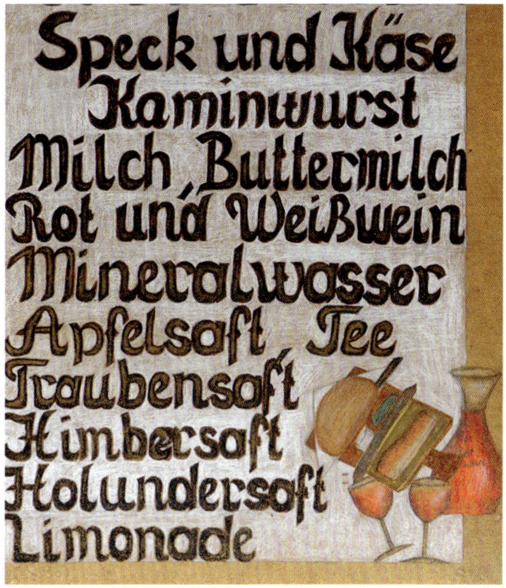

Verhungern und verdursten muss niemand, es gibt einige Einkehrmöglichkeiten.

dort verläuft die Grenze zwischen dem Burggrafenamt um Meran und dem Vinschgau.
Schließlich erreichen wir an einer Straße eine Abzweigung, die uns rechts eine erste Abkürzung zur Brauerei Forst weist. Danach kommen wir zu der Abzweigung nach links, die »Zum Marlinger Höhenweg« ausgeschildert ist, den wir für den Rückweg nutzen wollen (Alternative s. Tipp).

In der Ruhe liegt die Kraft Jetzt geht es bergauf, und wir folgen stets den Hinweisschildern des Marlinger Höhenwegs. Dieser führt in den Wald und an einsamen Häusern mit verwilderten Streuobstwiesen vorbei – und auf einmal sind wir ganz allein unterwegs und genießen erfreut die Ruhe. Über Wiesen erreichen wir dann die ehemalige Einsiedelei Josefsberg und schließlich, am höchsten Punkt unserer Tour, das Gasthaus Senn am Egg – der schönste Platz für eine Einkehr, denn die Aussicht von der Terrasse über das Burggrafenamt ist unbezahlbar schön!
Vom Gasthaus steigen wir nicht direkt nach Marling ab, sondern wandern rechts auf dem Feldweg weiter, dabei stets dem Höhenweg folgend. Noch genießen wir die Aussicht, dann geht es in den Wald hinein. Im leichten Auf und Ab erreichen wir über Außer- und Innerholzmair den Beginn der geteerten kleinen Bergerstraße. Sie ist zum Glück kaum befahren, lässt sich auch einmal abkürzen und bringt uns final wieder zurück nach Marling.

8 Am Tschermser Waalweg

Sonnige Weinhänge um Schloss Lebenberg

Leicht | 7 km | 240 Hm | 2.15 Std.

Tourencharakter
Sonniger Rundweg mit einem steileren Aufstieg. Ein Teil des Wegs verläuft über eine wenig befahrene Privatstraße sowie auf dem schmalen Waalweg. Viele Ruhebänke und Einkehrmöglichkeiten an der Strecke

Ausgangs-/Endpunkt
Busbahnhof in Lana
GPS 46.618597, 11.141988

Anfahrt
ÖPNV: Mit dem Zug nach Meran und weiter mit Bus 211 nach Lana zum Busbahnhof
Auto: Lana liegt zwischen Bozen und Meran; im Ort gibt es einige Parkplätze. Der Busbahnhof liegt am großen Kreisverkehr in der Meraner Straße.

Einkehr
Am Waalweg liegen der Oberbrunnerhof, ein typischer Buschenschank, das Gasthaus Leitenschenke (leitenschenke.it) und, besonders aussichtsreich samt liebevollem Ambiente, das Weingut Haidenhof (haidenhof.it, Fr Ruhetag).

Der Tschermser Waalweg bietet eine kurze, aussichtsreiche Wanderung zwischen Lana und Tscherms. Wir verbinden ihn zu einer Rundtour, bei der wir tolle Aussichten, Buschenschänken und eine der schönsten Burgen Südtirols erleben.

Zwischen Zypressen und Weinbergen Vom Busbahnhof gehen wir zum großen Kreisverkehr und folgen ein kurzes Stück der Straße ins Ultental. Dann geht es rechts in den Villenerweg. Vorbei an den ersten schönen Weingütern biegen wir am Ansitz Schaller links in die Raffeingasse, wo sowohl der Oberbrunner Buschenschank als auch die Waalwege ausgeschildert sind. Steil geht es nun auf einem Fußweg neben der schmalen Straße auf-

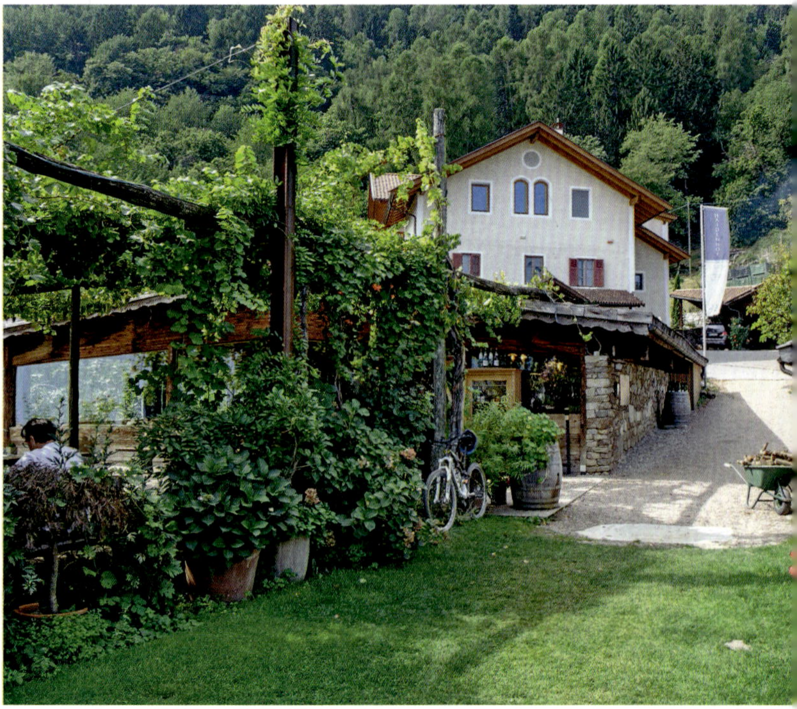

Der Buschenschank am Haidenhof liegt besonders aussichtsreich.

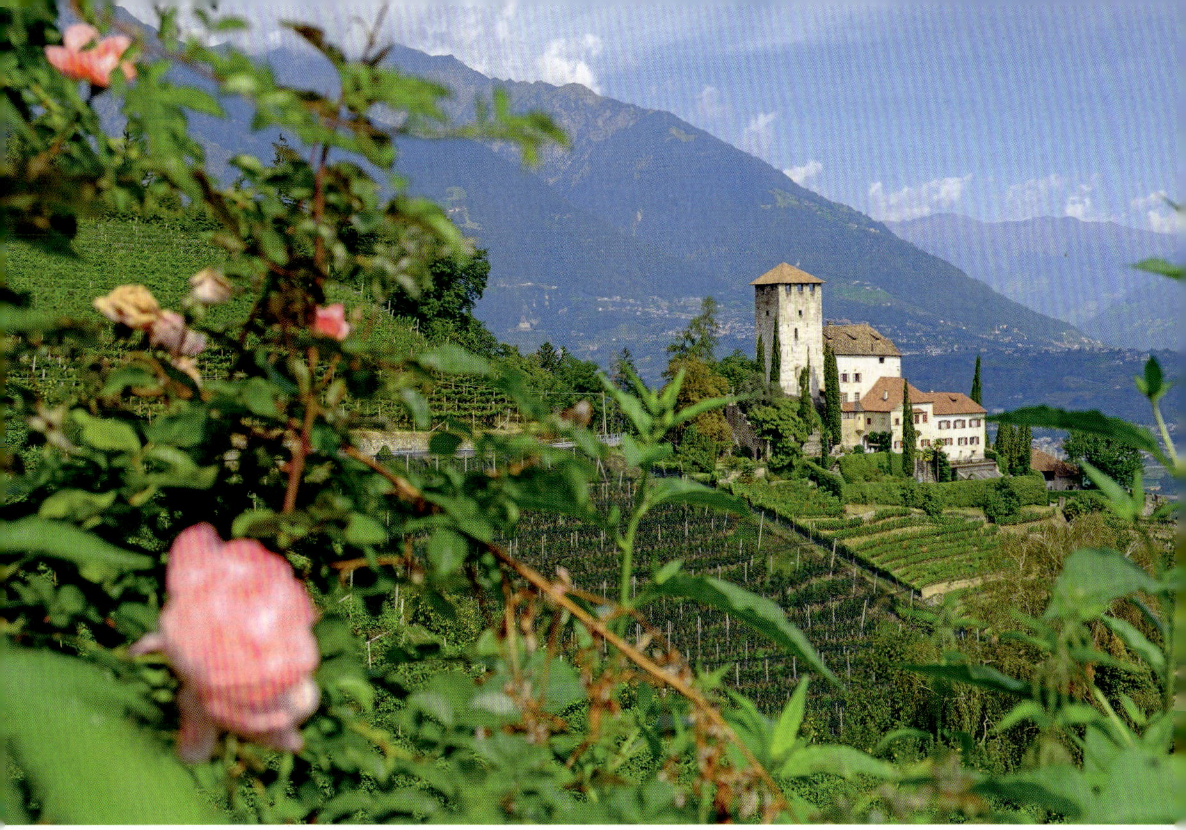

Schloss Lebenberg

wärts – aber wir müssen nun einmal Höhe gewinnen! Zypressen und Weingärten säumen unseren Weg, und die Aussicht wird immer schöner. Wir ignorieren am Mini-Kreisverkehr mit dem Kopfsteinpflaster die Abzweigung nach rechts auf den Waalweg und bleiben stattdessen geradeaus bis zum Oberbrunnerhof, dem ersten Buschenschank.

Waale und Wege

Der Waal ist ein Bewässerungskanal, mittels dem Wasser von hoch gelegenen Bächen auf tiefer liegende Felder gebracht wird, die in der warmen Jahreszeit austrocknen würden. Mit sanftem Gefälle werden sie an den Berghängen entlanggeführt und sind immer von einem Fußweg begleitet. Den nutzte einst der Waaler für Kontrollgänge – und wir als Wanderer für gemütliche, aber meist aussichtsreiche Touren.

Zum Haidenhof Wir bleiben weiter bergauf, und wenige Schritte später mündet die Straße in einer Kurve in die nächste kleine Teerstraße. Hier kurz rechts bergab, folgen wir dann links der Beschilderung Richtung Haidenhof in die Lebenbergerstraße. Der Weg steigt immer noch an, zudem gibt es wenig Schatten, dafür ist die Aussicht über das Etschtal umso erfreulicher: endlose Apfelhaine und Weinberge, wohin das Auge blickt.

An einem Wegkreuz haben wir den anstrengendsten Teil hinter uns – vor uns taucht schon das Schloss Lebenberg auf, und im Tal sehen wir Meran. Vorbei am Peilerhof erreichen wir das Weingut Haidenhof mit seinem schönen Buschenschank. Lauschig von Weinreben umrankte Plätzchen locken im Garten zur aussichts-

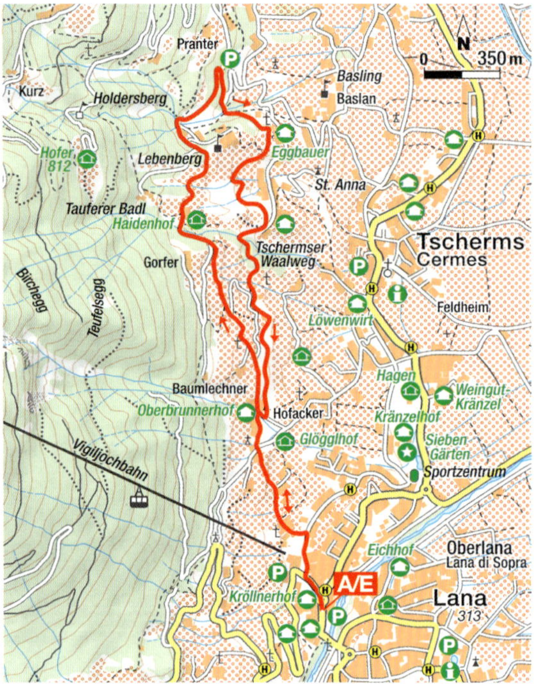

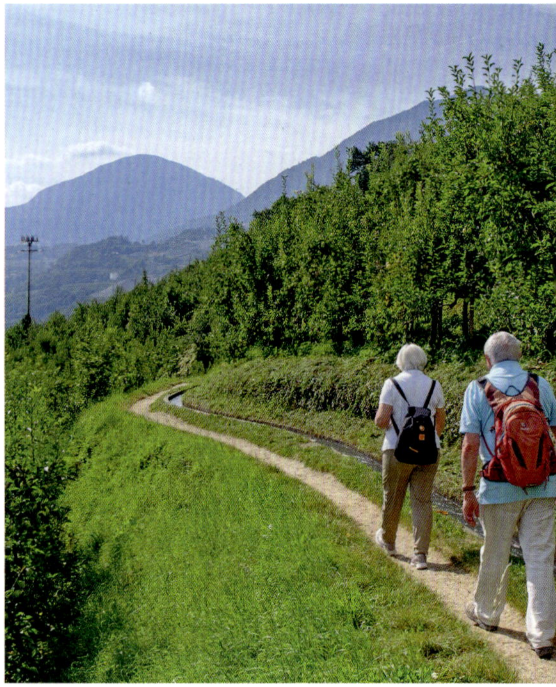

Mitte: Ein schmaler Weg säumt den Tschermser Waal.

reichen Pause, und bei einem guten Glas Weißburgunder, Kerner oder Gewürztraminer könnte man den Vorsatz, rasch weiterzuwandern, schnell vergessen – vor allem, wenn dazu Schlutzkrapfen oder Südtiroler Graukäseknödel serviert werden ...

Schloss Lebenberg Gut, dass die Straße im weiteren Verlauf zum Schloss Lebenberg abfällt und wir keine Höhenmeter mehr bergauf überwinden müssen. Die stattliche Burganlage, die sich auf einem Hügel inmitten von Weinbergen erhebt und die wir schon von Weitem bewundern durften, zählt zu den schönsten in Südtirol und kann von Mai bis Oktober täglich außer sonntags besichtigt werden.

Die Straße führt am Schloss vorbei und bringt uns zu einem Wanderparkplatz. Hier halten wir uns rechts und steigen noch bis zur nächsten Serpentine an der Straße hinunter.

Am Tschermser Waalweg Genau in der Kurve beginnt nun der Tschermser Waalweg, der zunächst wildromantisch über ein Brücklein führt. Vorbei an einer Imbissstube treten wir kurz darauf in die Sonne, und von nun an begleitet uns stets das glucksende Wasser des Waals. Der Weg ist schmal, aber ein echtes Highlight, und zum Glück gibt es viele Rastbänke, sodass wir alles ausreichend genießen können.
Bald kommen wir zum Gasthaus Leitenschenke, einer weiteren guten Gelegenheit zur Einkehr. Dann geht es zum Finale noch über einen Steg, und wir erreichen, etwas unterhalb des Oberbrunnerhofs, wieder eine kleine Straße. Zunächst geht es kurz rechts aufwärts, dann kommen wir zur der Kreuzung, die wir vom Hinweg bereits kennen. Auf bekanntem Weg geht es nun wieder über den Oberbrunnerhof zurück nach Lana und zum Busbahnhof.

Unten: Mehrere Buschenschänken locken am Weg.

Wetterkreuze wurden in Südtirol an markanten Hügeln errichtet, so auch am Tschermser Waal.

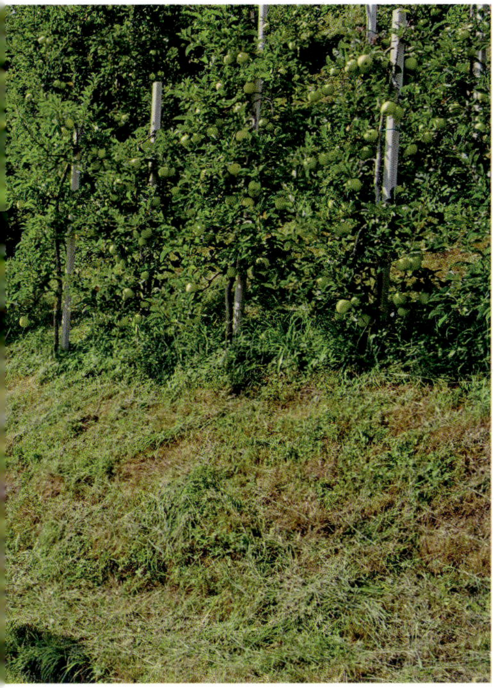

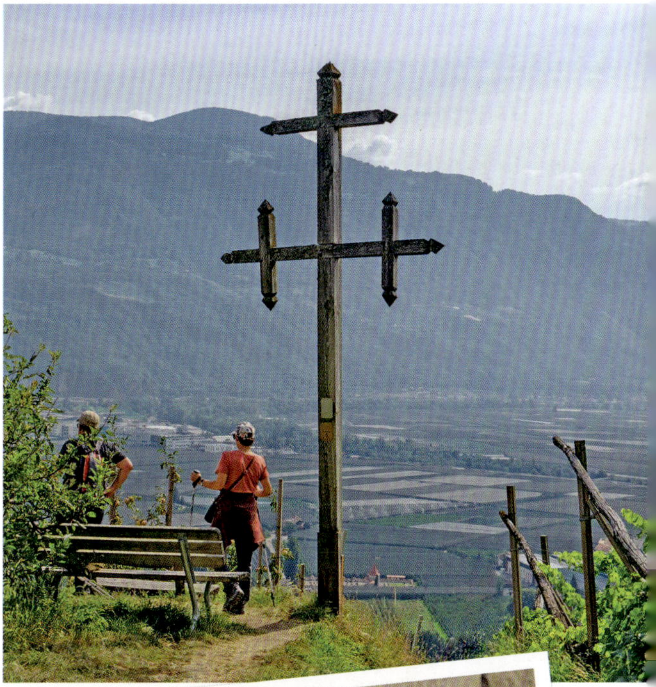

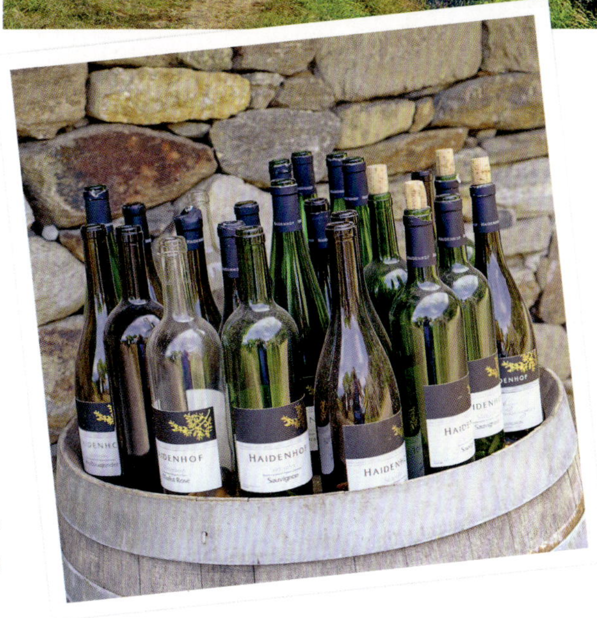

9 In die Gaulschlucht

Wild und mystisch – und perfekt für heiße Tage

Leicht | 3 km | 100 Hm | 1.15 Std.

Tourencharakter
Kurzer Spaziergang auf schattigen Wanderwegen mit einem kleinen Anstieg

Ausgangs-/Endpunkt
Busbahnhof in Lana
GPS 46.618597, 11.141988

Anfahrt
ÖPNV: Mit dem Zug nach Meran und weiter mit Bus 211 nach Lana zum Busbahnhof
Auto: Lana liegt zwischen Bozen und Meran; im Ort gibt es einige Parkplätze. Der Busbahnhof liegt am großen Kreisverkehr in der Meraner Straße.

Einkehr
Unterwegs das Hotel Braunsbergerhof (braunsbergerhof.com) mit seinem wunderbaren Aussichtscafé

Dunkel, geradezu mystisch zwängt sich die Falschauer, die aus dem Ultental kommt, auf ihren letzten Metern durch die enge Gaulschlucht. Das feuchte Klima schafft eine einzigartige Vegetation, und luftige Hängebrücken machen die Wanderung zu einem kleinen Abenteuer.

Ungestüme Falschauer

Wir starten in Lana am Busbahnhof und spazieren die wenigen Schritte in Richtung Ortsmitte. Dabei queren wir die Falschauer und biegen unmittelbar danach am Bildstock mit dem Hl. Nepomuk rechts ab. Der Heilige, der als Märtyrer im Wasser ertränkt wurde, gilt als Schutzpatron gegen Wassergefahren. Seine Funktion hier am Fluss als Brückenheiliger zeigt, dass auch die Falschauer sich in ein reißendes Ungetüm verwandeln kann – sie entsteht gut 1600 Meter höher am oberen Ende des Ultentals aus der Vereinigung von Grünsee- und Weißbrunnbach, ehe sie nach 41 Kilometern zwischen Sinich und Burgstall in der Etsch mündet.

Grüne Felsenlandschaft

Wir folgen dem Fluss entlang der Promenade und stoßen auf die ersten Felsen. Hier queren wir auf einer überdachten Brücke das Ufer und setzen den Weg flussaufwärts fort. Nach einem kleinen Tunnel rücken die Felsen näher, und wir genießen die feuchte Luft, für die der wild rauschende Bach mit seinen winzigen Wassertröpfchen verantwortlich ist. Schlingpflanzen, Farne und Moose besiedeln Steine und Bäume und sorgen für saubere Luft. Mehrere moderne Hängebrücken und Stege erleichtern die Flussquerungen, und schließlich endet der Weg an einem kleinen Wasserfall und an einem vergitterten Tunnel.

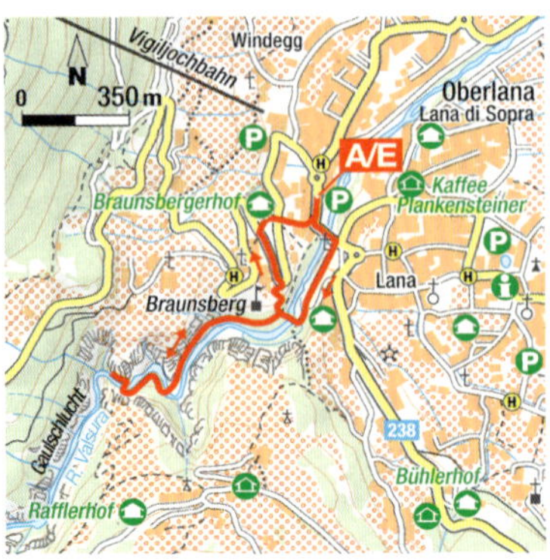

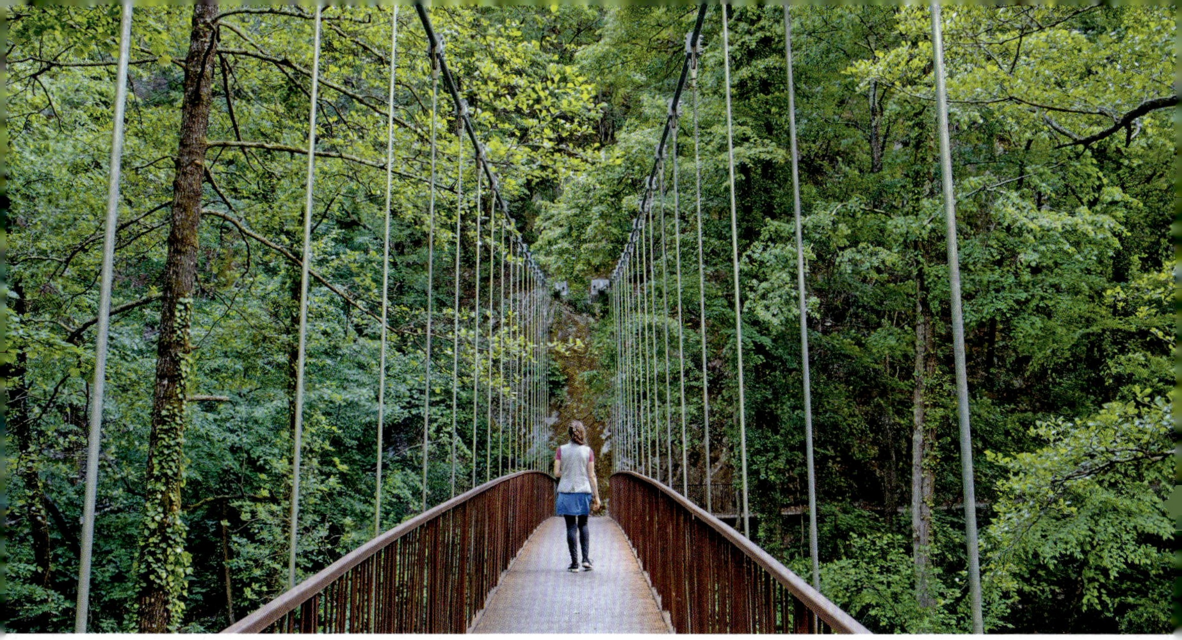

Viele moderne Brücken und Stege machen die schöne Gaulschlucht zugänglich.

Café mit Aussicht Da es sich um eine Sackgasse handelt, ist für uns hier Schluss. Wir drehen um und wandern zur überdachten Brücke zurück. Diesmal bleiben wir auf unserer Flussseite, gehen ein Stück weiter in Wanderrichtung und halten uns dann links, um dem ansteigenden Weg zu folgen. Er führt steil entlang der Felsmauern bergauf, und mit jedem Höhenmeter gewinnen wir ein Mehr an Aussicht, bis wir schließlich ganz Lana überblicken. Über unseren Köpfen taucht langsam die Burg Braunsberg auf, sie ist jedoch in Privatbesitz und deshalb nicht zu besichtigen.

Unser Weg endet an der Ultener Straße – jetzt sollte man unbedingt den Abstecher nach links, also noch ein kurzes Stück bergauf, in Erwägung ziehen: Am Hotel Braunsbergerhof gibt es ein herrliches Panoramacafé, das auch Wanderern offensteht – die Terrasse bietet einen traumhaften Blick über das Tal.

Anschließend queren wir unterhalb des Hotels am Zebrastreifen die Straße und steigen auf dem Braunsbergerweg bergab. Gleich darauf queren wir nochmals die Straße, dann leiten uns einige Treppenstufen zwischen den Häusern hindurch nach Lana. Im Tal an der Hauptstraße geht es links zum Busbahnhof zurück.

Variante

Da die Wanderung sehr kurz ist, könnte man im Anschluss auch der Falschauer flussabwärts folgen: Dafür wandert man zuerst am linken Ufer über den Falschauer Damm, quert dann an einer Fußgängerbrücke zum Aichweg und spaziert auf dem Skulpturenweg über die Ländpromenade zurück nach Lana.

10 Rund um das Vigiljoch

Schwarzensee, Glaubensweg und Bärenbadalm

Leicht	10,5 km	400 Hm	3.30 Std.

Tourencharakter
Leichte Tour über Wanderwege und Almsträßchen mit einer moderaten Steigung

Ausgangs-/Endpunkt
Talstation der Vigiljochbahn in Lana (vigiljoch.com)
GPS 46.620435, 11.140108

Anfahrt
ÖPNV: Von Meran mit Bus 211 nach Lana, Haltestelle Busbahnhof. Von dort sind es 5 Min. Fußweg zur Talstation der Vigiljochbahn.
Auto: Lana liegt etwas südlich von Meran, die Vigiljochbahn ist ausgeschildert, es gibt aber nur wenige Parkplätze.

Einkehr
Gasthaus Seespitz (seespitz-vigiljoch.com), Bärenbadalm (baerenbadalm.com, Anfang Mai bis Ende Okt., sehr aussichtsreich!), Vigilius Stube Ida (vigilius.it)

Mit der Gondel geht es auf den Berg und dann zu einem uralten Bergheiligtum, einem mystischen See und einigen sehr guten Einkehrmöglichkeiten. Zudem genießt man tolle Aussichten auf das Meraner Becken und die Berge des Ultentals – das Vigiljoch ist einfach ein Wanderparadies!

Zur Schwarzen Lacke Leichter geht es kaum: In wenigen Minuten bringt uns die Vigiljochbahn in Lana ohne jede körperliche Anstrengung auf den Berg. Mit ihrer Hilfe ersparen wir uns über 1000 Höhenmeter Aufstieg und damit mehr als drei Stunden

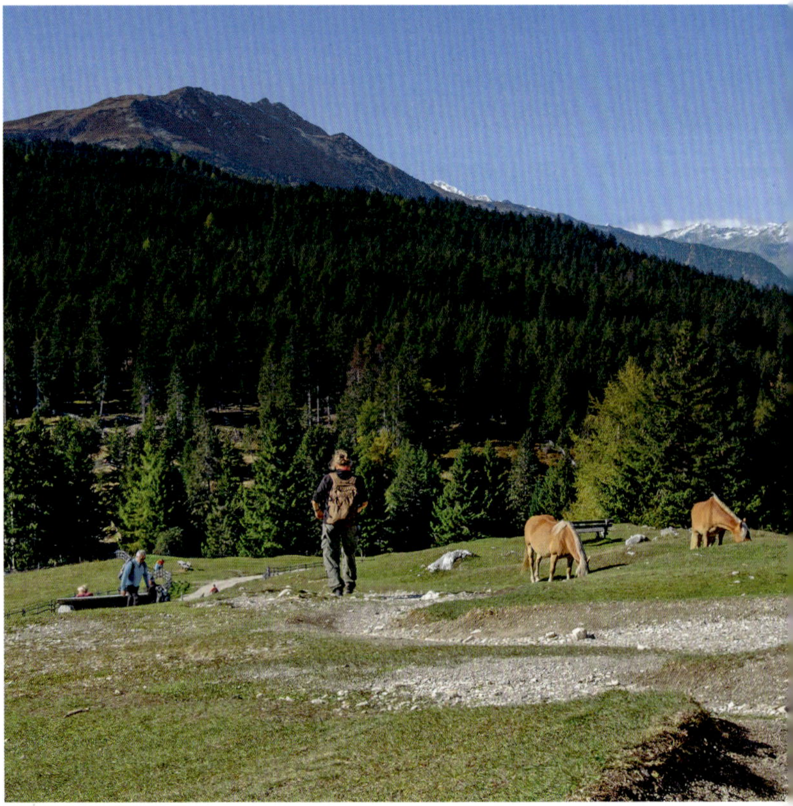

Rechte Seite: Kleine Abstecher führen zu den Stationen am Glaubensweg.

Rund um die Kirche am Vigiljoch grasen Haflinger.

Plagerei. Was für ein Glücksgefühl: austeigen, frische Bergluft atmen, und dann geht es auch schon los! Wir wandern in einer Rechtskurve am Luxushotel Vigilius vorbei; das Design stammt vom bekannten Südtiroler Architekt Matteo Thun, der auch die Therme in Meran entwarf. Kurz vor der Talstation des Vigiljoch-Sessellifts leitet uns der Wegweiser »34/Vigiljoch« nach links. Diesen Weg verlassen wir jedoch bald wieder in einer Kurve und folgen rechts dem Panoramaweg Nr. 7 stetig bergauf. Der Wanderweg ist jedoch nicht übermäßig steil und gut zu schaffen, außerdem macht er seinem Namen alle Ehre.

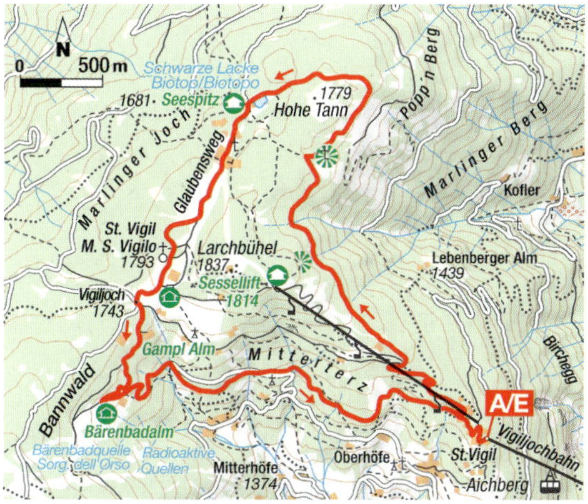

Durch lichten Bergwald erreichen wir mit einem Abstecher nach rechts einen herrlichen Aussichtspunkt: Der Blick schweift weit über das Etschtal hinüber zu Mendelkamm und Schlern und weiter hinein in die

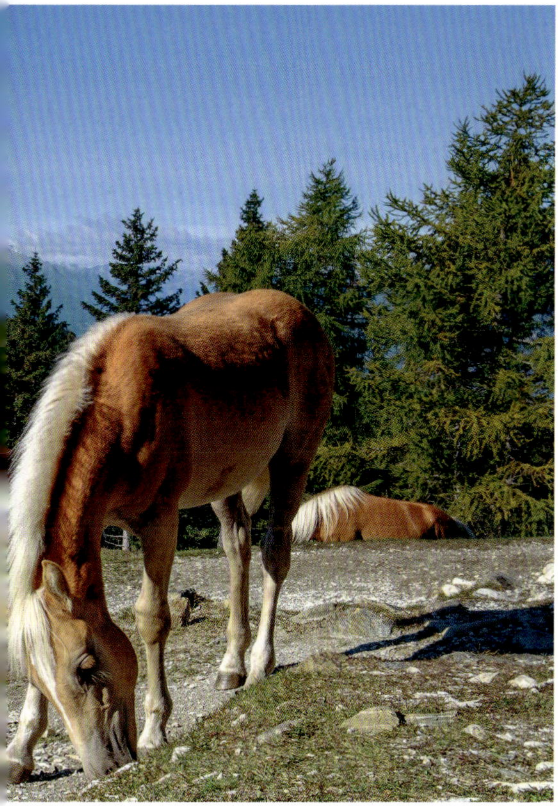

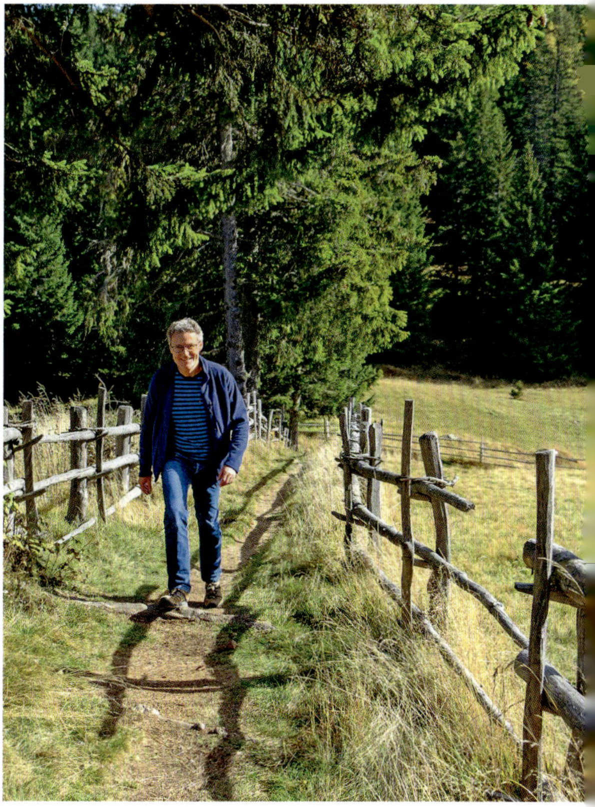

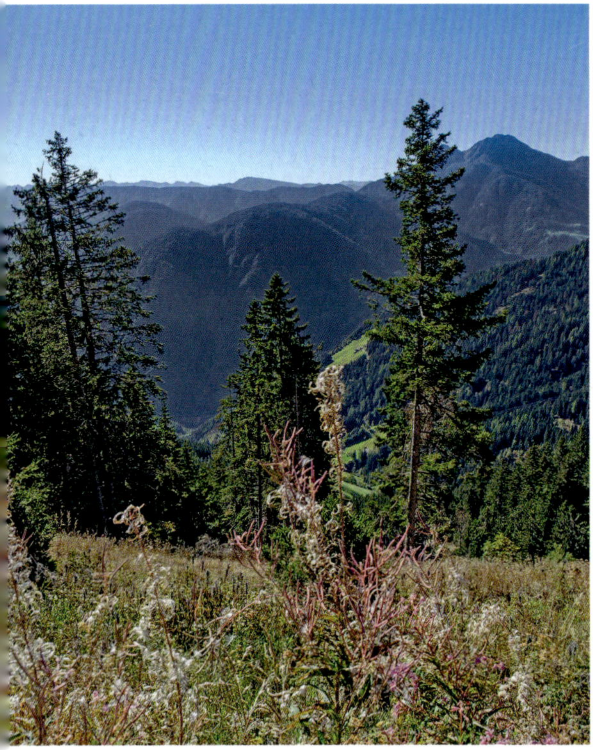

Bis zu den Dolomiten reicht die Fernsicht.

Dolomiten. An der Schwarzen Lacke, dem kleinen Bergsee haben wir dann die meisten Höhenmeter geschafft – jetzt ist es Zeit, entweder im Gasthaus Seespitz einzukehren oder einfach nur den Seeblick ausgiebig zu genießen.

Heiligtum am Berg Nach der Pause folgen wir dem Wanderweg Nr. 9, der gleichzeitig ein Teilstück des Glaubens-Themenwegs ist. Über herrliche Almwiesen geht es nur noch leicht bergauf und vorbei an zwei Stationen zum Thema »Glauben und Werte«. Schließlich erreichen wir die kleine Kirche St. Vigil am Vigiljoch. Sie thront in Alleinlage auf einem Hügel, ist aber Ziel vieler Wanderer. In ihrem Inneren entdecken wir gotische Architekturelemente und Fresken aus dem 14. Jahrhundert. Man vermutet, dass das Kirchlein auf einer vorchristlichen Kultstätte errichtet wurde. Das Vigiljoch selbst liegt etwas tiefer und bildet den Übergang zwischen dem Unteren Vinschgau und dem Burggrafenamt rund um Meran. Feuersteinfunde und Schalensteine bezeugen, dass das Joch schon in der Steinzeit als Übergang benutzt wurde.

Zur Bärenbadalm Nach der Besichtigung der Kirche steigen wir wenige Meter in südlicher Richtung ab, halten uns am breiteren Weg rechts, dann links und erreichen so über eine Kurve die größere Wegverzweigung, das eigentliche Vigiljoch (1743 m). Die Beschilderung Richtung Bärenbadalm auf Weg Nr. 2 ist nicht zu übersehen, und wir folgen diesem Weg in den lichten Wald. Der Höhenverlust ist gering; kurz vor der Alm treffen wir auf ihre Zufahrtsstraße, der wir nur noch wenige Meter bis zur sonnigen Terrasse folgen müssen. Die urgemütliche Bärenbadalm (1706 m) überzeugt nicht nur mit ihrer schönen Aussicht, denn auch die Südtiroler Schmankerl sind sehr gut und reichlich portioniert!

Auf ein Achterl zur Belohnung Nach der Rast geht es ein kurzes Stück am Weg zurück, dann folgen wir rechts der Almstraße abwärts. Markiert mit Nr. 34 bringt sie uns über ein paar Serpentinen tiefer. Von links stößt einmal ein weiterer Weg zu uns, und kurz darauf verlassen wir nach links unsere breitere Straße auf einen kleineren Weg, der als »Oberer Quellenweg« Richtung Seilbahn beschildert ist. Jetzt sind wir wieder im Wald unterwegs und genießen das leichte Auf und Ab. So ein kleinerer Weg ist tausendmal schöner als eine (wenn auch kleine) Bergstraße. Wo wir viele kleine Ferienhäuser erreichen, treffen wir auch wieder auf unseren Aufstiegsweg und folgen ihm jetzt nur noch abwärts zurück zum Vigilius Mountain Resort, wo wir uns zu guter Letzt noch ein Achterl Wein auf der sonnigen Terrasse der Ida Stube schmecken lassen – in diesem Luxushotel ist man auch als Wanderer ein gern gesehener Gast. Zum Finale schweben wir alsdann wieder mit der Gondel hinunter zur Talstation.

Gemütlich ist es auf der Bärenbadalm.

Zum Tagesausklang

Wer noch etwas Zeit hat, bummelt am Ende des Tages durch Lana – die Ortsmitte ist nicht weit von der Talstation entfernt, sie liegt südlich des Busbahnhofs auf der anderen Seite des Falschauer Bachs. Die Straße Am Gries ist eine Fußgängerzone mit einigen Geschäften und Straßencafés; besonders nett sitzt man im Bistro Thaler 1333 in einem Innenhof des gleichnamigen alten Ansitzes.

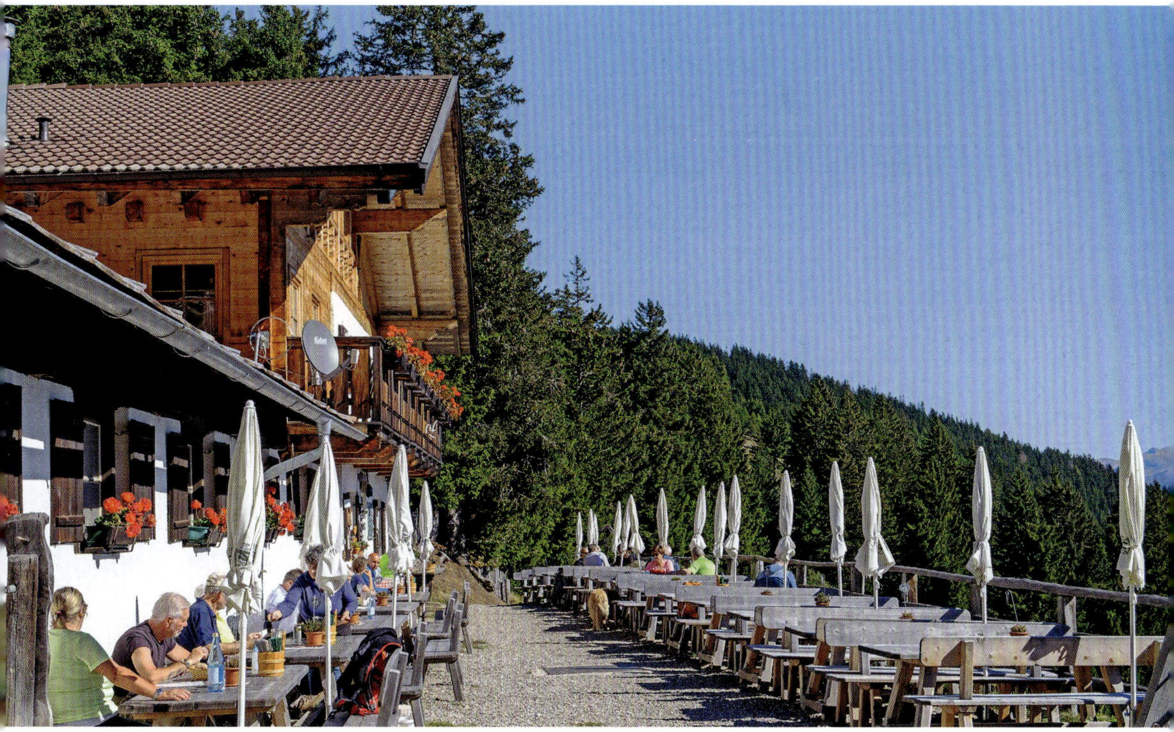

11 Hochgalsaun und Latschander Waal

Burgruine und gemütlicher Waalweg

Leicht | 3,3 km | 200 Hm | 1.30 Std.

Tourencharakter
Gute, einfache Wanderwege ohne größere Probleme. Auf- und Abstieg zur Burg kurzzeitig etwas steiler

Ausgangs-/Endpunkt
Bahnhof Kastelbell
GPS 46.62838, 10.90129

Anfahrt
ÖPNV: Von Meran mit dem Zug nach Kastelbell
Auto: Von Meran in Richtung Vinschgau bis Kastelbell

Einkehr
Einkehrmöglichkeiten in Kastelbell, am Latschander Waal der Buschenschank Pfraun

Viele fahren wohl einfach an ihr vorbei, denn zu unscheinbar wirkt die Burgruine vom Tal aus. Doch die Wanderung zur ehemaligen geheimnisumwitterten Höhenburg Hochgalsaun führt uns über einen schönen Waalweg hinauf zu einem reizvollen Aussichtspunkt.

Am Waalweg … Vom Bahnhof Kastelbell gehen wir über die Gleise und nach links über die Etsch, dann überqueren wir vorsichtig die Etschtalstraße. Wir halten uns rechts durch den Ort und folgen dann dem Wegweiser in Richtung Hochgalsaun. Der Weg führt nach links aufwärts zu einem Hof, zwischen dessen Bauten wir hindurchgehen. Schließlich erreichen wir den Latschander Waal, einen der alten Bewässerungskanäle, die die trockenen Obst- und Weinplantagen mit Wasser versorgten. Zu ihrer Instandhaltung wurden Wege angelegt, die heute bei Wanderern sehr beliebt sind.

Wir folgen dem Latschander Waalweg entlang des Wassers in östlicher Richtung, und bald schickt uns der Wegweiser »Hochgalsaun« nach links aufwärts. Mit jedem Höhenmeter wird die Aussicht auf den Vinschgau großartiger. Durch lichten Bewuchs steigen wir in vielen Kehren aufwärts – gerade, wenn die Sonne scheint, ist dies eine schweißtreibende Angelegenheit, doch genießen wir dabei auch die tolle Aussicht.

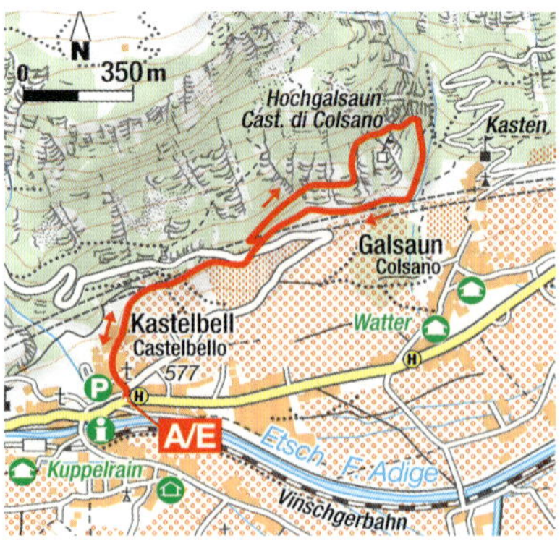

… hinauf zur Burgruine Wir erreichen einen kleinen Sattel und gehen nach rechts in wenigen Minuten zur Burgruine Hochgalsaun (795 m). 1262 erstmals erwähnt, wurde die einstige Burganlage bereits im Jahr 1292 zerstört, dann zwar wieder aufgebaut, doch im frühen 15. Jahrhundert endgültig zerstört. Die wenigen Überreste bieten aber noch heute eine schöne Kulisse, und eine Bank mit Tisch neben der Ruine lockt als ein wunderbarer Rastplatz mit Blick auf das Dorf Galsaun – das Besondere an diesem Ort sind die zahlreichen Trockenmauern, die aus den Steinen der ehemaligen Via Claudia Augusta zusammengesetzt wurden.

Unten: Schloss Kastelbell

Herbststimmung im Abstieg von Hochgalsaun

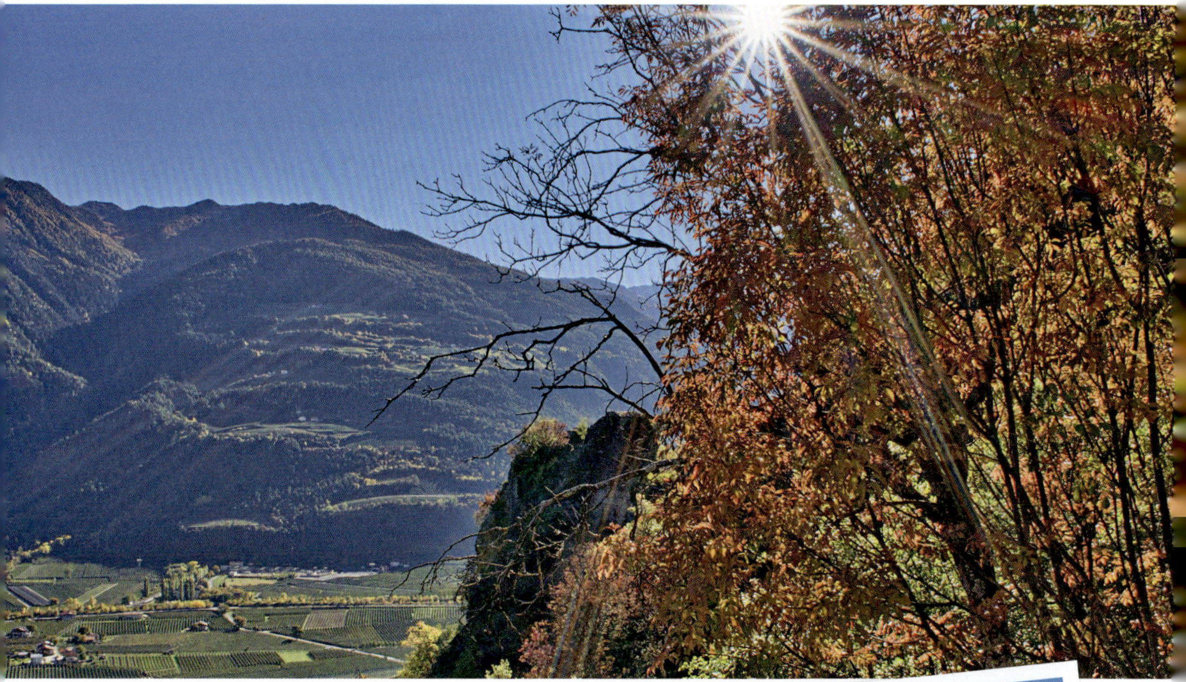

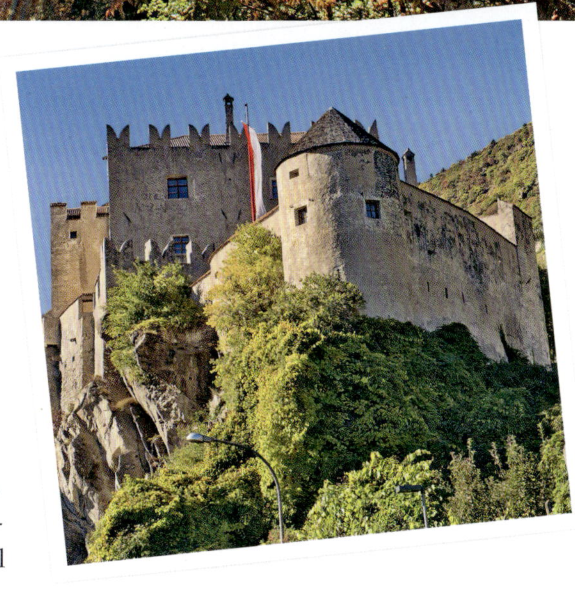

Nach der Pause an der Burg gehen wir zurück zum Sattel, halten uns hier rechts und steigen flott hinunter zum Waal, an dem entlang wir in Richtung Kastelbell wandern. Auf dem uns schon bekannten Hinweg erreichen wir wieder den Ort und unseren Ausgangspunkt.

Variante: Weiterweg nach Latsch Wer möchte, kann die kurze Tour noch ausdehnen, und zwar auf einer Variante auf dem Latschander Waal (leicht, zusätzlich 1.15 Std., 3,7 km, 75 Hm Auf-/35 Hm Abstieg): Dazu gehen wir durch Kastelbell

Rechte Seite unten: Von der Ruine hat man eine schöne Aussicht.

Blick auf das Tal vom Anstieg

hinauf zum gleichnamigen Schloss, einer stattlichen Burg aus dem 12. Jahrhundert. Sein aktuelles Aussehen erhielt das Schloss nach 1531, als es zum Pfandlehen der Grafen Hendl wurde. Nach Bränden zerfiel es bis zur Ruine, wurde später vom italienischen Staat erworben und Ende des 20. Jahrhunderts restauriert. Heute ist das Schloss im Besitz des Landes Südtirol und wird für kulturelle Veranstaltungen und Ausstellungen genutzt.

Nach der Burg erreichen wir bald wieder den Latschander Waal (das letzte Stück ist allerdings ziemlich steil). Dann folgt der großartige Gang auf dem Waalweg: Zuerst geht es mit wunderbaren Ausblicken durch Weinplantagen

Schloss Juval

Ein weiterer mystischer Platz in der Umgebung ist Schloss Juval, das Reinhold Messner gehört und in dem sich auch eines seiner Messner Mountain Museen befindet (messner-mountain-museum.it). In der Dauerausstellung »Mythos Berg« geht es um die religiöse Dimension der Berge.

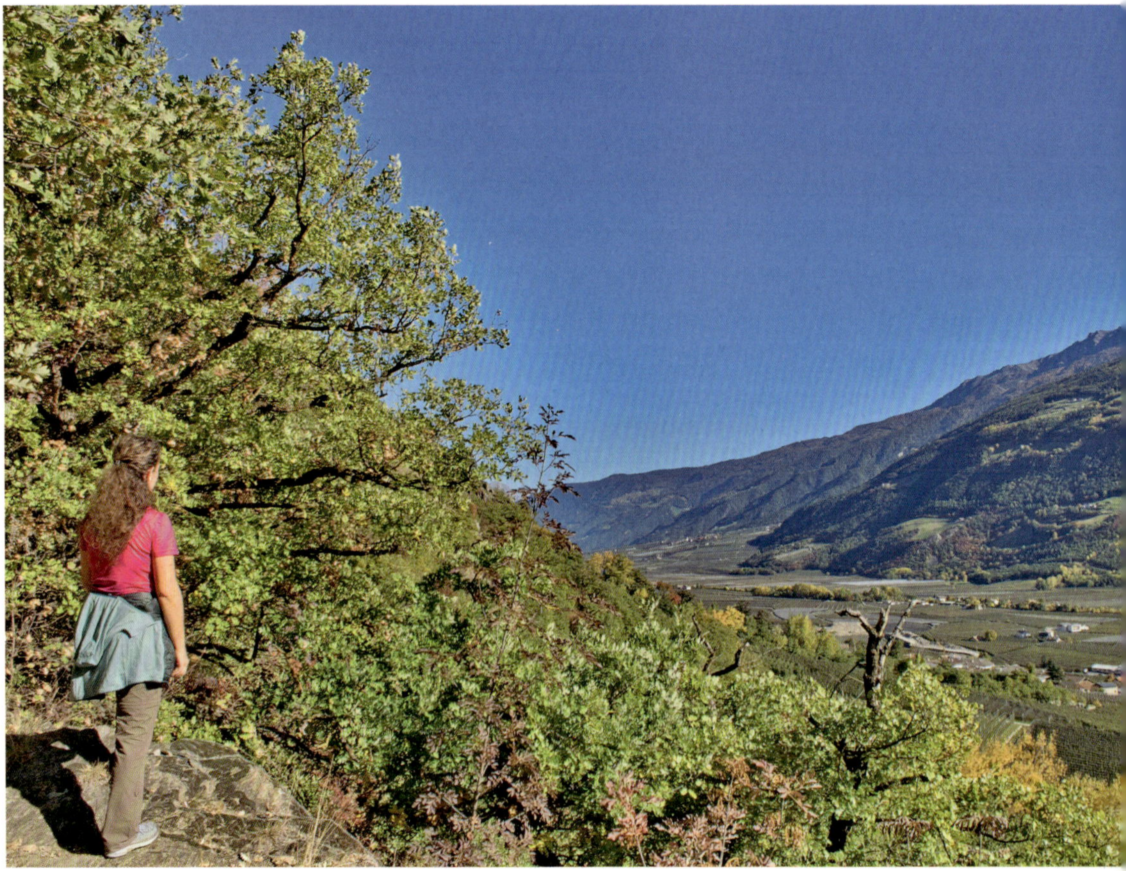

hindurch, und wenig später bringt uns der Weg zu einer Felswand, die wir nur mit Hilfe von stabilen Stegen umgehen. Wir folgen immer dem Waalweg entlang des fließenden Wassers und gelangen am Ende zu einem schönen Kastanienwald. Dort verlassen wir den Waalweg und wandern steil hinunter zur Straße, die wir am Kreisverkehr überqueren. Der Weg bringt uns zur Seilbahn nach St. Martin in Kofel, an der wir vorbeigehen und einer kleinen Straße bis zum Bahnhof von Latsch folgen. Von hier fahren wir mit dem Zug zurück nach Kastelbell.

An der Ruine Hochgalsaun

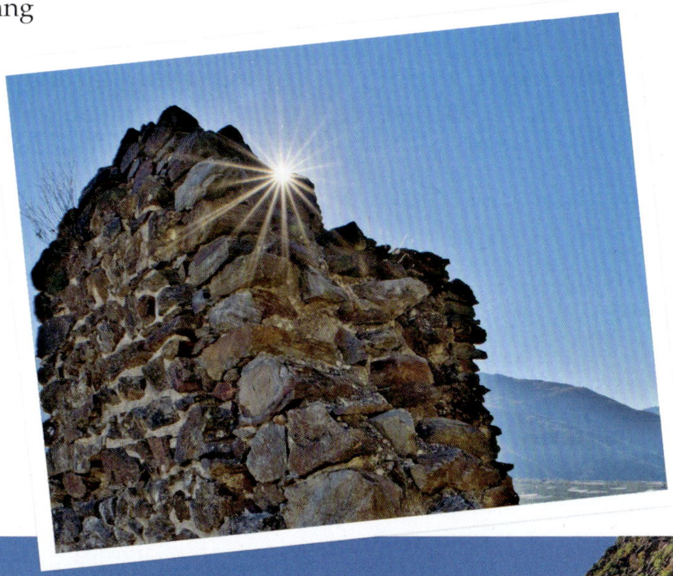

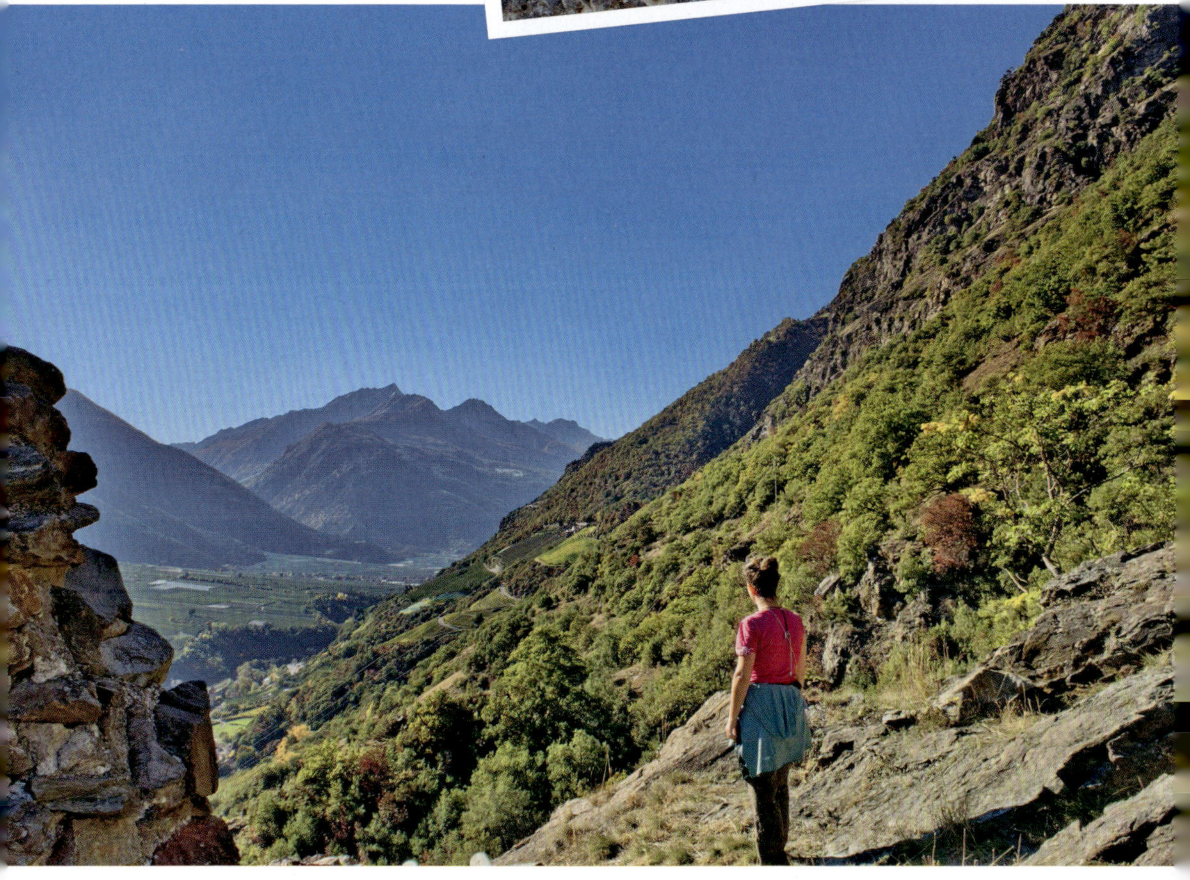

12 Zur Zirmtalalm

Idyllischer See und Almenvielfalt

Mittel | 11,8 km | 800 Hm | 5 Std.

Tourencharakter
Gut zu begehende Wanderwege und Forststraßen. Aufgrund der Tourenlänge ist eine gute Kondition erforderlich.

Ausgangs-/Endpunkt
Parkplatz an der Freiberger Säge
GPS 46.601790, 10.925919

Anfahrt
ÖPNV: Mit dem Zug nach Kastelbell. Im Sommer gibt es die Option, mit einem Wandertaxi zur Säge zu fahren (jährlich wechselnd, Info bei der Tourist-Info Naturns, merano-suedtirol.it)
Auto: In Richtung Vinschgau bis Kastelbell und ab dort auf einer schmalen Straße zur Freiberger Säge

Einkehr
Marzoner Alm (marzoneralm.it), Zirmtalalm, Freiberger Alm, Latschiniger Alm

Der Vinschger Nödersberg steht etwas im Schatten des Vinschger Sonnenbergs auf der anderen Talseite. Trotz der schattigen Lage gibt es hier aber eine großartige Almwanderung, die zum traumhaft gelegenen Zirmtalsee führt.

Gemütlicher Auftakt Vom überraschend geräumigen Parkplatz an der Freiberger Säge wandern wir auf dem breiten Forstweg (Weg Nr. 7) sanft ansteigend in Richtung Marzoner Alm. Leider steht der Wald recht dicht, doch immer wieder erhaschen wir einen Blick auf die gegenüberliegende Sonnenseite des Vinschgaus. Kurz vor der Alm verlassen wir den Forstweg, der nach rechts umbiegt, und spazieren geradeaus auf einem Steig in wenigen Minuten hinüber zur lieblich gelegenen Marzoner Alm (1595 m). Obwohl wir noch nicht lange unterwegs sind, erquickt

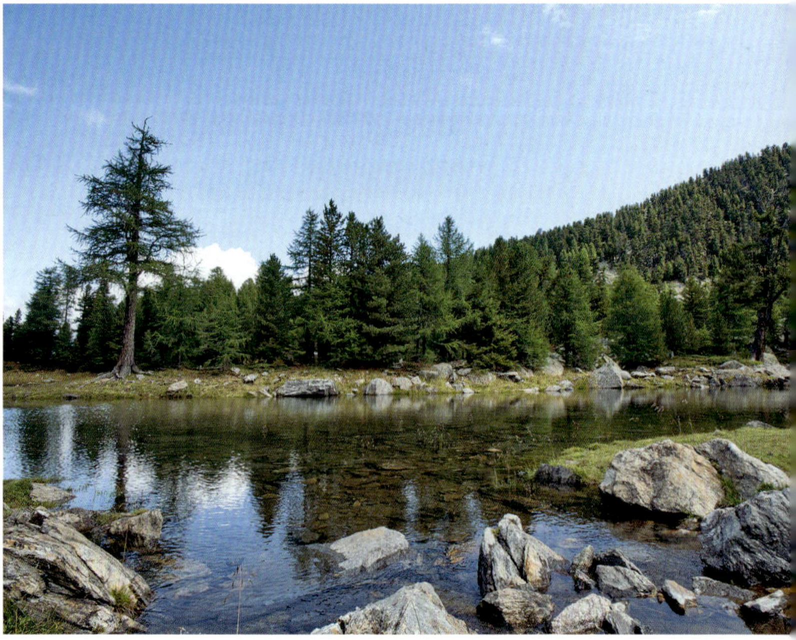

Rechte Seite oben: Die gemütliche Zirmtalalm

Rechte Seite unten: Wegweiser beim Aufstieg

Wunderschön: der Zirmtalsee

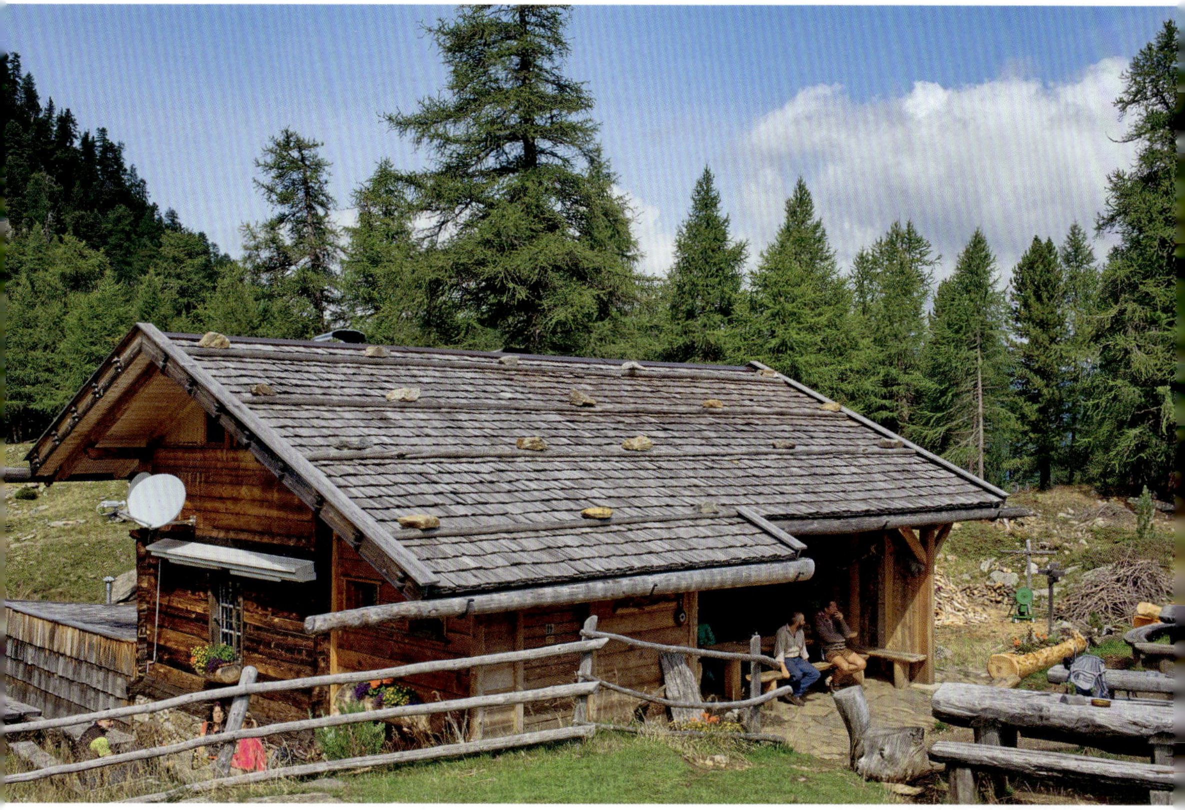

eine kurze Pause auf der gemütlichen Almterrasse, von der wir einen wunderbaren Blick auf den Vinschgau genießen.

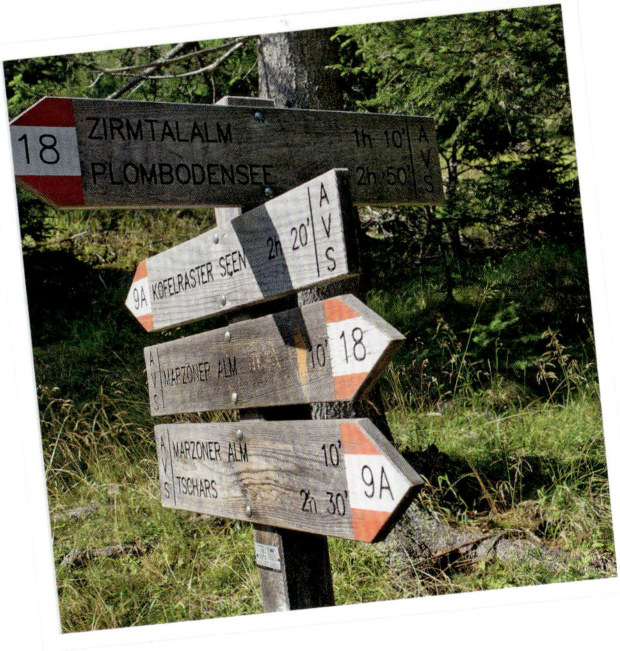

Traumhafter See Dann geht es auf dem direkt an der Alm abzweigenden der Weg Nr. 9A weiter, der in den Wald hineinführt. Der zu Beginn breite Weg verengt sich bald zu einem Steig und bringt uns zu einer Wegverzweigung – hier wenden wir uns (zusammen mit der Wegmarkierung Nr. 18) nach links und wandern bis zum Schweinstall, einem netten Rastplatz, der zu einer weiteren kurzen Pause einlädt.

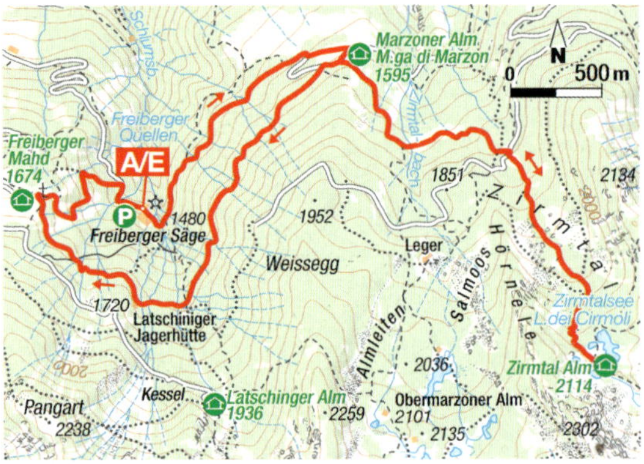

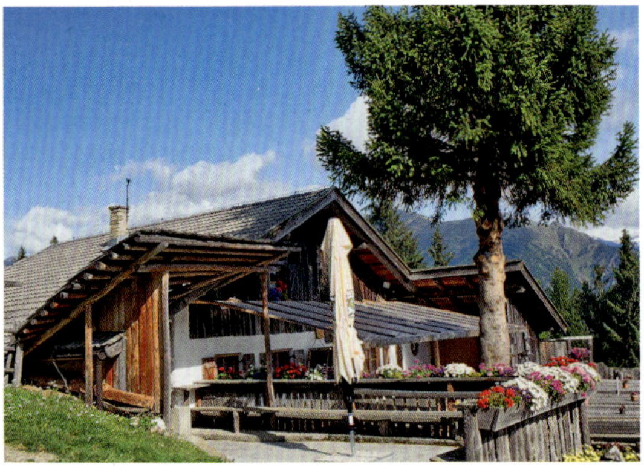

An der Marzoner Alm

Rechte Seite: Kleiner Bach an der Zirmtalalm

Anschließend wandern wir weiter, überqueren den Forstweg und kommen auf dem Steig wieder in den Wald hinein. Durch diesen mühen wir uns nun schweißtreibend und steil hinauf bis zur schön gelegenen Zirmtalalm (2114 m) am Zirmtalsee. Der idyllische See ist wunderbar klar und lädt zum Baden ein. Aber Vorsicht, das Wasser ist unglaublich kalt! Eine ausgiebige Rast auf der herrlich gelegenen Alm lässt genug Zeit, die Schönheit der Natur zu bewundern.

Verkürzen der Tour

Wem der Aufstieg zur Zirmtalalm zu anstrengend und zu lang ist, der kann die Tour verkürzen, indem er den Aufstieg einfach auslässt – wir wandern dann von der Marzoner Alm wie beschrieben zur Freiberger Alm und lassen uns von den Wirten mit kulinarischen Schmankerln verwöhnen. Insgesamt spart man sich so 500 Hm.

Ende der Almenrunde Schließlich machen wir uns wieder auf und wandern am bekannten Weg zurück zur Marzoner Alm. Von hier könnte man nun auf dem Hinweg zurück zur Freiberger Säge absteigen – viel schöner ist es aber, auf dem Almenweg noch eine kleine Rundtour zu unternehmen. Ziemlich eben verläuft der Weg durch den Wald bis zu einer Wegkreuzung oberhalb der Freiberger Säge. Hier ginge es links aufwärts zur Latschiniger Alm. Wir gehen aber geradeaus weiter und gelangen bald zur Freiberger Alm (1674 m), die schön auf einer freien Wiesenfläche liegt und zu einer gemütlichen und kulinarischen Pause einlädt.

Nach der Einkehr in der Alm spazieren wir auf einem Steig direkt hinunter zur Fahrstraße, die den Wanderer zurück Richtung Freiberger Säge bringt. Auf der Forststraße wenden wir uns nach rechts und erreichen nach ein paar Minuten den Parkplatz.

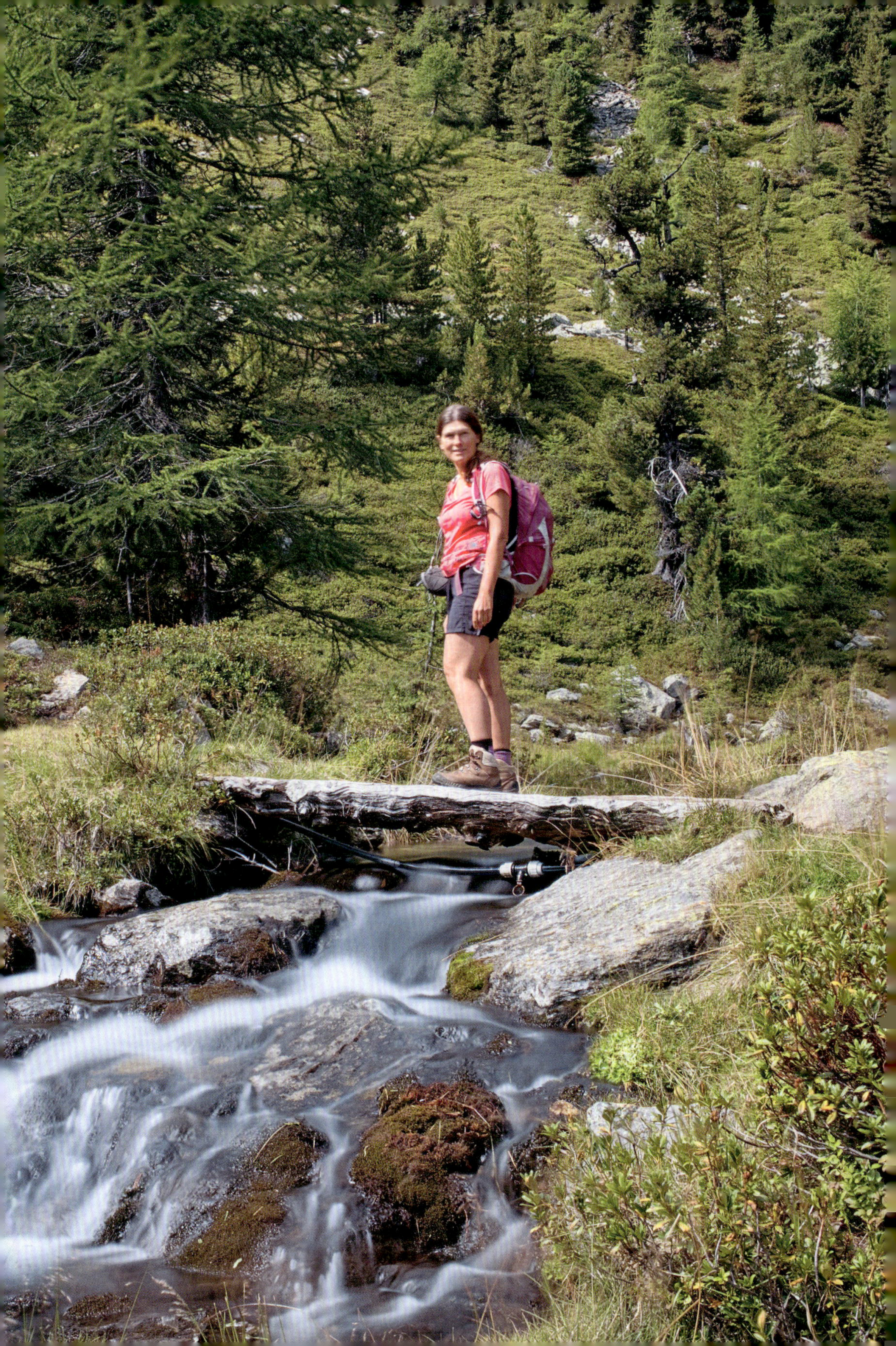

13 Auf die Naturnser Hochwart

Wächter am Eingang zum Vinschgau

Schwer | 14,8 km | 1360 Hm | 6.30 Std.

Tourencharakter
Steile Wege, die aber gut zu begehen sind. Die Gratüberschreitung ist schwieriger und erfordert Trittsicherheit und Schwindelfreiheit. Wem dies zu schwer ist, der steigt besser am Anstiegsweg wieder ab.

Ausgangs-/Endpunkt
Parkplatz am Kreuzbrünnl oberhalb von Naturns
GPS 46.621369,11.025403

Anfahrt
ÖPNV: Mit dem Bus nach Naturns und mit dem Wandertaxi (Info in der Tourist-Info) zum Kreuzbrünnl
Auto: Nach Naturns und weiter auf schmaler Straße zum Kreuzbrünnl am Nödersberg

Einkehr
Zetnalm; bei der Überschreitung Tablander Alm und Mauslochalm

Die Naturnser Hochwart über dem Ort Naturns ist durch den hoch gelegenen Ausgangspunkt gut als Tagestour machbar und bietet ein großartiges Gipfelpanorama sowie die Option auf eine spannende Gipfelüberschreitung.

Aufstieg über die Zetnalm Vom Parkplatz am Kreuzbrünnl folgen wir kurz der Schotterstraße in Richtung Naturnser Alm und nehmen dann den Steig, der uns schnell hinauf zur Zetnalm (1747 m) bringt. Da es für eine Einkehr noch etwas zu früh ist, folgen wir weiter dem gut markierten Weg steil durch freies Gelände bergauf, bis es schon recht weit oben endlich flacher wird. Nun gehen wir hinüber zur Nörderscharte (2372 m), wo sich die erste Gelegenheit zum Durchatmen bietet. Von der Scharte wandern wir dann ein Stück nach Süden bis zu einer Wegteilung,

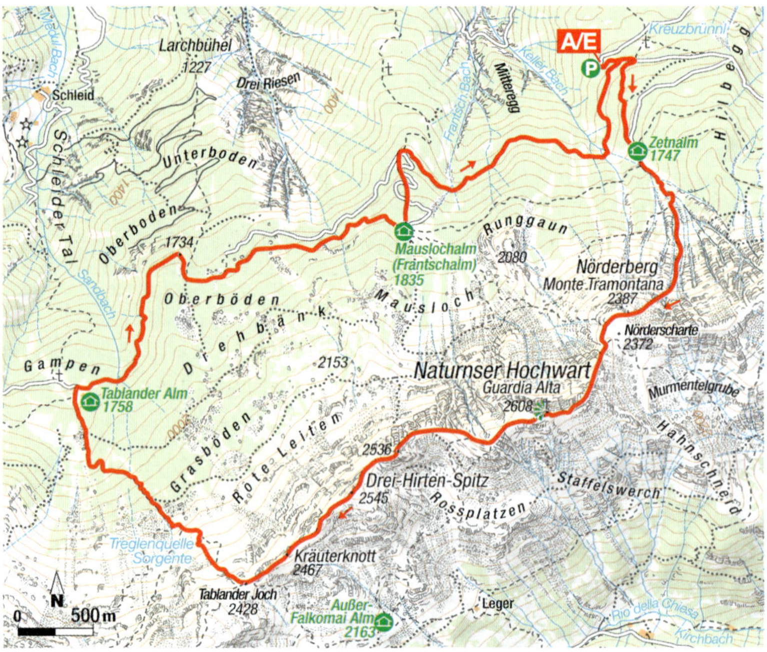

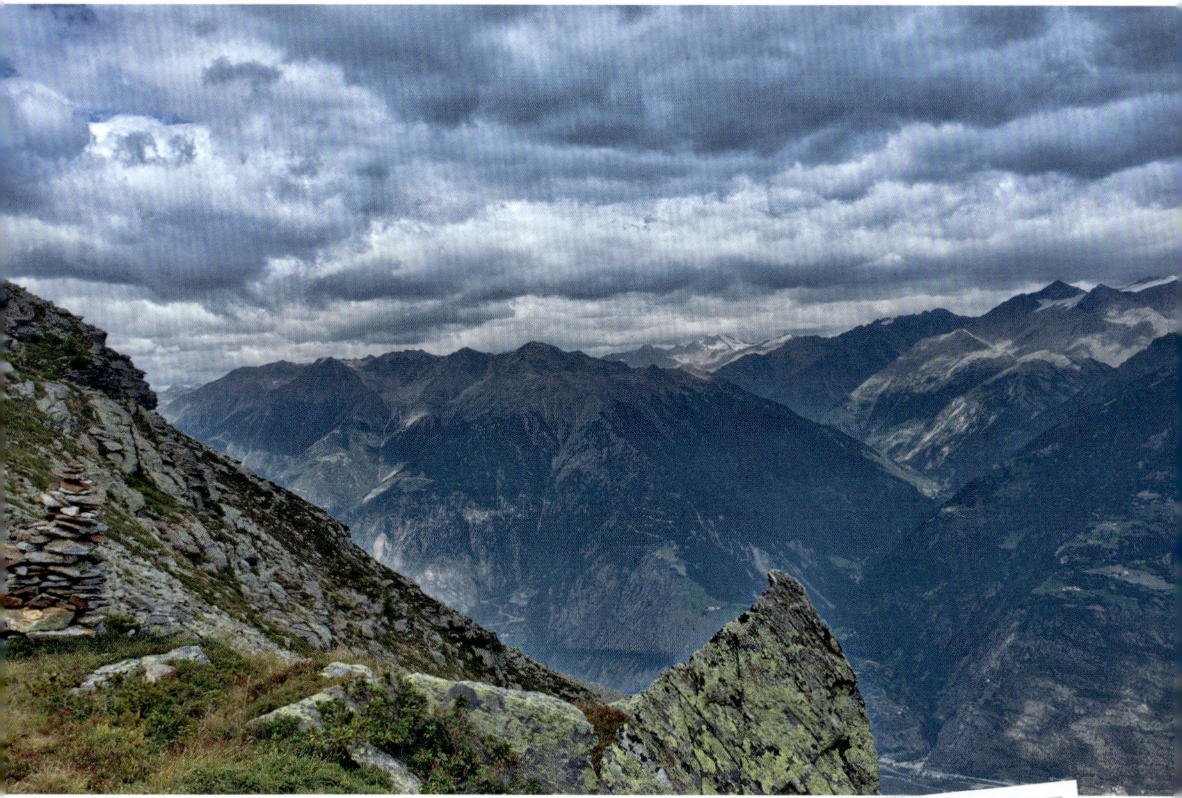

wo der Weg vom Vigiljoch einmündet, der aufgrund der Seilbahnverbindung gern begangen wird. Auf diesem Weg steigen wir über den Gipfelgrat hinauf zum Gipfel der Naturnser Hochwart (2608 m), einem grandiosen Aussichtsposten: Der Blick schweift hier oben von den Ötztaler Alpen über die Ortlergruppe bis hinüber zu den Dolomiten.

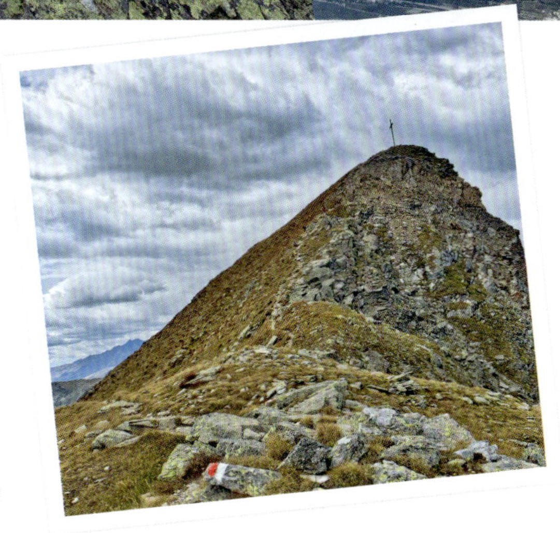

Am Gipfel der Naturnser Hochwart

Oben: Im Aufstieg zur Naturnser Hochwart

Spannende Gratüberschreitung Der schnellste Abstieg erfolgt auf dem Anstiegsweg – und diesen sollten wir auch nehmen, wenn wir uns die Gratüberschreitung nicht zutrauen. Wer aber über entsprechende Erfahrung und Kondition verfügt, dem legen wir die Überschreitung ans Herz – sie erfordert allerdings an einigen Stellen Trittsicherheit und Schwindelfreiheit: Vom Gipfel wandern wir am Grat nach Westen weiter, ignorieren den Abzweig Richtung Ulten und halten uns weiter auf dem rechten Weg. Es folgt ein kurzer Abstieg, der etwas Vorsicht erfordert, dann erreichen wir einen Sattel, von dem es steil bergauf zu einem unbenannten Gipfel geht. Von dort wandern wir hinüber in den Sattel vor der Drei-Hir-

Die Mauslochalm lockt zur Einkehr.

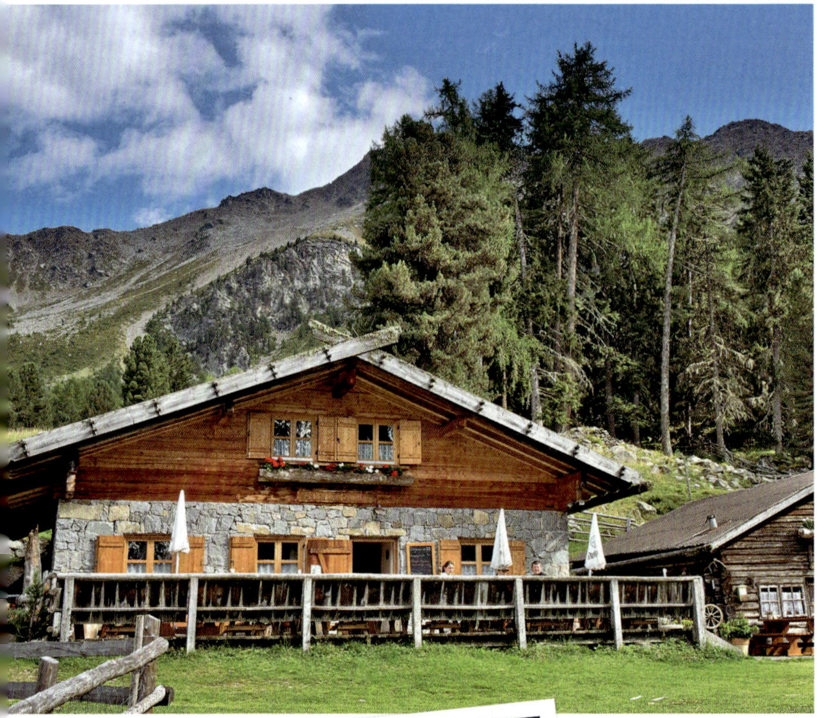

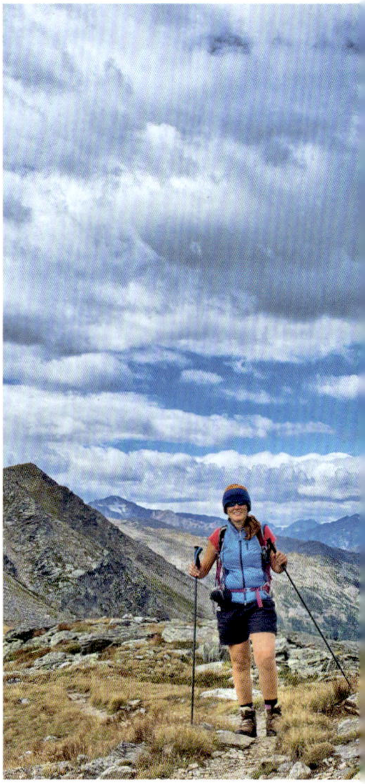

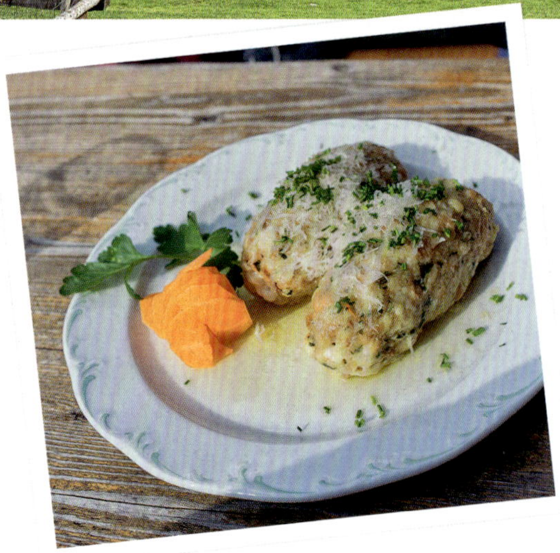

ten-Spitze. Abermals geht es bergauf, kurz vor dem Gipfel dreht der Steig aber nach links ab. Wer möchte kann, die paar Meter auf Steigspuren zum höchsten Punkt (2546 m) hinaufsteigen. Ansonsten halten wir uns nun auf den Kräuterknott zu, und das Gelände wird noch einmal anspruchsvoll und erfordert etwas Vorsicht. Am Tablander Joch (2428 m) sind die größten Schwierigkeiten jedoch überwunden, und wir gönnen uns erst einmal eine Pause.

Lecker!

Tablander Alm und Almenweg Vom Joch wandern wir nach Norden in Richtung der Tablander Alm und steigen dann über freies Gelände hinunter bis zur Treglenquelle.

Dann tauchen wir in den Wald ein und wandern hinunter zu den Almwiesen der Tablander Alm (1751 m), die inzwischen wieder bewirtschaftet ist und zur Einkehr lockt. Von der Alm folgen wir der Schotterstraße in östlicher Richtung. Dann dreht der Weg

Mitte: Auf der Gratüberschreitung

Aussicht von der Zetnalm

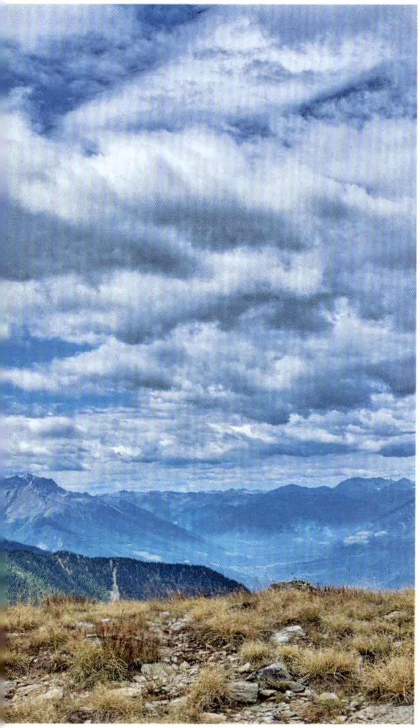

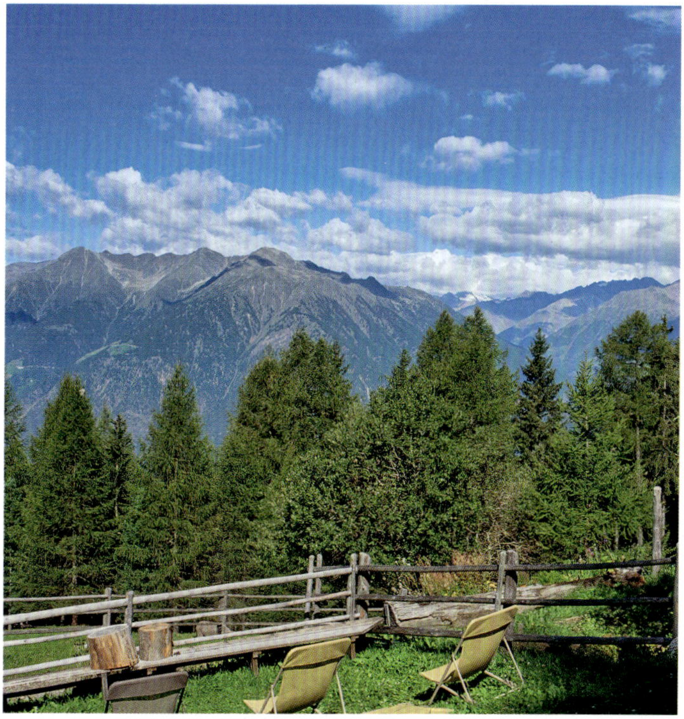

Richtung Norden ab und wird bald zum Steig, auf dem wir bis zur schön gelegenen Mauslochalm (1835 m) wandern, die ebenfalls zur Einkehr einlädt: Eine Brotzeit hier bildet einen schönen Abschluss der Wanderung. Danach folgen wir dem Steig in nördlicher Richtung, kreuzen ein paar Mal die Forststraße und gelangen zu einer Wegkreuzung an einer quer verlaufenden Schotterstraße. Auf dieser wandern wir in östlicher Richtung zurück bis zum Parkplatz am Kreuzbrünnl.

Beschaulicher Almenweg

Wer keinen Gipfel besteigen möchte, kann eine nette Almenrunde unternehmen (leicht, 4 Std., 11,2 km, 570 Hm): Hierfür folgen wir vom Parkplatz am Kreuzbrünnl der Schotterstraße zur Naturnser Alm, wandern von hier weiter zur Zetnalm und von dort auf dem Almenweg zur Mauslochalm. Wie oben beschrieben erreichen wir dann wieder den Parkplatz. Alle drei Almen sind bewirtschaftet und bieten gemütliche Einkehrmöglichkeiten.

14 Am Sonnenberger Panoramaweg

Botanische Wunder über dem Vinschgau

Mittel | 7 km | 350 Hm | 2.45 Std.

Tourencharakter
Bergwanderung im steten Auf und Ab auf gut beschilderten Wanderwegen und Pfaden. Viel Sonne, unbedingt etwas zum Trinken mitnehmen! Etwas Trittsicherheit vonnöten

Ausgangspunkt
Talstation der Texelbahn in Partschins
GPS 46.679274, 11.064681

Endpunkt
Busbahnhof in Naturns
GPS 46.650315, 11.005748

Anfahrt
ÖPNV: Die Talstation der Texelbahn ist mit Bus 266 in ca. 20 Min. ab Meran erreichbar – am besten bis Rabland fahren und dann zu Fuß weiter. Rückfahrt von Naturns mit Bus 251 nach Partschins. (Achtung: Die Vinschger Bahn zwischen Meran und Rabland/Töll ist voraussichtlich bis Herbst 2023 gesperrt.)
Auto: Partschins liegt am Beginn des Vinschgaus, an der B 38 etwas westlich von Meran. Die Talstation der Texelbahn am Ortsrand Richtung Rabland ist ausgeschildert.

Einkehr
Erst zum Ende der Wanderung liegt der Weinberghof an der Strecke. Im Ort Naturns gibt es viele Möglichkeiten.

Zwischen Partschins und Naturns verläuft der landschaftlich sehr abwechslungs- und aussichtsreiche Sonnenberger Panoramaweg. Wahre Vegetationswunder gedeihen in dem mediterranen Mikroklima, das durch die südlich ausgerichtete Lage entsteht.

Über den Rablander Waalweg Wir starten an der Talstation der Texelbahn und gehen zunächst auf der Peter-Mitterhofer-Straße ein Stück Richtung Ortsmitte von Rabland bis zum Sportplatz. (Alle, die mit dem Bus nach Rabland anreisen, starten an der Tourist-Info in der Hauptstraße und folgen schräg gegenüber der Lahnstraße bergauf nach Norden zum Sportplatz.) Von dort folgen wir der Beschilderung zum Sonnenberger Panoramaweg und wenden uns bald nach links. Kurz vor der historischen Seilbahn, die früher einmal Gäste auf den Giggelberg transportierte,

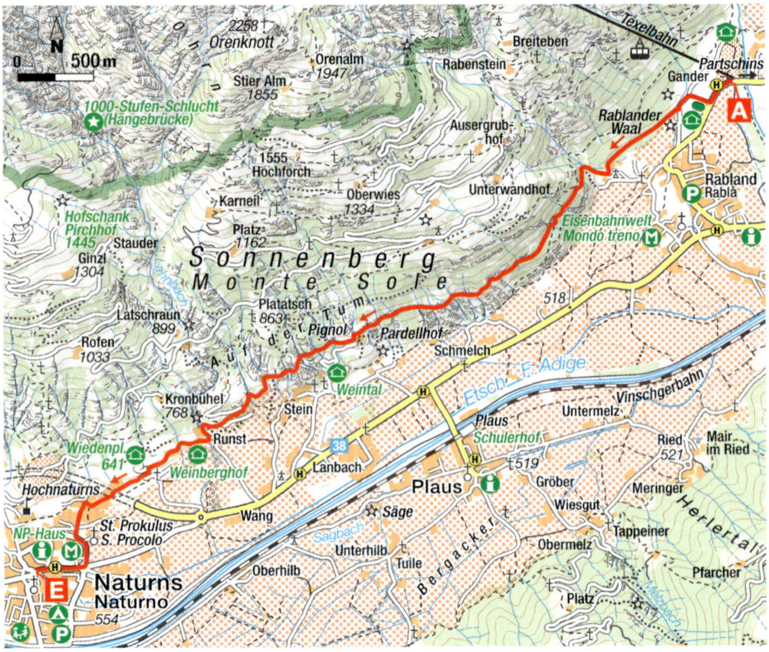

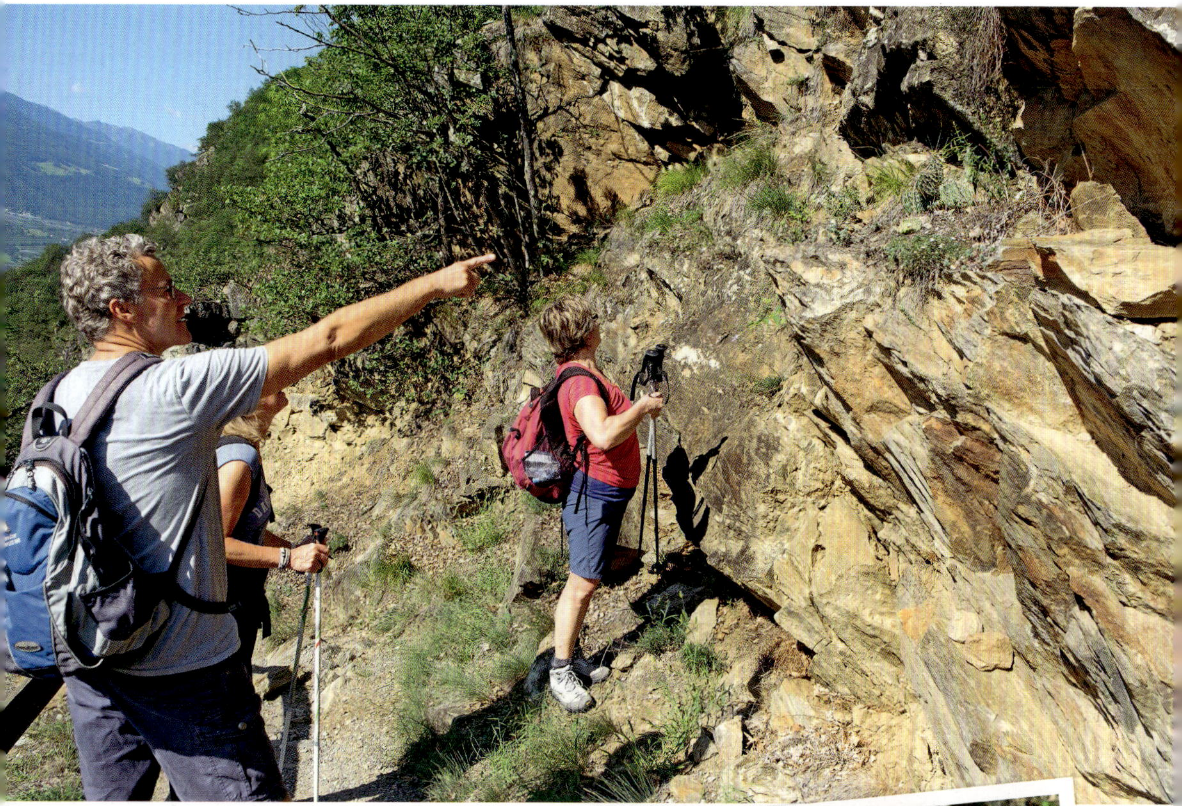

halten wir uns rechts und erreichen über ein Brücklein den Rablander Waalweg. Viel zu schnell ist der wunderschöne Wasserlauf zu Ende, und schon lotst uns das Wanderschild »Panoramaweg« nach rechts. Jetzt steigt der Weg deutlich an, steil geht es im Zickzack bergauf. Schon hier merken wir, wie ausgetrocknet die Erde ist – krüppelige Steineichen, Robinien, Wachholderbüsche und knorrige Kiefern kämpfen jedoch durchaus erfolgreich ums Überleben.

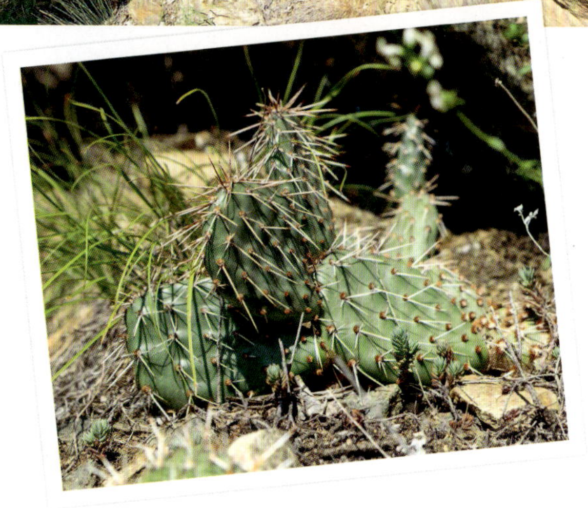

Sogar Kakteen entdeckt man hier.

Oben: In Felsnischen und auf Vorsprüngen wachsen botanische Überlebenskünstler.

Atemberaubende Aussicht Nach gerade einmal 10 Minuten haben wir es geschafft: Nach links beginnt nun der eigentliche Sonnenberger Panoramaweg. Ohne großen Höhenverlust, aber doch mit einigem Auf und Ab geht es nun nach Westen. Immer wieder öffnen sich Ausblicke, die uns

Mitte: Wir lieben schmale Wege entlang kleiner Wasserläufe.

Eine kleine Steinnelke trotzt der Hitze.

atemberaubend schön das breite Vinschgauer Tal und die umliegende Bergwelt zeigen – der Panoramaweg macht hier seinem Namen alle Ehre! An manchen Stellen fällt der Hang steil ab, er ist aber stets vorbildlich gesichert. Vorbei an einigen Blockhalden steigen wir dann ganz allmählich abwärts und erreichen unweit des Pardelhofs die ersten Apfelplantagen.

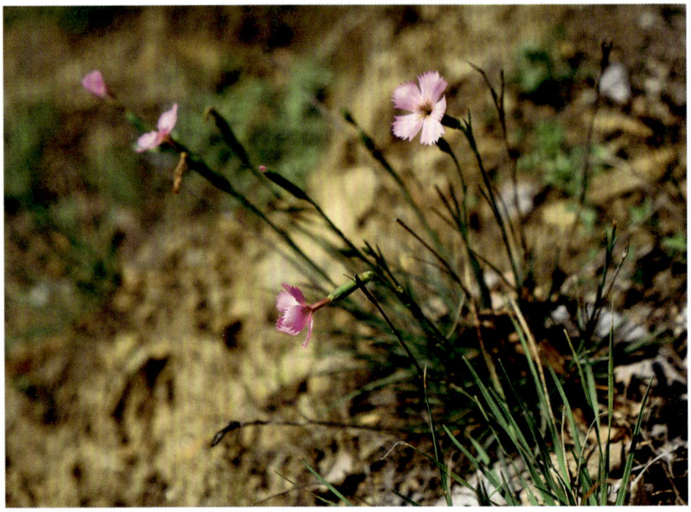

Hinter dem Pardelhof halten wir uns rechts weiter auf dem Wanderweg, der uns in halber Höhe am Hang zum nächsten Bauernhof Pignol bringt. Nach dem Hof geht es weiter abwärts, wir passieren die restaurierte Runster Mühle und biegen etwas später rechts über den Lahnbach. So erreichen wir das Gasthaus Weinberghof, das sich für eine Rast perfekt eignet: Mit viel Aussicht sitzen wir

Flora und Fauna am Sonnenberg

Eigentlich erstreckt sich der Sonnenberg von Mals im oberen Vinschgau bis nach Partschins und wird nur hin und wieder von kleinen Seitentälern unterbrochen. Die Berghänge sind gänzlich nach Süden hin ausgerichtet und liegen geduckt unter großen Gebirgsmassiven wie der Texelgruppe. Je nach Jahreszeit sind Temperaturunterschiede von 50° C zwischen Tag und Nacht keine Seltenheit! Noch dazu fallen gerade einmal 500 mm Niederschlag im Jahr. Unter diesen extremen Bedingungen muss sich die Natur etwas einfallen lassen, und so gedeihen hier Pflanzen, die man normalerweise nur im zentralasiatischen oder mediterranen Raum vorfindet: Trockenrasen, Steppengewächse, Kakteen, Sukkulenten, aber auch Feigenbäumchen finden in dem faszinierenden Lebensraum am Hang Platz, und auch Schmetterlinge oder die Smaragd- und Mauereidechse fühlen sich hier wohl.

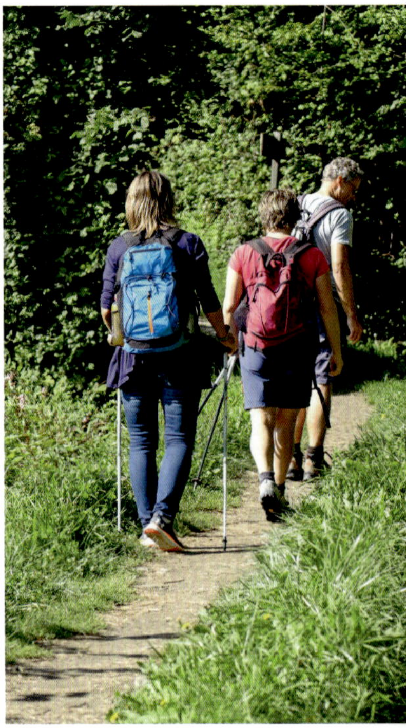

auf der Terrasse und können uns Speckknödel und den hauseigenen Roten schmecken lassen.

Unten: Entlang des Weges gibt es viel zu entdecken!

Ein Wasserrad rotiert am Rablander Waal.

Naturnser Sehenswürdigkeiten So gestärkt und erheitert ist das letzte Wegstück ein Kinderspiel. Weiter in westlicher Richtung ist Naturns schon ausgeschildert. Eine kleine Straße queren wir minimal nach links, dann erreichen wir die ersten Häuser in der St.-Prokulus-Straße. Jetzt geht es links leicht abwärts, und am Ende der Straße kann man mit einem Abstecher nach links noch das kleine Kirchlein St. Prokulus besuchen – es gehört zu den großen kunsthistorischen Sehenswürdigkeiten von Südtirol, und auch das dazugehörige Museum lohnt sich sehr für einen Besuch. Ansonsten folgen wir rechts der Feldgasse und biegen dann links in die Rathausstraße, die uns in die Ortsmitte bringt. Der Busbahnhof für die Rückfahrt nach Partschins liegt an der Hauptstraße.

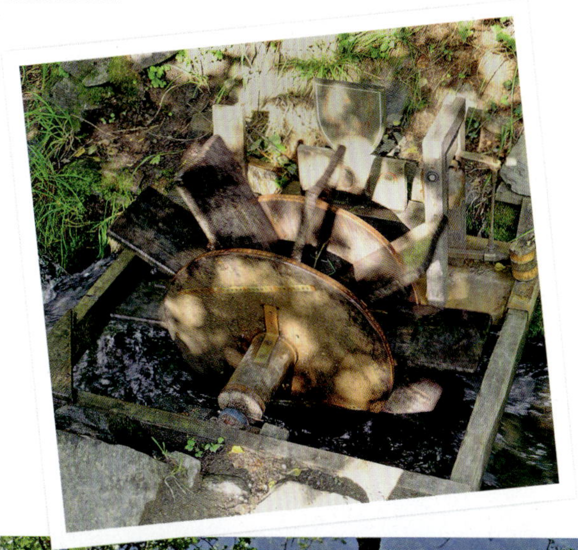

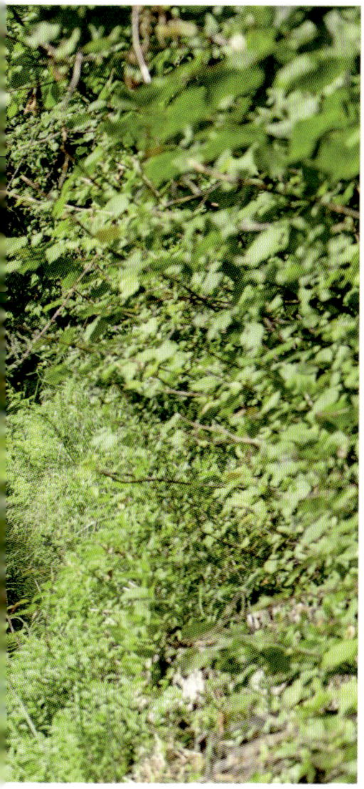

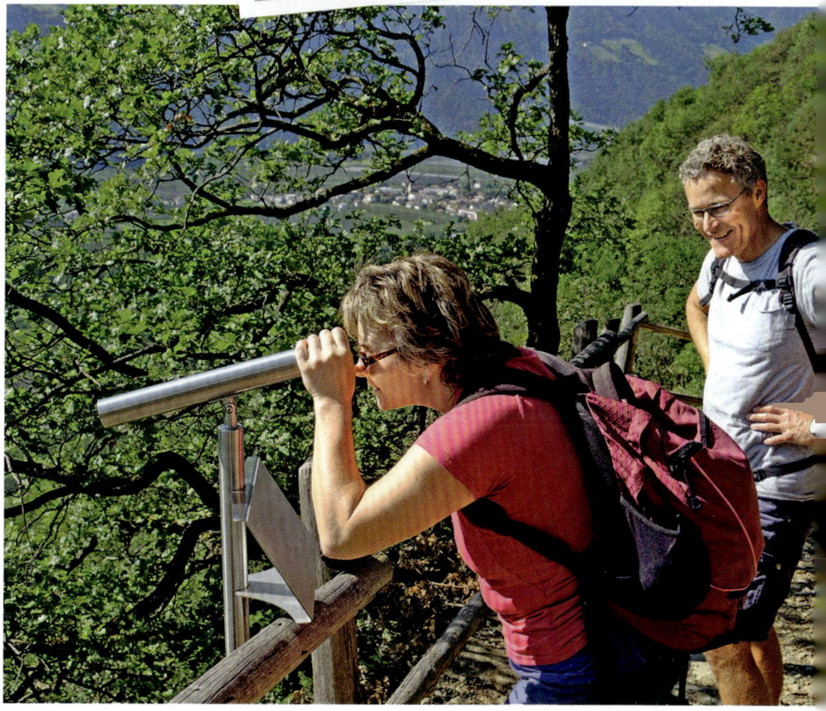

15 Zum Partschinser Wasserfall

Unbekanntes Kleinod bei Meran

Mittel | 9 km | 580 Hm | 4 Std.

Tourencharakter
Mittelschwere Wege, kurzzeitig etwas steiler, aber ohne besondere Schwierigkeiten

Ausgangs-/Endpunkt
Ortsmitte von Partschins
GPS 46.684143, 11.073302

Anfahrt
ÖPNV: Von Meran mit dem Zug nach Töll und mit dem Bus nach Partschins
Auto: Mit dem Auto von Meran in Richtung Vinschgau bis Partschins

Einkehr
Mehrere Möglichkeiten unterwegs und im Ort; besonders am Wasserfall bietet sich das gleichnamige Gasthaus (partschins-wasserfall.com) an.

Der Partschinser Wasserfall ist nicht besonders berühmt, trotzdem – oder vielleicht gerade deshalb – lohnt sich ein Besuch. Er liegt wunderschön, bietet einen traumhaften Ausblick auf das Meraner Becken und ist nicht besonders überlaufen. Zudem gibt es unterwegs einige verlockende Einkehrmöglichkeiten.

Wunderschöner Wasserfall Mit einer Fallhöhe von fast 100 Metern zählt der Partschinser Wasserfall zu einem der schönsten Wasserfälle im Alpenraum, und gerade im Frühjahr nach der Schneeschmelze ist das Schauspiel beeindruckend, wenn bis zu 10 000 Liter Wasser pro Sekunde in die Tiefe donnern und an sonnigen Tagen Regenbogenschleier in der Luft hängen. Von der Aussichtsplattform hat man einen wunderschönen Blick auf den nahen Fall und zugleich auf die Umgebung und die Stadt Meran. In einer Studie der Technischen Universität München wurde

Am Partschinser Sagenweg

Die Umgebung von Partschins ist reich an vorgeschichtlichen Siedlungs- und Kultplätzen, und der Partschinser Sagenweg verbindet einige dieser Plätze wie den aussichtsreichen Golderskofel und den sagenumwobenen Saltenstein: Dazu wandern wir von Partschins in östlicher Richtung nach Vertigen und biegen dann nach links auf den Sagenweg ab, der uns oberhalb des Dorfs zu einer Wegteilung bringt – hier biegen wir nach rechts ab und steigen hinauf zum Golderskofel. Wenig später folgen wir einer Straße nach links, die uns nach Salten und zum Saltenstein bringt. Von hier gehen wir nach Süden zum Bach und folgen ihm zur Brücke, die wir nach Osten überschreiten. Auf der Breiten Straße wandern wir zurück in die Ortsmitte von Partschins (leicht, 2 Std., 5,6 km, 300 Hm).

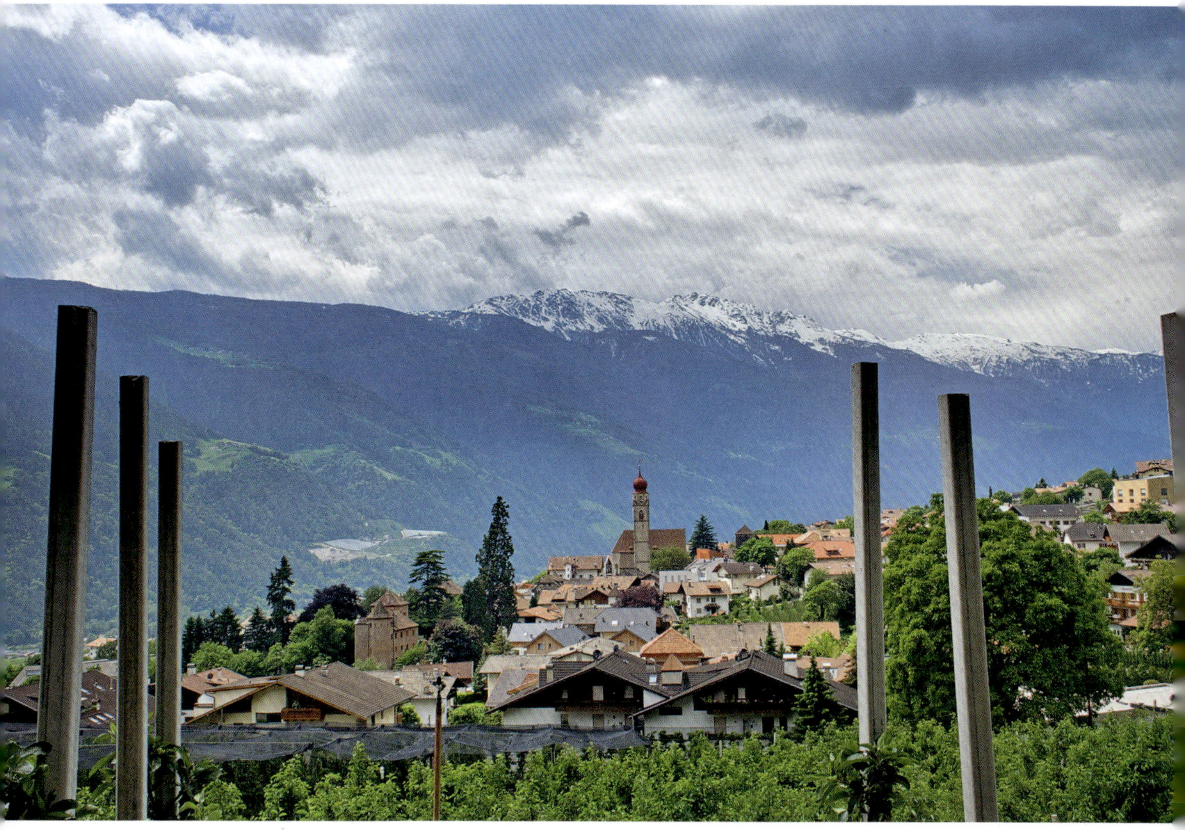

Blick auf Partschins

jüngst die Wasser- und Luftqualität am Partschinser Wasserfall untersucht – und die Analysen und Messungen bescheinigen ein sauberes, keimfreies Wasser und eine hervorragende Luftqualität mit gesundheitsfördernder Wirkung.

Nette Rundwanderung Ganz gemütlich kann man den Wasserfall mit dem Linienbus erreichen, der am Gasthaus Wasserfall hält, von wo man in wenigen Minuten zur Aussichtsplattform aufsteigt und danach noch im Gasthaus eine gemütliche Einkehr genießt.

Da wir aber lieber zu Fuß unterwegs sein wollen, wandern wir gemütlich in einer Stunde von Partschins zum Wasserfall hinauf. Hierfür gehen wir von der Ortsmitte nach Westen aus dem Ort, überqueren auf einer Brücke den Bach und folgen dem Weg parallel zum Bach aufwärts. Danach geht es auf der Straße durch den Ortsteil Salten und nach rechts auf einen Steig, der uns durch schönen Wald bis zum Gasthaus Birkenwald bringt.

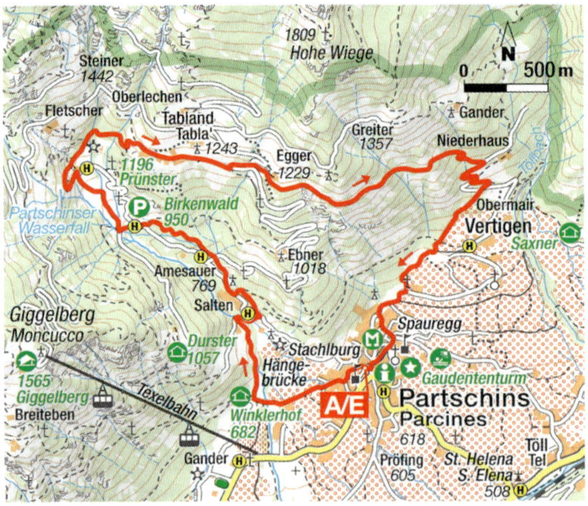

Nach einem kurzen Straßenabschnitt wandern wir wieder auf einem Steig in Richtung Gasthaus Wasserfall. Dabei kommen wir dem Wasserfall ganz nahe – beeindruckend stürzt er über die Steilstufe ins Tal.

Über den Höhenweg Die Rundwanderung können wir nach dem Besuch des Wasserfalls noch ein wenig ausdehnen. Hierzu folgen wir dem Wegweiser »Partschinser Höhenweg« bis zur Jausenstation Prünster, einer sehr aussichtsreichen Einkehrmöglichkeit. Kurz davor stehen auf einem kleinen Plateau ein paar Bänke, die ebenfalls zu einer Pause einladen. Danach folgen wir noch ein Stück der Straße in Richtung Osten. Bald schon biegen wir aber auf den Partschinser Höhenweg ab, der aussichtsreich durch die steilen, sonnigen Südhänge verläuft. Immer wieder bleiben wir stehen und genießen die Aussicht ins Tal und zu den umliegenden Bergen, bis wir eine Straße erreichen, die wir gleich wieder ein Stück abkürzen und anschließend hinunter nach Vertigen wandern. Von dort ist es nicht mehr weit bis zur Ortsmitte von Partschins.

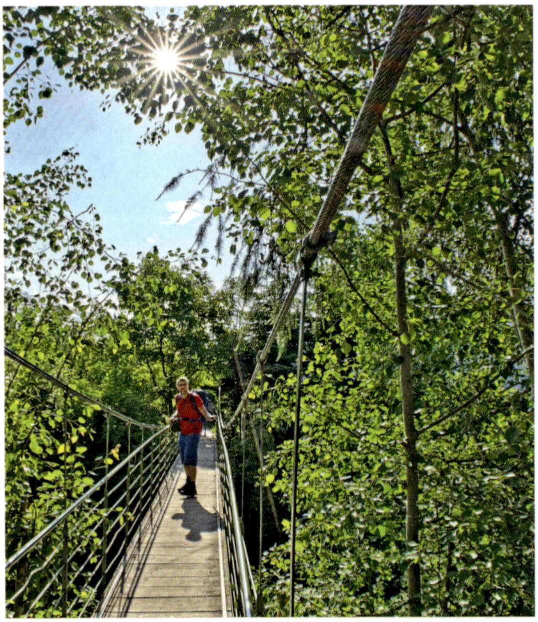

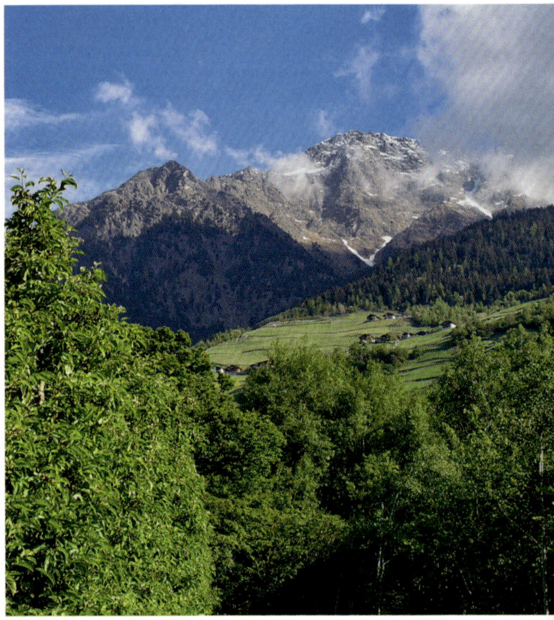

Hängebrücke bei Partschins

Rechts: Blick zur Texelgruppe

Rechte Seite: Nach Regenfällen besonders mächtig: der Partschinser Wasserfall

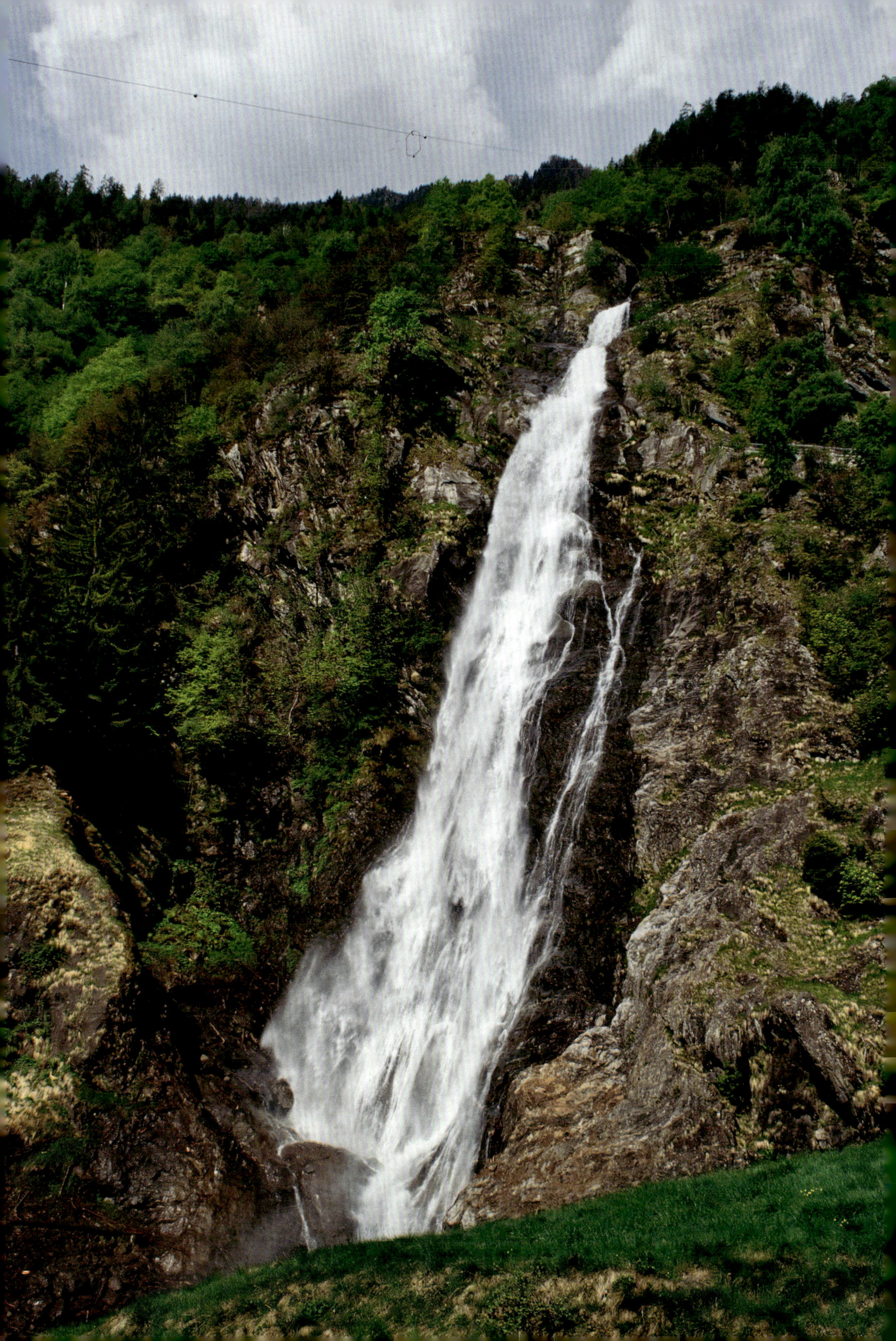

16 Leiteralm und Vellau

Am Meraner Höhenweg zur gemütlichen Einkehr

Mittel	9,7 km	↑280 ↓950 Hm	4 Std.

Tourencharakter
Schmale Steige, die gut ausgebaut, aber teilweise versichert sind

Ausgangspunkt
Bergstation der Hochmuthbahn (seilbahn-hochmuth.it)
GPS 46.702287, 11.131549

Endpunkt
Talstation der Hochmuthbahn, Dorf Tirol
GPS 46.696524, 11.152803

Anfahrt
ÖPNV: Mit Bus 221 von Meran zum Dorf Tirol und weiter zur Hochmuthbahn
Auto: Mit dem Auto von Meran nach Dorf Tirol und zur Talstation

Einkehr
Leiteralm (leiteralm.com), Jausenstation Weißgütl, Gasthaus Schneeweisshof (schneeweisshof.com)

Von der Bergstation Hochmuth über dem Dorf Tirol wandert man auf dem eindrucksvollen Hans-Frieden-Felsenweg bis zur gemütlichen Leiteralm, weiter hinunter nach Vellau und zurück ins Dorf Tirol. Der erste Abschnitt ist identisch mit dem berühmten Meraner Höhenweg.

Eindrucksvoller Felsenweg Vom Dorf Tirol schweben wir mit der Seilbahn zur Bergstation Hochmuth (1400 m). Von hier steigen wir steil hinauf zum Gasthof Steinegg (1500 m), wo der in seinem Verlauf teilweise recht eindrucksvoll in den Felsen gesprengte Hans-Frieden-Felsenweg beginnt. Der Name geht auf einen Meraner Kurgast zurück, der in den 1920er-Jahren Geld für die Erbauung des Wegs spendete. Von diesem wunderbar aussichtsreichen Höhenweg blickt man auf das Etschtal und auf Meran, und wenn man sich umdreht, reicht die Aussicht bis zu den Dolomiten. Bald enden die Sicherungen des Felsenwegs, und wir betreten den Wald. Der Steig führt leicht abwärts zu einer eindrucksvollen Bachschlucht, die wir überqueren. Nun ist es nicht mehr weit bis zur schön gelegenen Leiteralm (1550 m), auf deren Terrasse wir uns eine Pause mit Südtiroler Köstlichkeiten gönnen wollen.

Am Algunder Waalweg

Vom Dorf Tirol kann man auf dem schönen Algunder Waalweg nach Algund und wieder zurückwandern und dabei auch einen Abstecher zur Burg Tirol unternehmen (leicht, 2.30 Std., 6,8 km, 255 Hm).

Zum Dorf Tirol An der Leiteralm endet auch der kühne Korblift – wer möchte, kann nun den nächsten Tourenabschnitt nach

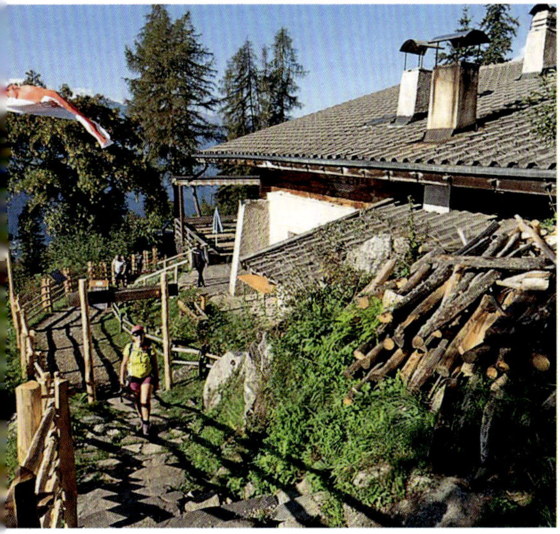

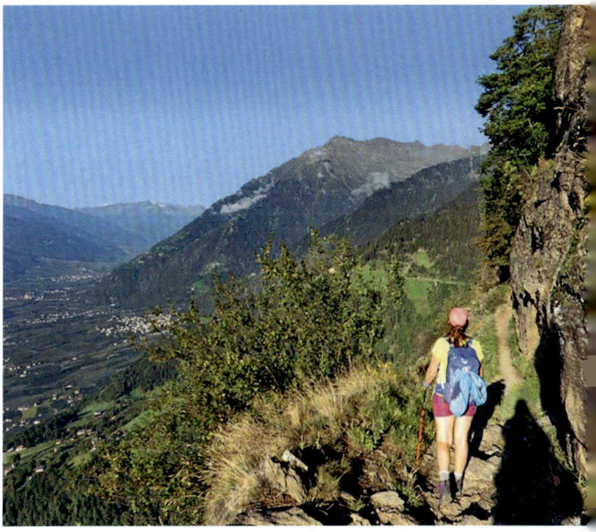

Am Felsenweg

Links: Einkehr auf der Leiteralm

Vellau mit dem Lift abkürzen. Ansonsten wandern wir auf dem Weg Nr. 25 Richtung Vellau und treffen dabei mehrmals auf eine Straße, die wir jeweils abkürzen. In Vellau angekommen, wenden wir uns Richtung Osten und folgen dem Weg Nr. 26 alsbald durch den Wald in Richtung St. Peter. Wir gelangen zur Jausenstation Weißgütl und weiter zum Gasthaus Schneeweisshof, wo wir zum Abschluss der Wanderung noch einmal einkehren können. Vom Gasthaus passieren wir alsdann die Burg Tirol und wandern hinunter ins Dorf Tirol, wo wir nach links die Talstation der Seilbahn erreichen.

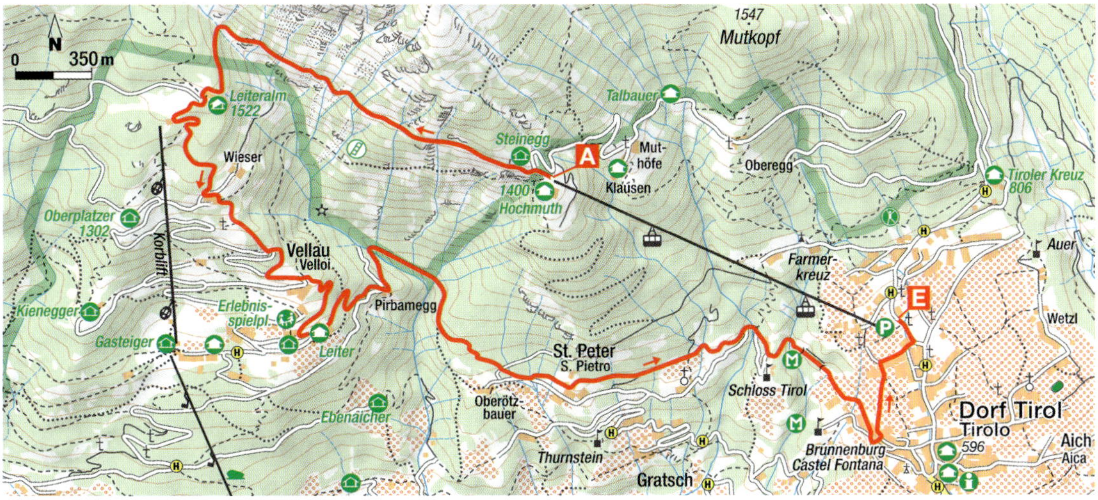

17 Zu den Spronser Seen

Landschaftliches Highlight in der Texelgruppe

Mittel | 17,4 km | 1150 Hm | 7 Std.

Tourencharakter
Teils breite Wege, teils schmale Steige, aber nicht besonders schwierig zu begehen

Ausgangs-/Endpunkt
Bergstation der Hochmuthbahn (seilbahn-hochmuth.it)
GPS 46.702287, 11.131549

Anfahrt
ÖPNV: Mit Bus 221 von Meran zum Dorf Tirol und weiter zur Hochmuthbahn
Auto: Mit dem Auto von Meran nach Dorf Tirol und zur Talstation

Einkehr
Leiteralm (leiteralm.com), Hochganghaus (hochganghaus.it), Oberkaseralm (oberkaseralm.it), Gasthof Mutkopf

Die Spronser Seen gehören zu den schönsten Plätzen in der Texelgruppe – diese großartige Seenlandschaft liegt inmitten dieses Gebirges, und der Weg dorthin ist weit und erfordert auch etwas Bergerfahrung, lohnt sich aber allemal.

Leiteralm und Hochganghaus Mit der Seilbahn fahren wir zur Bergstation Hochmuth, wo wir unsere großartige Rundtour beginnen wollen. Zuerst gehen wir steil bergauf zu einer Aussichtsplattform und genießen von dort einen tollen Ausblick auf das Meraner Becken und die umliegenden Berggipfel – bei gutem Wetter reicht der Blick gar bis zu den weit entfernten Dolomiten. Hier beginnt der Meraner Höhenweg, ein Schild weist uns darauf hin. Wir passieren das Gasthaus Steinegg und folgen nun dem Hans-Frieden-Felsenweg sehr aussichtsreich durch die

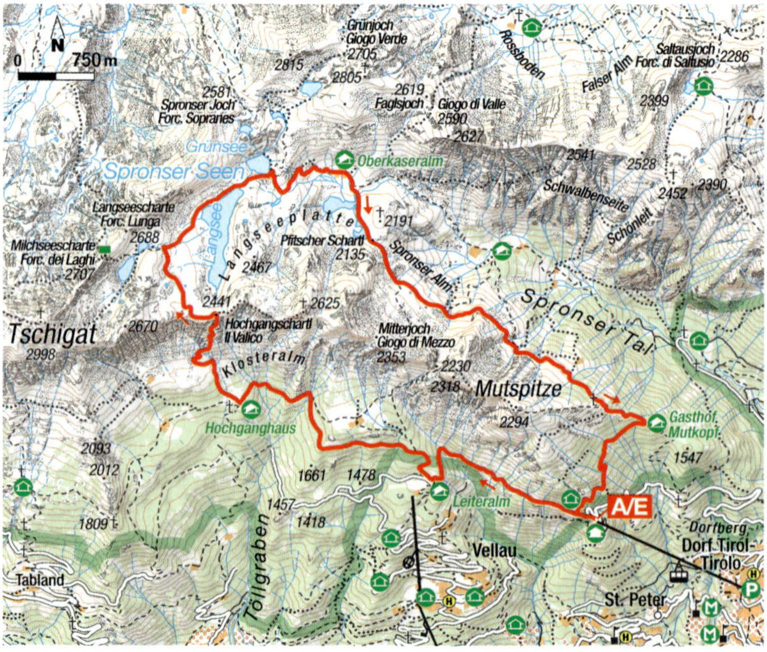

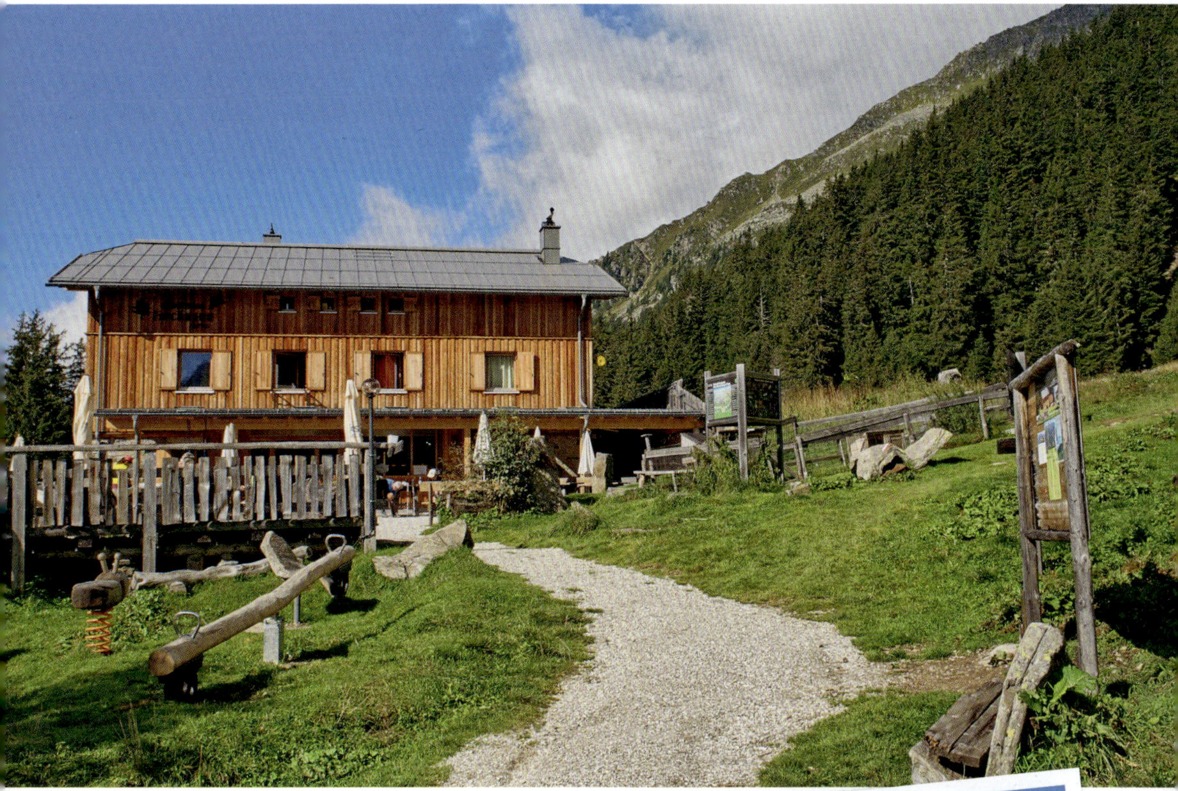

steilen Felshänge. Besonders ausgesetzte Stellen sind gut mit Drahtseilen versichert. Der Ausblick auf die Umgebung ist immer wieder großartig. Wir steigen hinunter zu einer Schlucht, die wir überqueren, und wandern von hier hinauf zur Leiteralm (1550 m), die eine erste Einkehr bietet.

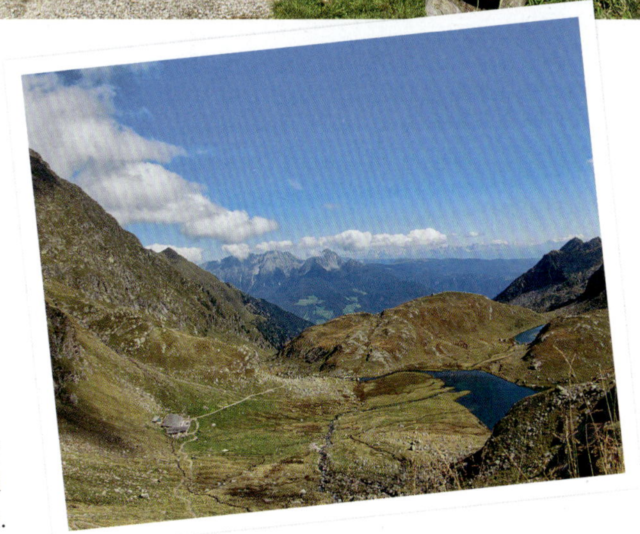

Nach der Pause wandern wir weiter in Richtung Hochganghaus – der Weg dazu führt hinter der Alm vorbei und dann nach rechts in den Wald hinein. Es geht zuerst steil bergauf bis zu einer Wegteilung, wo wir den linken Weg in Richtung Hochganghaus nehmen. Um eine Geländekante herum wandern wir bald danach leicht abwärts. Der Steig bringt uns zu einer tief eingeschnittenen Schlucht, die wir auf einer

Blick zur Oberkaseralm

Oben: Das Hochganghaus

eindrucksvollen Hängebrücke überwinden und dann, immer weiter dem Weg folgend, das Hochganghaus (1839 m) erreichen. Die Hütte ist ideal für eine Pause und bietet sich auch für eine Übernachtung an.

An der alten Meraner Hütte

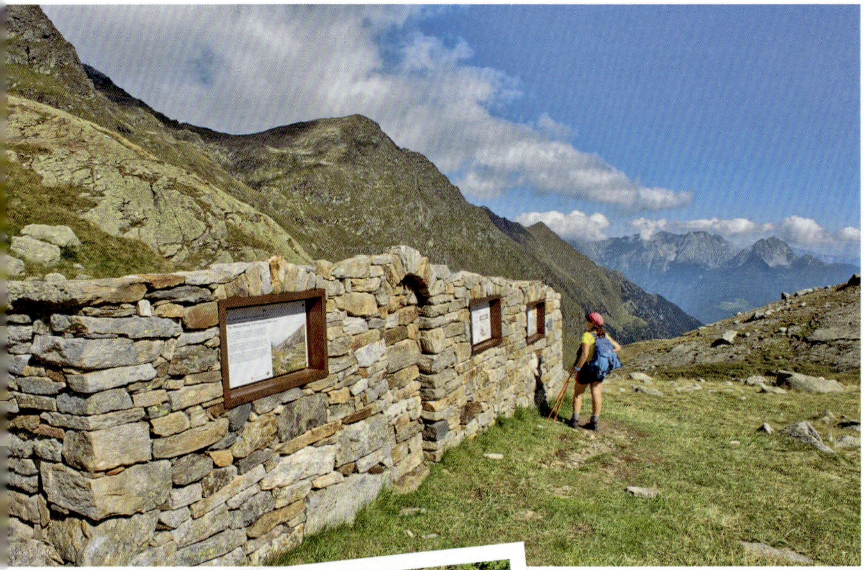

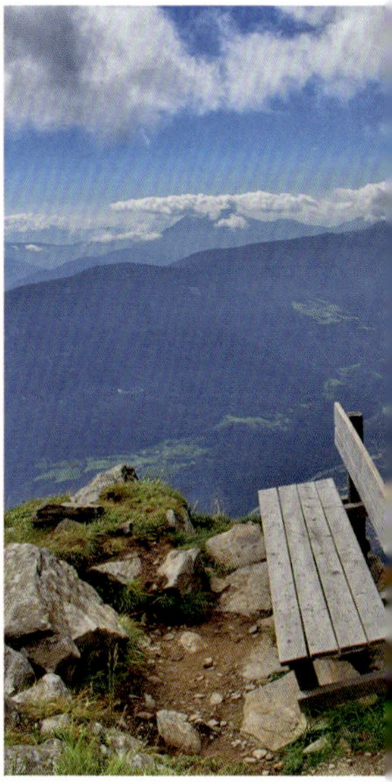

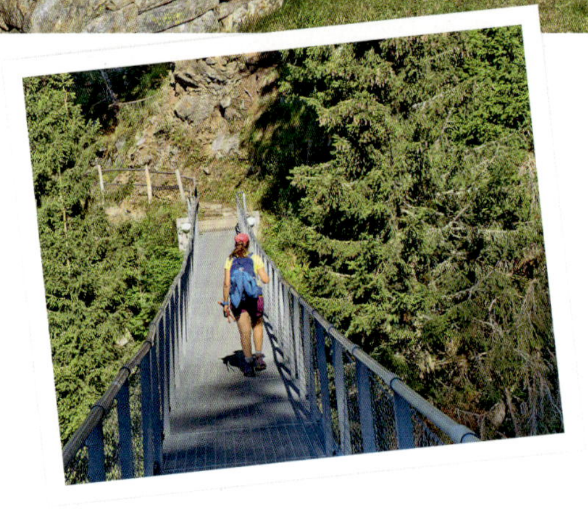

Eindrucksvolle Schluchtüberquerung

Steiler Weiterweg Ab dem Hochganghaus wird es nun richtig steil. Wir folgen dem Steig Nr. 7 in Richtung Hochgangscharte durch steiles Wiesengelände aufwärts bis in die Felsregion. In vielen Kehren schrauben wir uns auf dem drahtseilversicherten Steig in die Höhe; wirklich schwierig ist das Gelände an keiner Stelle, ein gewisses Maß an Trittsicherheit und Bergerfahrung ist für diesen Abschnitt allerdings notwendig. Wir gelangen zu einer exponiert auf einem Absatz stehenden Bank. Von hier ist es nicht mehr weit bis in die Scharte: Noch ein letzter versicherter Abschnitt, und wir haben die Hochgangscharte (2444 m) erreicht. Jetzt verschnaufen wir und genießen den Blick zum Langsee.

Weiter geht es dann auf dem Weg Nr. 7 nach links. Er führt um den Langsee zu einer Wegteilung – hier ignorieren wir den Abzweig zum Milchsee und biegen nach rechts ab. Wir gelangen nun zum Langsee und wandern an dessen Ufer entlang zum kleinen Grünsee.

Rückweg mit Einkehr Vom Grünsee wandern wir weiter in Richtung Oberkaseralm und passieren dabei einen schönen Wasserfall. Auch die Ausblicke auf diesem Wegabschnitt über das Spronser Tal sind wunderbar, und genussreich gelangen wir zu

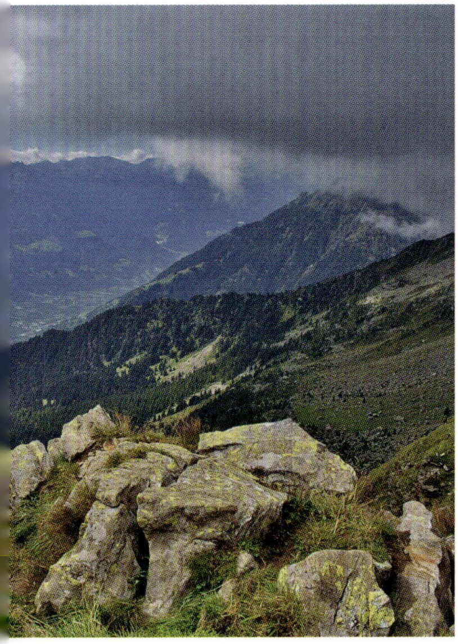

Mutspitze

Wer keine so lange Rundtour unternehmen möchte und trotzdem Lust auf einen schönen Gipfel mit großartiger Aussicht hat, dem empfehlen wir die Besteigung der Mutspitze (mittelschwer, im Aufstieg 2 Std., 3,9 km, 920 Hm): Von der Bergstation der Seilbahn wandern wir hinauf zum Gasthof Mutspitze und weiter über den Rücken zur Wegteilung, wo wir uns nicht nach rechts Richtung Spronser Seen halten, sondern dem linken Weg Nr. 23 folgen. Dieser führt über den steilen Ostgrat ohne besondere Schwierigkeiten zum Gipfelkreuz der Mutspitze (2233 m) mit toller Aussicht auf das Meraner Becken und die umliegenden Berge (Rückweg auf dem Hinweg).

den Ruinen der alten Meraner Hütte. Es folgt noch ein steiler Abstieg zur gemütlichen Oberkaseralm (2131 m), in der wir ebenfalls einkehren können – eine kühle Erfrischung auf der Terrasse wird nach dieser langen Tour sehr willkommen sein.
Nach der Einkehr folgen wir kurz dem Wanderweg in südlicher Richtung bis zu einer Wegteilung, wo wir den rechten Weg (Nr. 22) nehmen. Dieser führt an der Kaser Lacke und der Pfitscher Lacke vorbei zum Pfitscher Schartl (2150 m). Ab hier wandern wir auf dem schönen Jägersteig weiter in Richtung Gasthof Mutkopf und Seilbahn Hochmuth. Nach einem kurzen Gegenanstieg zweigt nach rechts der Gipfelabstieg zur Mutspitz ab; wir gehen aber geradeaus in Richtung Mutkopf und gelangen bald zum Gasthof Mutkopf. Auch hier bietet sich noch einmal eine Einkehr an. Nach dem Gasthof tauchen wir in ein steil abfallendes Waldstück ein, das wir erst kurz vor dem Gasthaus Steinegg verlassen. Von der Panoramaplattform genießen wir noch einmal einen tollen Blick auf das Tal. Von hier erreichen wir in wenigen Minuten Abstieg wieder die Bergstation der Hochmuthbahn und schweben mit der Seilbahn hinunter ins Dorf Tirol.

Mitte: Exponierte Bank am Weg zur Hochgangscharte

18 Zur Oberen Obisellalm

Am Lustige-Kameraden-Steig über den Grat

Mittel	10,2 km	870 Hm	5 Std.

Tourencharakter
Schmale Steige, die teilweise steil sind. Der Zustieg über den Pfitschkopf ist teilweise etwas ausgesetzt.

Ausgangs-/Endpunkt
Parkplatz am ehemaligen Gasthaus Oberöberst bei Vernuer
GPS 46.725050,11.174190

Anfahrt
ÖPNV: Mit dem Bus zum Dorf Tirol und von dort mit Bus 224 nach Vernuer
Auto: Ins Passeiertal und dann auf schmaler Bergstraße nach Vernuer

Einkehr
Obere Obisellalm

Die Obere Obisellalm liegt idyllisch am Obisellsee. Der direkte Zustieg durch die steilen Osthänge ist von halbwegs trittsicheren Wanderern gut zu erreichen. Viel schöner ist jedoch der Anstieg über den Pfitschkopf, der dann durch die aussichtsreichen Hänge des Hochwarts zur Alm führt.

Zum Pfitschkopf Direkt am oberen Parkplatz beim ehemaligen Gasthof Oberöberst beginnt der Wanderweg mit der Nr. 21A. Auf diesem gehen wir bis zum nahen Waldrand und wandern anschließend durch den Wald bis zu einer ersten Wegabzweigung, wo wir uns nach links aufwärts wenden. Kurz danach erreichen wir eine Forststraße, der wir ein Stück nach links folgen. Wenig später zweigt von der Straße ein Steig nach rechts ab, auf dem wir nun in vielen Kehren aufwärtssteigen. Der Wald wird

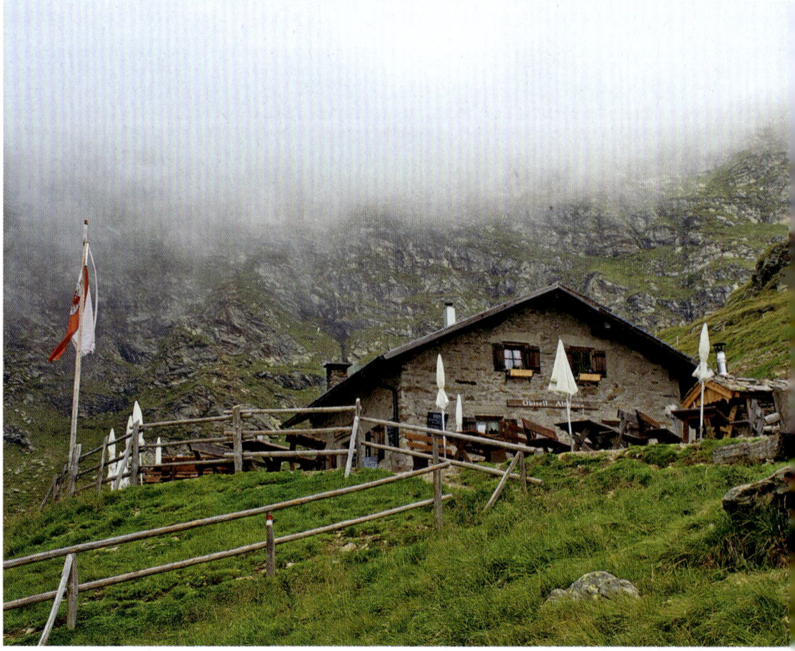

Die Obere Obisellalm

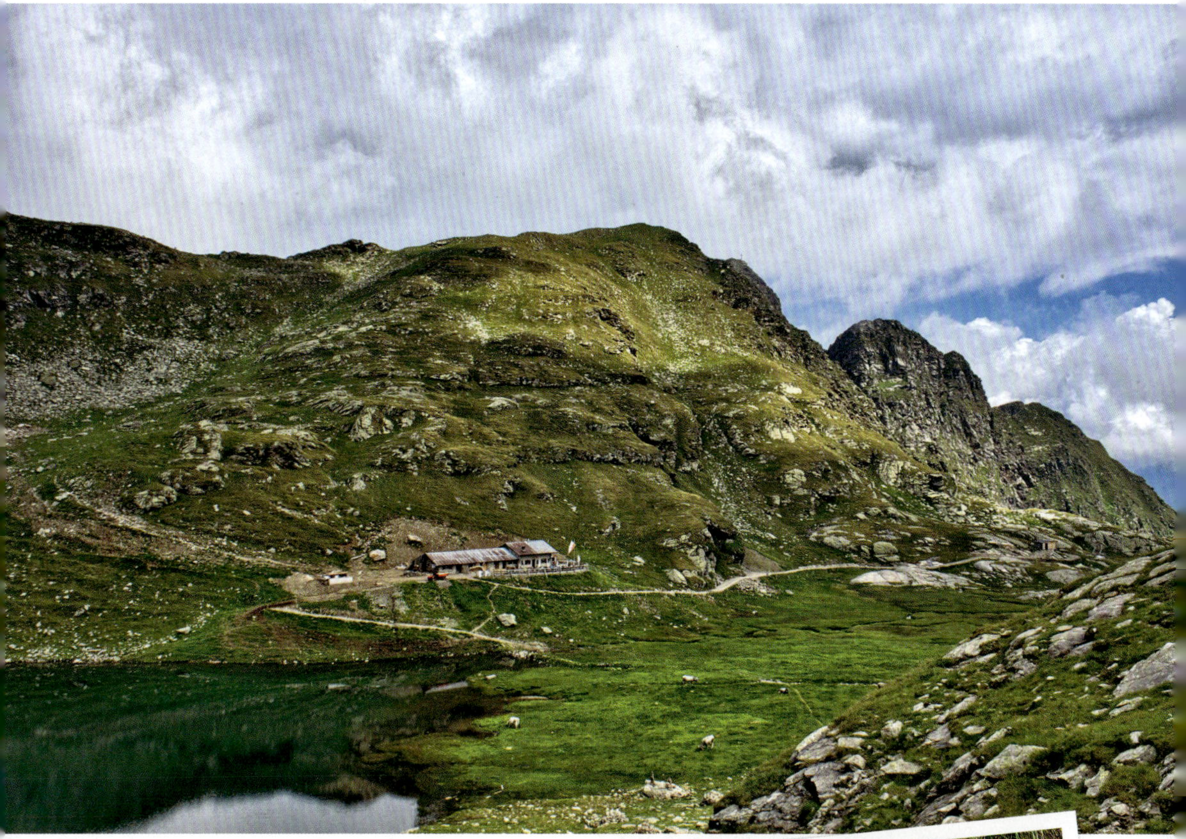

lichter, und wir wandern bergan, bis wir in freies Gelände kommen. Oberhalb von uns sehen wir bereits die unbewirtschaftete Hahnenkammhütte und das Gipfelkreuz auf dem Pfitschkopf.

Über einen freien Rücken steigen wir hinauf zur Hütte (2050 m), wo sich der Weg teilt. Wir könnten nun auf dem Weg Nr. 21 durch die Hänge zur Unteren Obisellalm und von dort weiter zur Oberen Alm wandern. Schöner ist es aber, den etwas höheren Weg zu nehmen: Zuerst steigen wir die gut 100 Höhenmeter hinauf zum Gipfel des Pfitschkopfs (2120 m) – dabei sind wir gerade im oberen Bereich vorsichtig, denn das Gelände fällt steil nach Süden hin ab. Oben angekommen, setzen wir uns neben das Kreuz und genießen erst einmal die Aussicht.

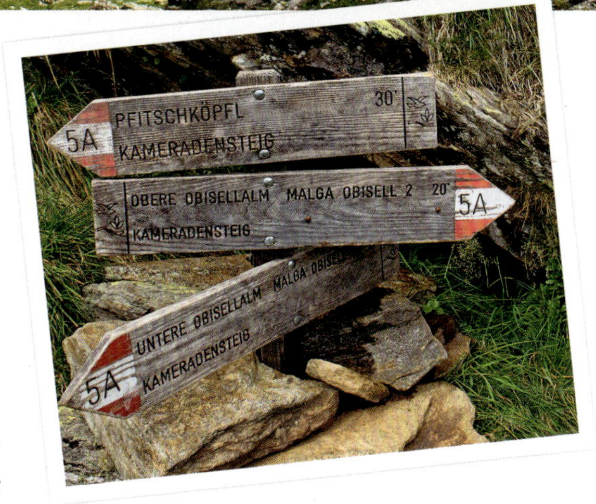

Alt, aber bewährt: Wegweiser

Oben: Blick zum Obisellsee und zur gleichnamigen Alm vom Anstieg zum Hochwart

Lustig zur Obisellalm Hier beginnt der Lustige-Kameraden-Steig. Dieser führt zuerst über den Grat, weicht dann aber in die rechte Gratflanke aus. Wir queren nun vorsichtig die steilen Hänge des Unteren Hochwarts und folgen dem Steig in nördlicher Richtung. Von rechts münden zwei Steige ein, wir wandern aber weiter in Richtung Obere Obisellalm. In leichtem Auf und Ab führt der Steig zu einem kleinen Bächlein – von hier sind es nur noch wenige Meter bis zur oberhalb des schönen Obisellsees gelegenen Alm (2160 m), die uns mit einer gemütlichen Terrasse zu einer Pause einlädt. Hier lassen wir uns von den Wirtsleuten mit Leckereien verwöhnen.

Rechte Seite: Blick hinauf zum Pfitschkopf

Unten: Klingt lecker!

Rechts: Gipfelkreuz am Hochwart

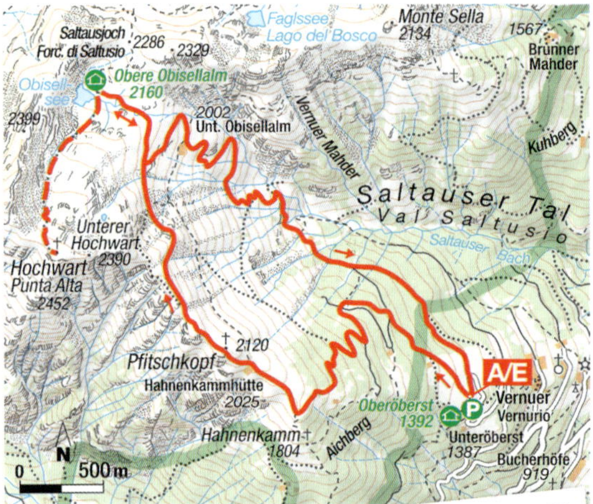

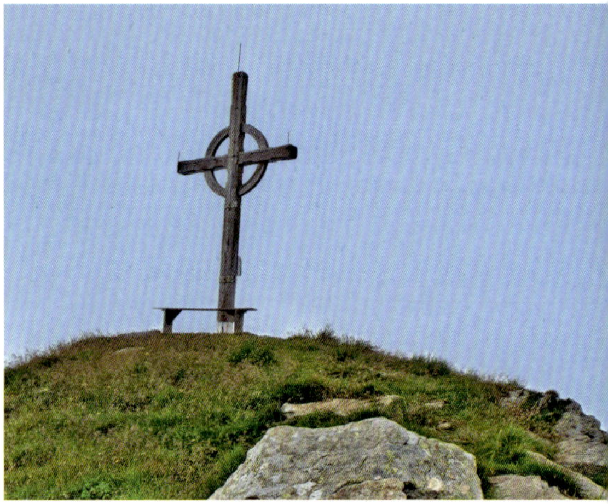

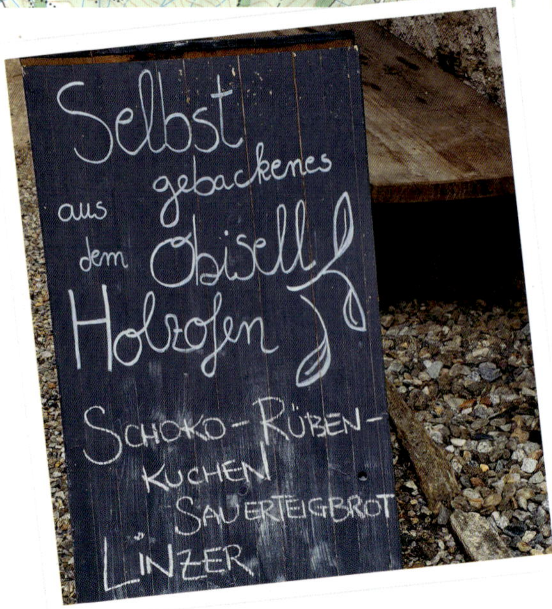

Zurück nach Vernuer Nach der Einkehr in der Alm folgen wir dem Anstiegsweg ein Stück bis zur ersten Wegteilung, biegen hier nun nach links und folgen dem Weg bergab zur Unteren Obisellalm. Hier achten wir darauf, dass wir auf dem Weg Nr. 5 bleiben und nach links direkt durch die steilen Hänge bergab steigen. Nach gut 200 Höhenmetern folgt eine längere Hangquerung, wo wir auch über ein paar kleine Bäche hinweg müssen. Anschließend geht es wieder steil bergab bis oberhalb eines Bachs. Nun wandern wir nach rechts bis zu einer Schotterstraße, die wir unweit der Materialseil-

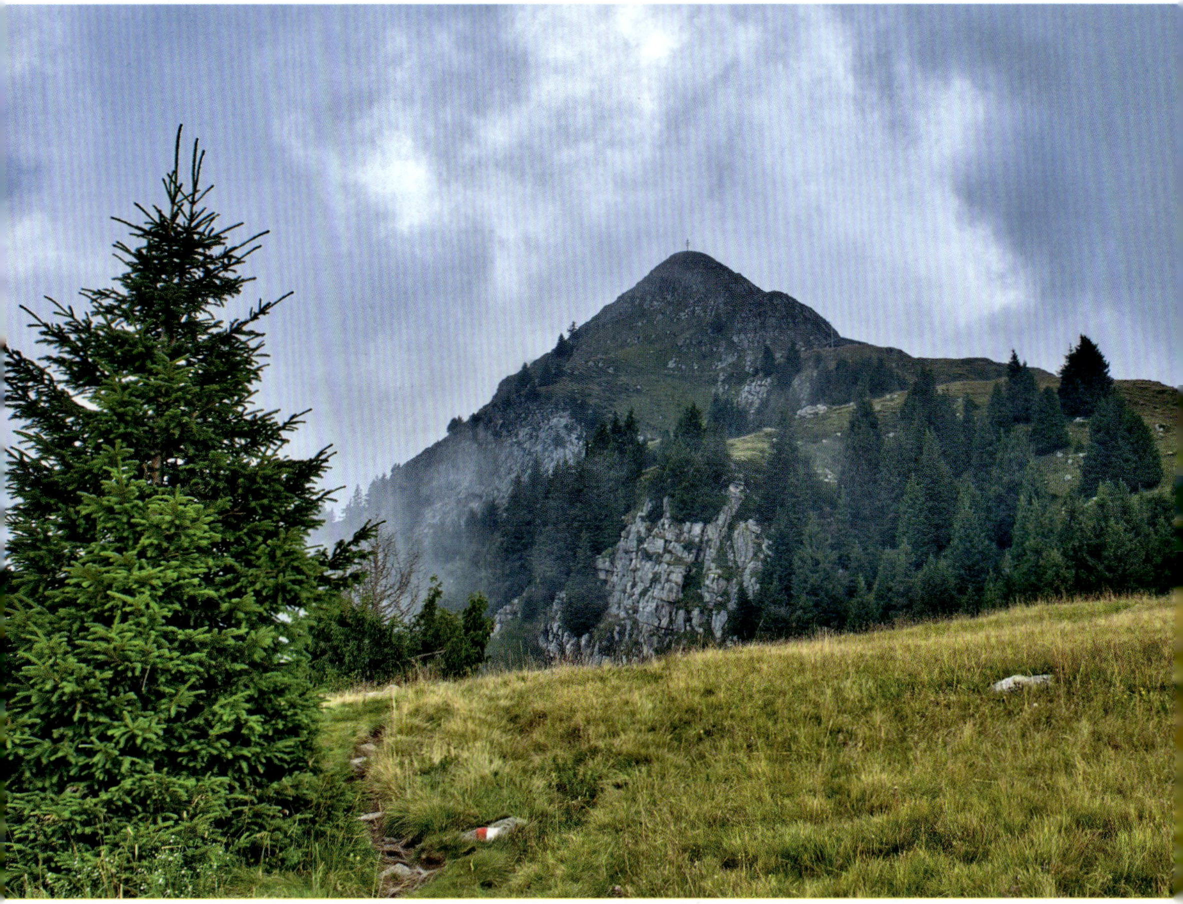

bahn der Oberen Obisellalm erreichen. An der folgenden Wegteilung nehmen wir die linke Straße, die noch ein Stück durch den Wald führt, und wandern am Schluss über freie Bergwiesen zur Straße beim ehemaligen Gasthaus Oberöberst, die wir an der Kurve unterhalb des Parkplatzes erreichen. Von hier gehen wir noch die wenigen Meter hinauf zum Parkplatz am ehemaligen Gasthaus.

Abstecher zum Hochwart

Von der Oberen Obisellalm können wir noch den Hochwart (2608 m) besteigen – der Weg ist mittelschwer ohne ausgesetzte Passagen, allerdings nicht markiert, aber so gut ausgetreten, dass er eigentlich nicht zu übersehen ist (Aufstieg 0.45 Std., 1,3 km, 300 Hm): Von der Alm gehen wir hinunter zum See und wandern am linken Ufer an diesem vorbei. Nach dem See führt der Steig nach rechts und aufwärts zu einer Geländeterrasse, von wo wir einen schönen Blick auf See und Alm haben. Durch ein Tal wandernd, steigen wir dann über eine Steilstufe hinauf zum Nordwestgrat des Hochgrats und über diesen hinauf zum Gipfelkreuz (Rückweg am Hinweg).

19 Zum Erensee

Geheimtipp oberhalb von Pfelders

Mittel | 10,3 km | 680 Hm | 4 Std.

Tourencharakter
Gut zu begehende schmale Steige ohne besondere Schwierigkeiten

Ausgangs-/Endpunkt
Parkplatz am Ortseingang von Pfelders
GPS 46.796435,11.092377

Anfahrt
ÖPNV: Mit Bus 240 durchs Passeiertal nach Pfelders
Auto: Ins Passeiertal und weiter bis zum Ortseingang von Pfelders und zum gebührenpflichtigen Parkplatz

Einkehr
Faltschnalalm, Lazinser Hof (lazinshof.com)

Der Erensee liegt oberhalb von Pfelders und ist auf einem guten Wanderweg zu erreichen. An seinem Ufer kann man sich wunderbar niederlassen, eine Pause machen und den Blick auf die Bergwelt rundum genießen. Zudem gibt es sehr schöne Einkehrmöglichkeiten beim Auf- und Abstieg.

Anstieg durch einen Zauberwald Die Besonderheit an Pfelders: Der Ort ist autofrei. Daher stellt man das Auto vor der Schranke am großen gebührenpflichtigen Parkplatz am Ortseingang ab. Dann gehen wir in den Ort hinein und folgen dabei immer der Ausschilderung in Richtung Faltschnalalm/Erensee. Am Ortsrand von Pfelders nehmen wir den Steig in den Wald hinein, der bald eine Forststraße quert. Wir wandern durch einen fast

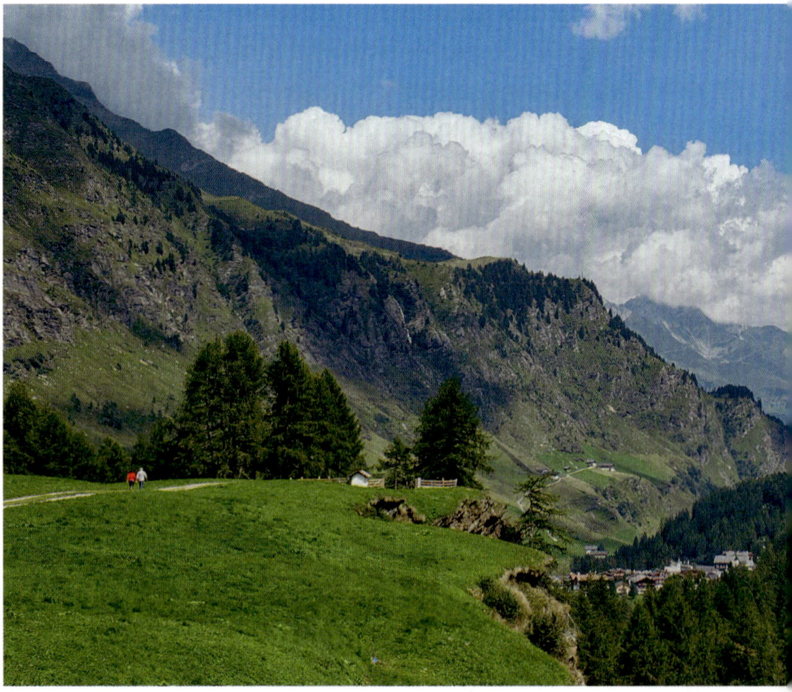

Blick auf Pfelders

schon urwaldähnlich anmutenden Wald weiter aufwärts und genießen die üppig schöne Vegetation um uns herum. Ziemlich zügig steigen wir bergauf bis zu einer weiteren Schotterstraße. Ein Wegweiser schickt uns nach rechts zur schön gelegenen Faltschnalalm (1875 m) – für eine längere Pause ist es wohl noch etwas zu früh, aber ein Getränk haben wir uns nach diesem ersten Aufstieg sicherlich verdient.

Unten: Neugierige Begleiter

Zum Erensee Nach der Alm folgen wir noch ein Stück der Schotterstraße bis zu einer Brücke über den Faltschnalbach. Links finden wir einen Wegweiser und biegen auf den Weg in Richtung Erensee ab.
Durch lichten Wald wandern wir bergauf in freies Gelände und halten uns dabei immer in Richtung auf die mächtige Erenspitze zu. Der See selbst ist noch nicht zu sehen – erst nach einem

Stieber Wasserfall und Passerschlucht

Auf der Fahrt nach Pfelders kann man in Moos in Passeier von der Straße zum Timmelsjoch abbiegen, denn von Moos lohnt sich der einfache Wanderweg hinüber zum eindrucksvollen Stieber Wasserfall (20 Min., 1,1 km, 60 Hm im Abstieg). Abenteuerlich ist auch der Passerschluchtenweg, der von Moos nach St. Leonhard durch die tief eingeschnittene gleichnamige Schlucht führt (3 Std., 7,7 km, 140 Hm Auf-/470 Hm Abstieg).

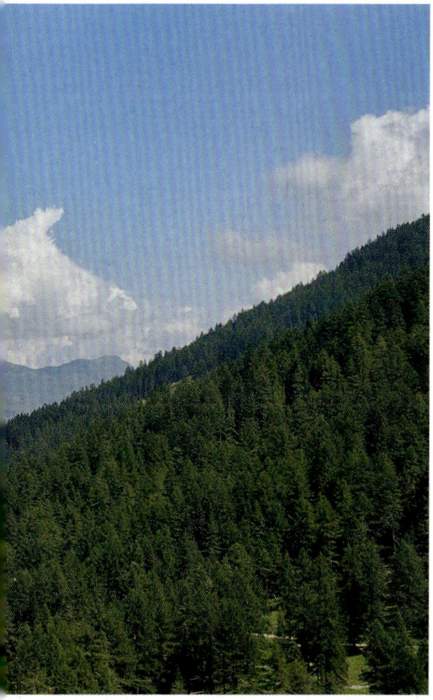

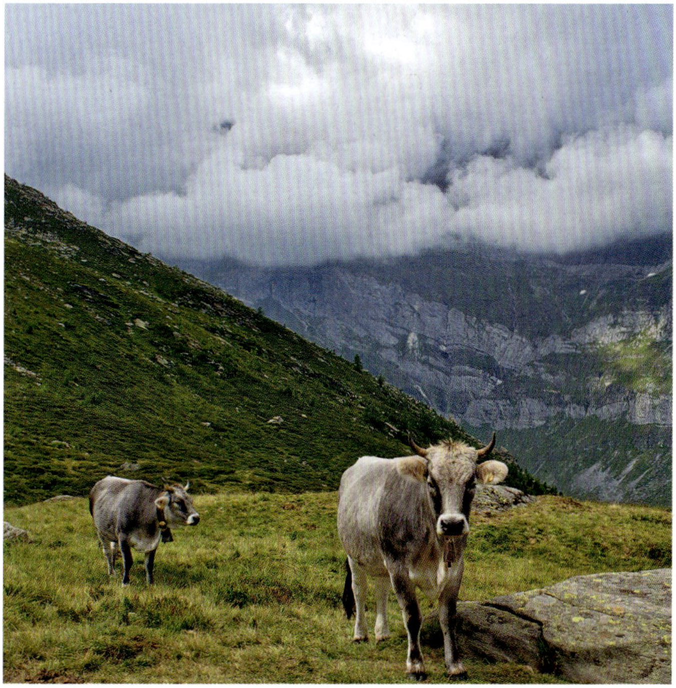

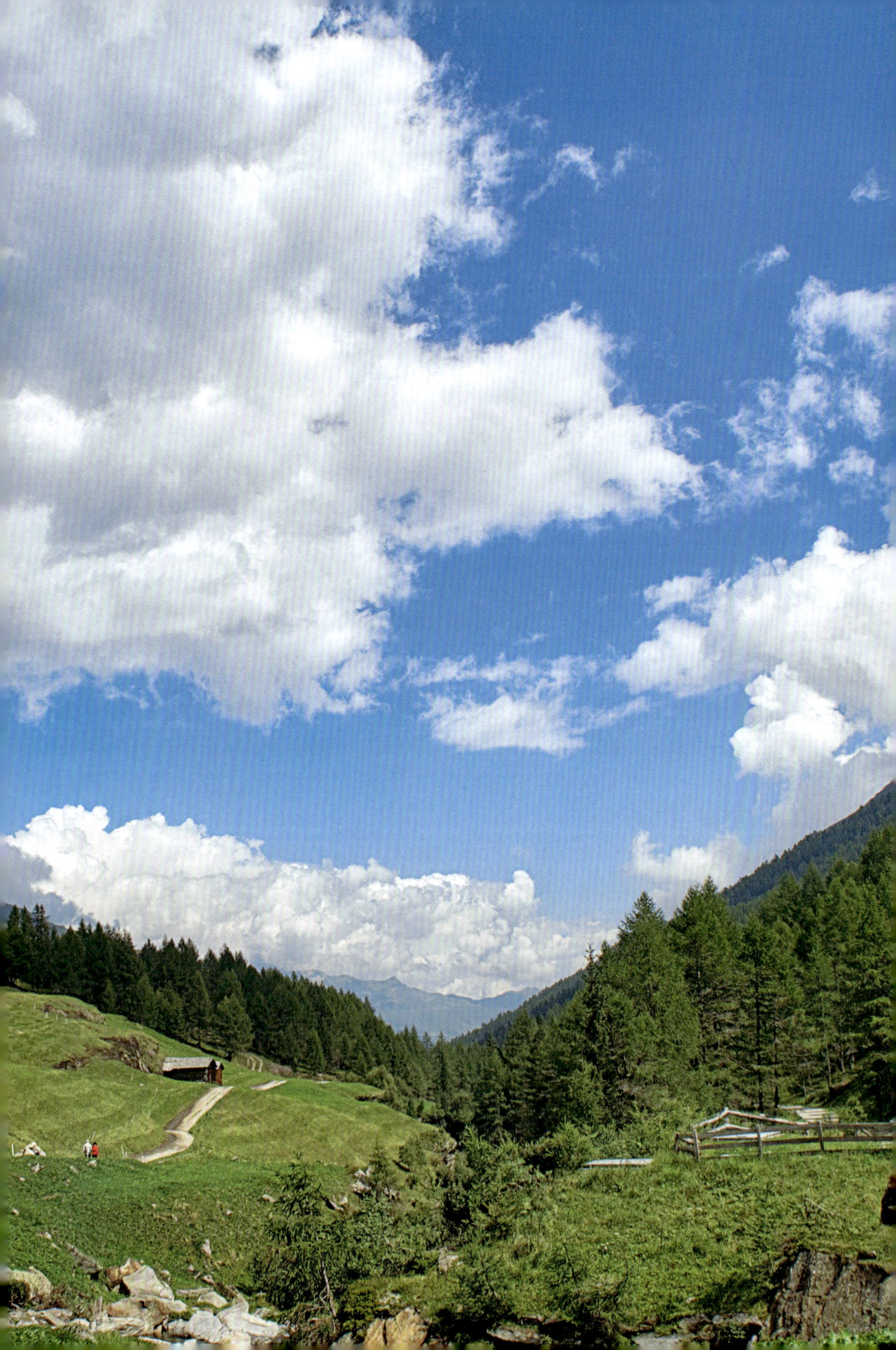

steileren Aufstieg, wenn das Gelände abflacht, führt uns der Weg in leichtem Auf und Ab zum kleinen Erensee (2300 m), der sich in dem Kar unter der Erenspitze versteckt. In der Umgebung des Sees gibt es auf den Wiesen genügend Sitzplätze, auch Felsblöcke bieten sich für eine gemütliche Rast an.

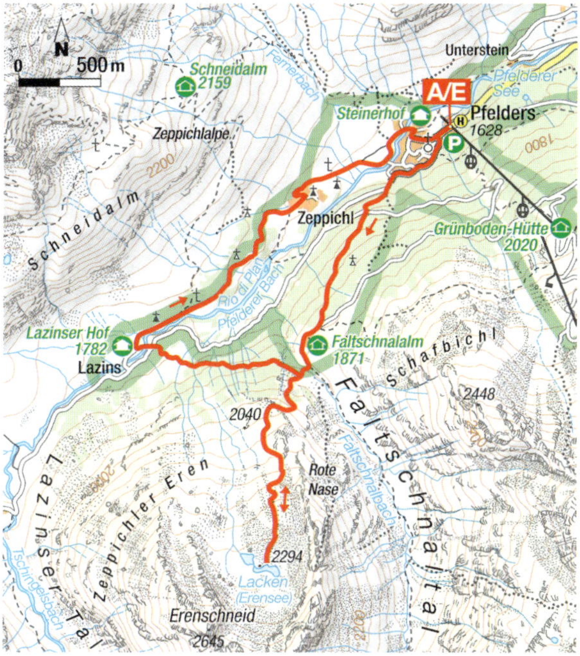

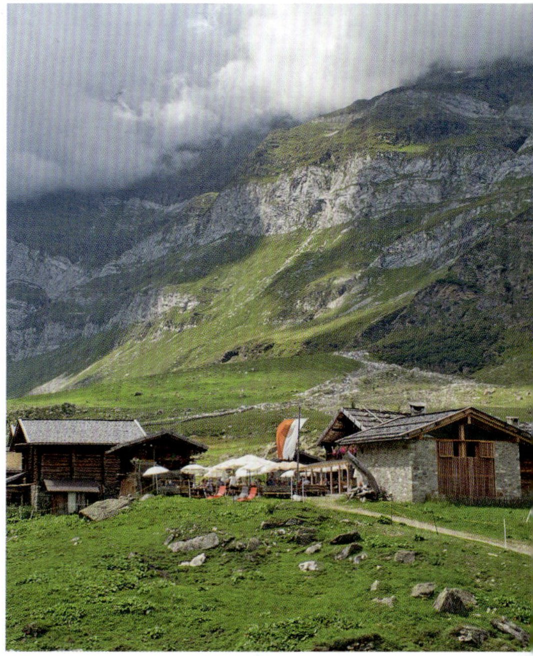

Der Lazinser Hof

Durch das Lazinser Tal

Nach der Pause kehren wir zurück zum Wegweiser und können nun bei der Faltschnalalm noch einkehren. Ansonsten folgen wir dem Weg in Richtung Lazinser Tal. Der Weg führt in den Wald und bringt uns zu einer schönen Lichtung mit ein paar Bänken, die zu einer Pause einladen. Nach der Lichtung steigen wir durch den Wald hinunter zu einer Schotterstraße. Links sehen wir bereits den Lazinser Hof (1782 m), der sich ebenfalls für eine Einkehr anbietet.

Am Lazinser Hof beginnt der Wanderweg nach Pfelders, der auf der Nordseite des Pfelderer Bachs in Richtung des Dorfs verläuft und uns dabei immer wieder schöne Blicke auf Pfelders bietet. Wir erreichen das Gasthaus Zeppichl mit eigener Hofmetzgerei; hier beginnt eine Fahrstraße, die uns hinunter nach Pfelders bringt. Durch den Ort erreichen wir dann wieder unseren Ausgangspunkt, den Parkplatz am Ortsrand.

Linke Seite: Am Rückweg durch das Lazinser Tal

20 St. Martin am Schneeberg

Bergbau-Abenteuer im Passeiertal

Mittel | 16 km | 810 Hm | 6 Std.

Tourencharakter
Mittelschwere Wanderung auf guten Wanderwegen. Nur der letzte Abschnitt zur Hütte ist teilweise recht steil.

Ausgangs-/Endpunkt
Parkplatz an der Timmelsbrücke
GPS 46.896256,11.130257

Anfahrt
ÖPNV: Mit Bus 240 von Meran ins Passeiertal bis zur Timmelsbrücke
Auto: Von Meran durchs Passeiertal bis zur Timmelsbrücke

Einkehr
St. Martin am Schneeberg

Das Bergbaugebiet am Schneeberg gehörte zu den größten Bergwerken Europas und wurde 1969 nach mehreren Jahrhunderten stillgelegt. Einige der Anlagen können heute noch im Rahmen einer Führung besichtigt werden. Zudem lädt eine gemütliche Schutzhütte zur Einkehr.

Historisches Bergbaugebiet Weit sind die Almwiesen um das Berghaus St. Martin am Schneeberg. Das ehemalige Knappenhaus wurde nach der Schließung des Bergwerks zu einer Schutzhütte mit Museum umgebaut. Teilweise lebten bis zu 1000 Menschen in der höchsten Dauersiedlung Europas. Das Bergwerk war verbunden mit dem Bergwerk im Ridnauntal und somit eines der größten und bedeutendsten in Europa. Nach der Schließung drohte alles zu verfallen, sodass man sich entschloss, ein Museum daraus zu machen mit einem Schauraum in der ehe-

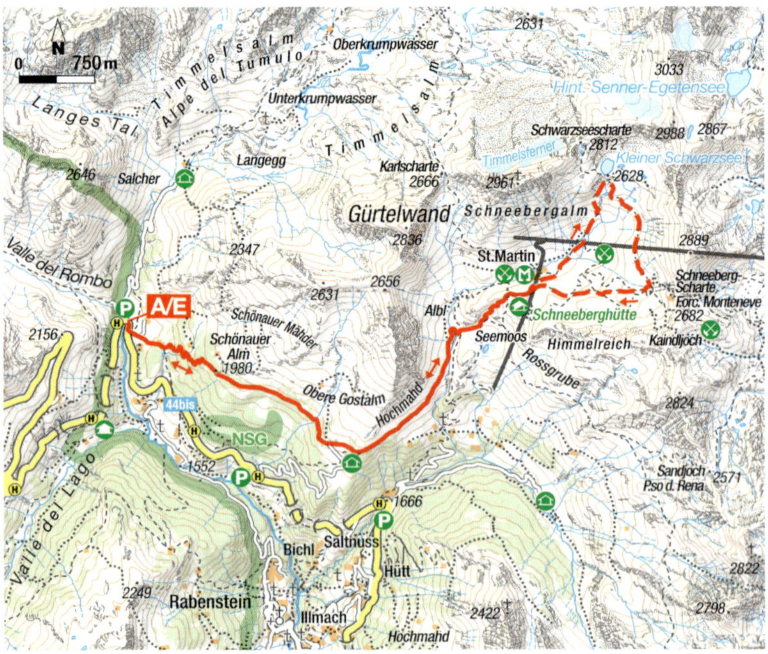

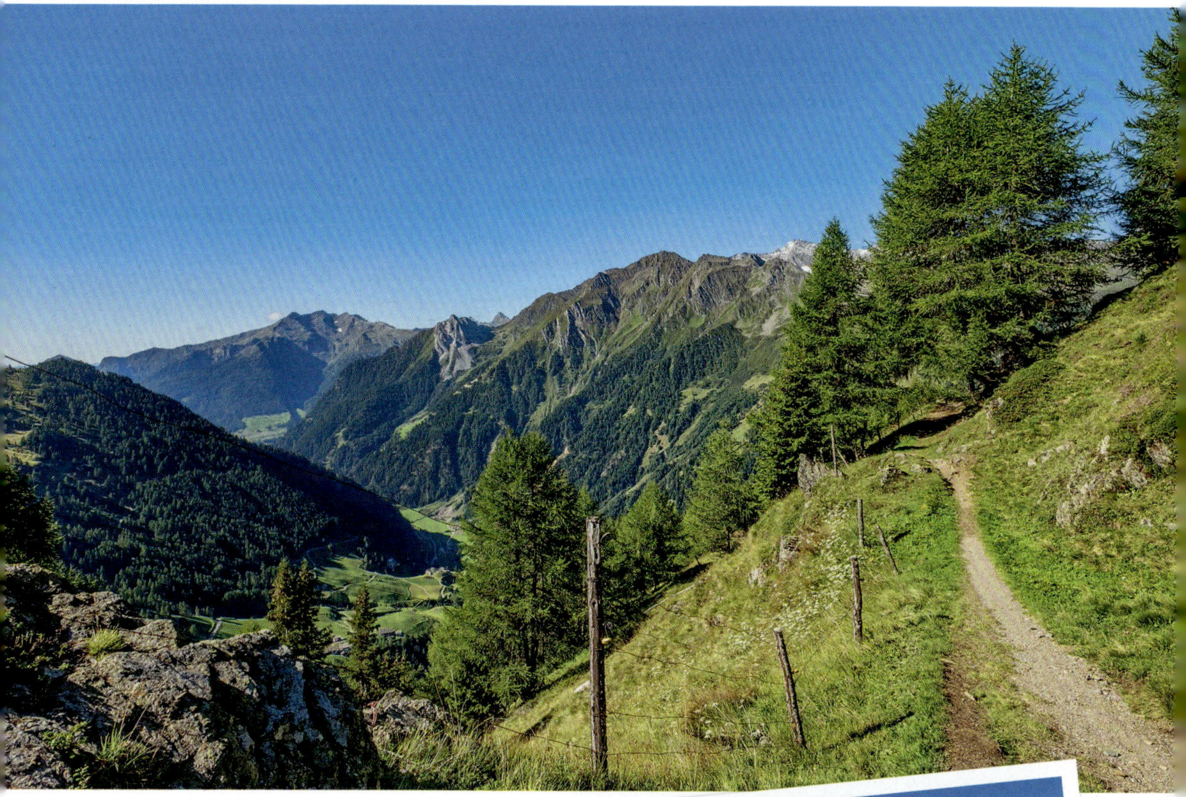

maligen Hütte. Ebenfalls auf dem Areal des ehemaligen Knappendorfs befindet sich das Kirchlein Maria Schnee.
Das Bergbaugelände kann mit geführten Wanderungen besucht werden. Besonders empfehlenswert ist das »Abenteuer Schneeberg«, denn diese Führung beinhaltet auch den Aufstieg zum Knappendorf St. Martin mit seinem Schutzhaus. Nach einer Einkehr im Berghaus wandert man zur Schneebergscharte und weiter zum Poschstollen. Anschließend geht es mit der Grubenbahn in den Berg. Den Abschluss des Bergwerkabenteuers bildet dann ein Gang durch den Karlstollen.

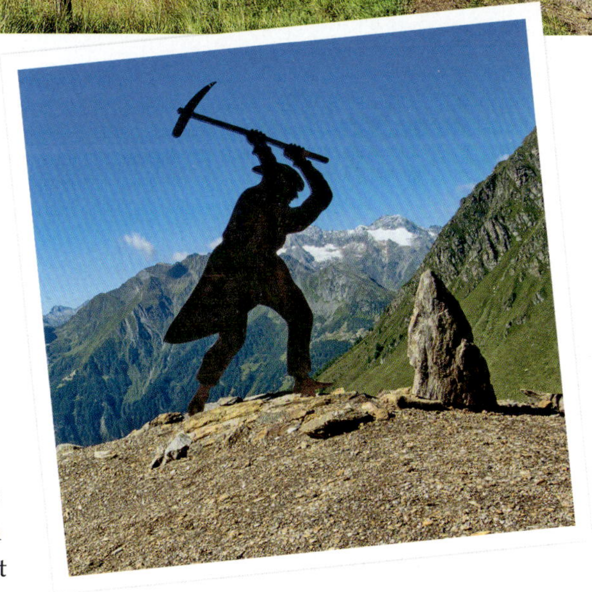

Bergbau hatte hier früher eine große Bedeutung.

Oben: Schöne Aussicht am Anstiegsweg

Aufstieg nach St. Martin Ganz ohne Führung wandern wir vom Parkplatz an der Timmelsbrücke auf einem guten Weg mit

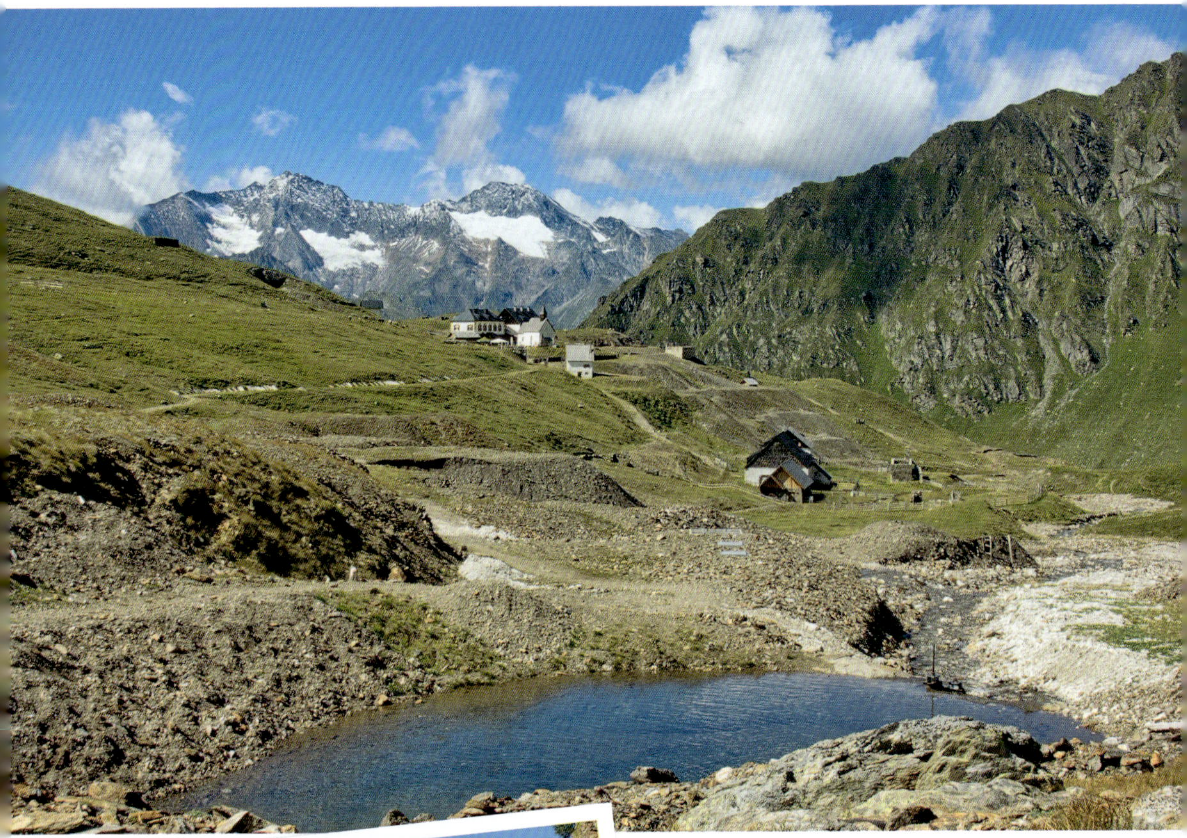

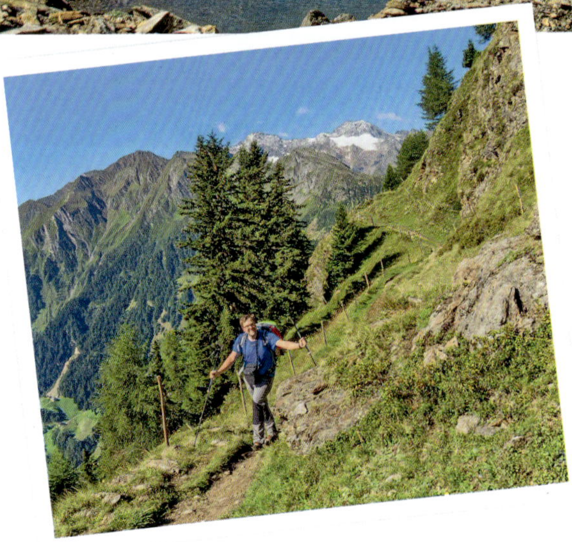

schöner, freier Sicht auf die Gletscherberge der Ötztaler Alpen bergauf. Bald mündet von rechts ein Weg ein, und wir steigen steil zum Wald hinauf. Durch diesen folgt eine lange Hangquerung, die nurmehr leicht ansteigend ist. Noch im Wald erreichen wir die Abzweigung zur Oberen Gostalm, die wir aber ignorieren und uns weiter auf dem Wanderweg in Richtung St. Martin im Schneeberg halten.

Das Gelände wird bald freier, wir lassen den Wald hinter uns und genießen schöne Blicke auf die umliegenden Berge. Steile Hänge querend, gelangen wir zu einer Geländeverflachung, wo mehrere Wege von rechts einmünden. An dieser Stelle sehen wir auch die ersten Überreste des Bergbaus. Es gibt

Beim Aufstieg nach St. Martin

Oben: Blick auf das ehemalige Bergbaugebiet von St. Martin

nun zwei Wege, die hinauf nach St. Martin führen: Der linke, den wir nutzen wollen, ist nicht ganz so steil und führt in einem Bogen um eine Erhebung. Bald schon stehen wir an der Schneeberghütte (2355 m), einer ehemaligen Knappenunterkunft. Die heute gemütliche Berghütte lohnt eine Einkehr, werden hier doch leckere Südtiroler Gerichte angeboten.

Unten: Am Kleinen Schwarzsee (s. Tippkasten)

Zurück zur Timmelsbrücke Von der Hütte kehren wir nach der Einkehr auf dem Anstiegsweg zurück zum Parkplatz an der Timmelsbrücke. Alternativ können wir auch direkt nach Süden absteigen: Hierfür gehen wir auf dem Weg Nr. 27/29 zurück zur Wegteilung und steigen anschließend auf Weg Nr. 31 direkt hinunter zur Bushaltestelle an der Timmelsjochstraße. Diese Variante empfiehlt sich vor allem, wenn wir mit dem Bus von Meran zur Timmelsbrücke angereist sind.

Zum Kleinen Schwarzsee

Nach der Einkehr lockt ein Abstecher zum Kleinen Schwarzsee (2635 m): Der Weg führt lange sehr flach taleinwärts, erst am Talschluss zieht er sich in vielen Serpentinen zum See hinauf, der idyllisch unter der Schwarzseescharte liegt. Die Markierungen führen noch in die Scharte, das lohnt sich aber nicht. Für den Rückweg bietet sich eine kleine Rundtour an: Kurz unterhalb des Sees nehmen wir dafür den nach links abzweigenden Weg Nr. 28B, der uns über den Kaindlstollen in westlicher Richtung zurück zur Schutzhütte bringt (insgesamt mittelschwer, 1.45 Std., 5 km, 275 Hm).

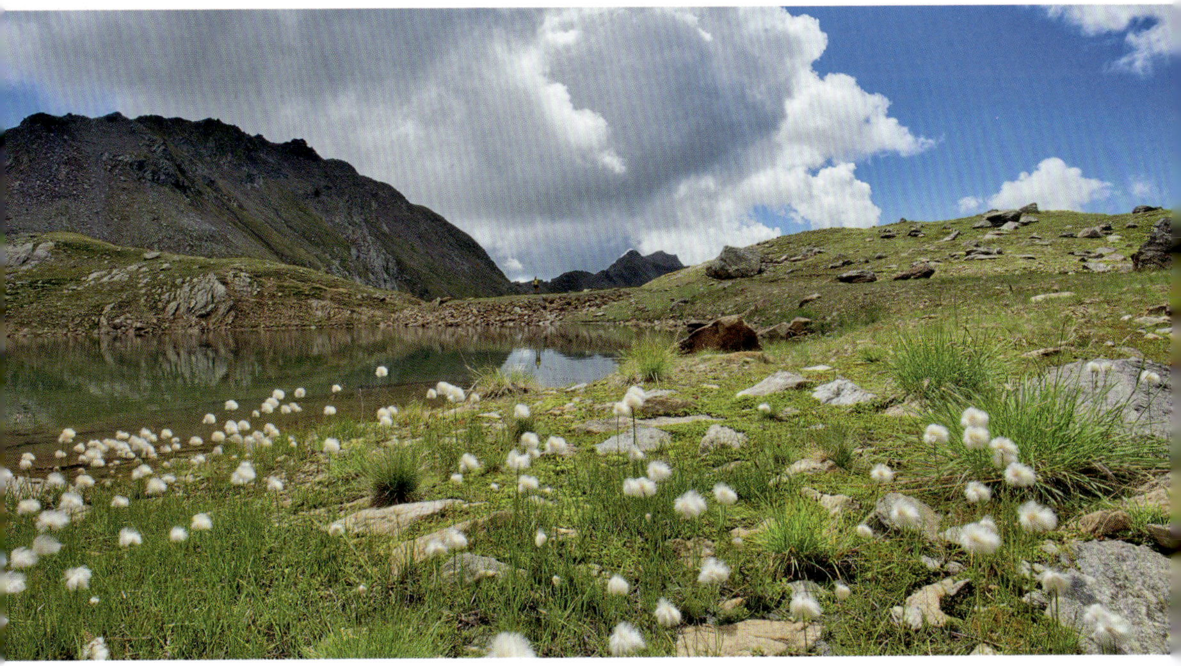

21 Auf den Fleckner am Jaufenpass

Der Gipfel zum »Mitnehmen«

Leicht | 6,5 km | 350 Hm | 2.30 Std.

Tourencharakter
Unkomplizierte Wanderung fast wie auf einem Höhenweg, schmale Bergpfade jenseits der Baumgrenze, ohne technische Schwierigkeiten

Ausgangs-/Endpunkt
Parkplatz Römerkehre am Jaufenpass
GPS 46.838112, 11.296421

Anfahrt
ÖPNV: Der Jaufenpass wird mehrmals täglich sowohl von Meran als auch von Sterzing aus mit Bussen angefahren.
Auto: Von Sterzing Richtung Ridnauntal, dann links zum Jaufenpass, nach der Passhöhe genau in der ersten Serpentine (die sogenannte Römerkehre) bei der Abfahrt ins Passeiertal 200 m auf einer geschotterten Almstraße hinauf zum passabel großen Wanderparkplatz (Achtung auf Gegenverkehr!)

Einkehr
Unterwegs am Ende der Tour die Flecknerhütte (flecknerhuette.bz.it) mit toller Aussicht

Rechte Seite unten: Kleiner Bergsee am Rinner Sattel

Die Eroberung des Fleckners eignet sich besonders gut am Tag der An- oder Abreise nach Meran. Er liegt unweit des Jaufenpasses, ideal um sich die Beine zu vertreten und den Gipfel mit einer kurzen Wanderung »mitzunehmen«. Die grandiose Aussicht ist dabei inklusive.

Alter Verbindungsweg Wir beginnen unsere Tour am Wanderparkplatz der Römerkehre. Für wenige Meter geht es auf der breiten Almstraße nach Westen, dann biegen wir am ersten Viehgatter und dem ersten kleinen Bergtümpel rechts ab und folgen

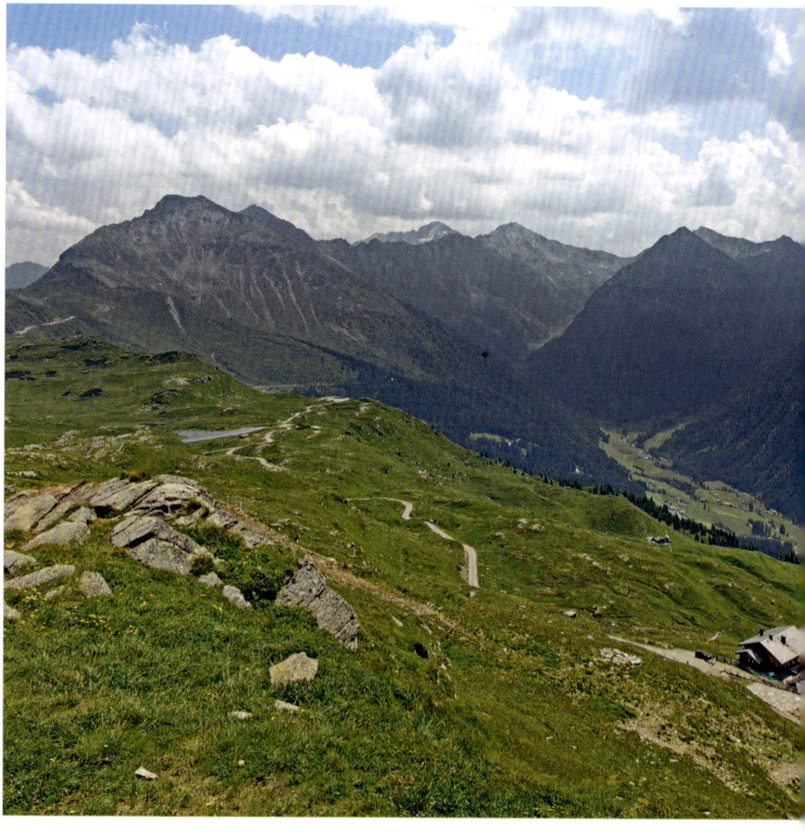

Zur unter uns liegenden Flecknerhütte gelangen wir auf dem Rückweg.

der Beschilderung zum Rinner Sattel (2031 m), den wir schnell an einem Wegkreuz und einem weiteren Viehtritt erreichen. Der Sattel war viele Jahrtausende lang ein wichtiger Übergang zwischen dem Ratschings- und dem Passeiertal, denn das war die kürzeste Verbindung zwischen den ehemaligen wichtigen Tiroler Machtzentren des Landes, Innsbruck und Meran. Heute genießen wir die tolle Aussicht über das Ratschingstal auf die nördlich davon gelegenen Ridnauer und Sterzinger Berge, die sich am Horizont mit den Stubaier Alpen verbinden.

So ein feines Bergpicknick macht glücklich!

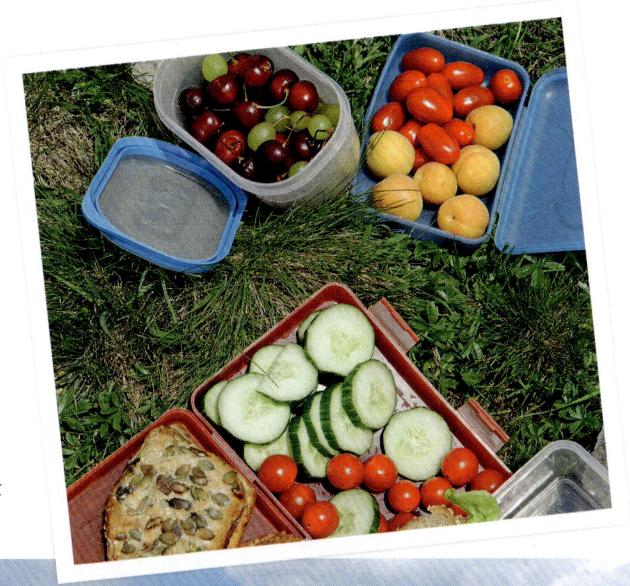

Weiterer Gipfel gefällig? Jetzt geht es für uns nach links am Zaun entlang leicht aufwärts. Der Bergweg ist nicht

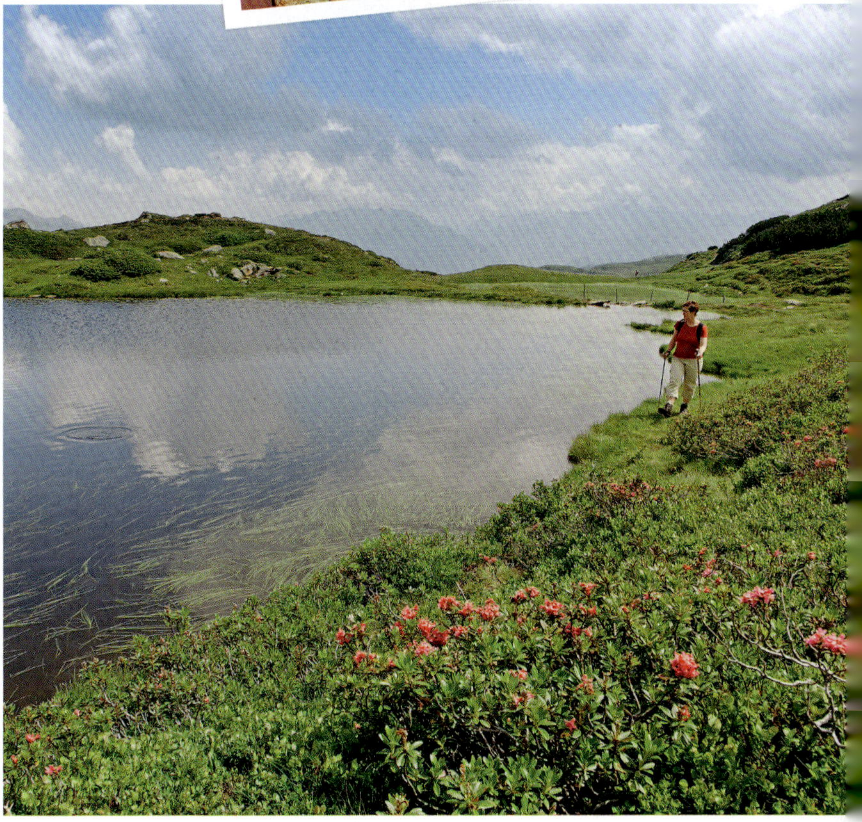

zu steil und wird uns durch die anhaltend schöne Aussicht versüßt. Die Abzweigung nach links zur Flecknerhütte und zum Urweg lassen wir unberücksichtigt und wandern stets in westlicher Richtung auf dem Weg Nr. 12 weiter, der rot-weiß markiert ist. So passieren wir die Bergstation eines Skilifts und ein weiteres idyllisches Wasserauge. Rechts von uns liegt der Fasnachter (2268 m), den wir nach Lust und Laune ebenfalls über seine grasbewachsene Flanke mitnehmen könnten.

Pause am Fleckner

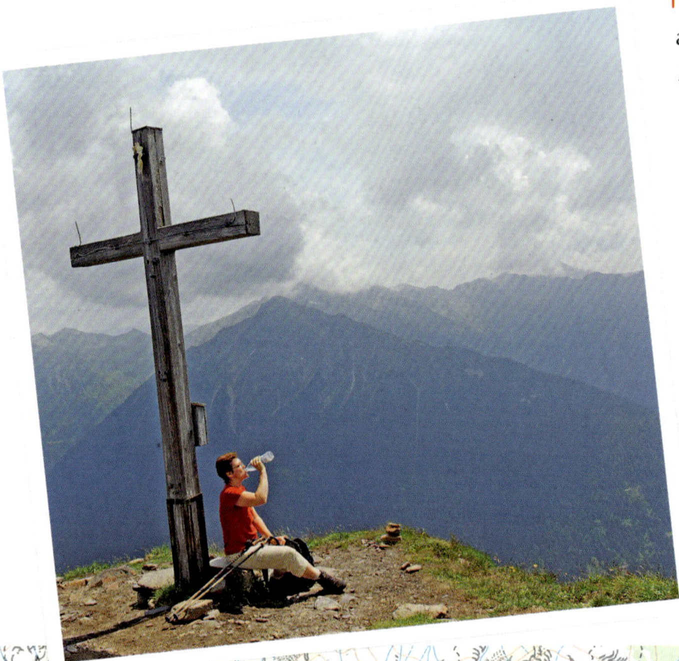

Fleckner und Flecknerhütte Aber auch zu unserem eigentlichen Ziel ist es nicht mehr weit. Direkt vor uns sehen wir bereits das Gipfelkreuz des Fleckners über der Almwiese. Der bequemere Aufstieg führt zunächst entlang der Hangnordseite unter dem Kreuz vorbei, dann sind es nur noch wenige Schritte und wir stehen auf dem grasbewachsenen Gipfelplateau (2331 m) unter dem großen hölzernen Kreuz und genießen die wirklich fantastische Aussicht.

Für den Rückweg wandern wir zunächst noch eine Weile

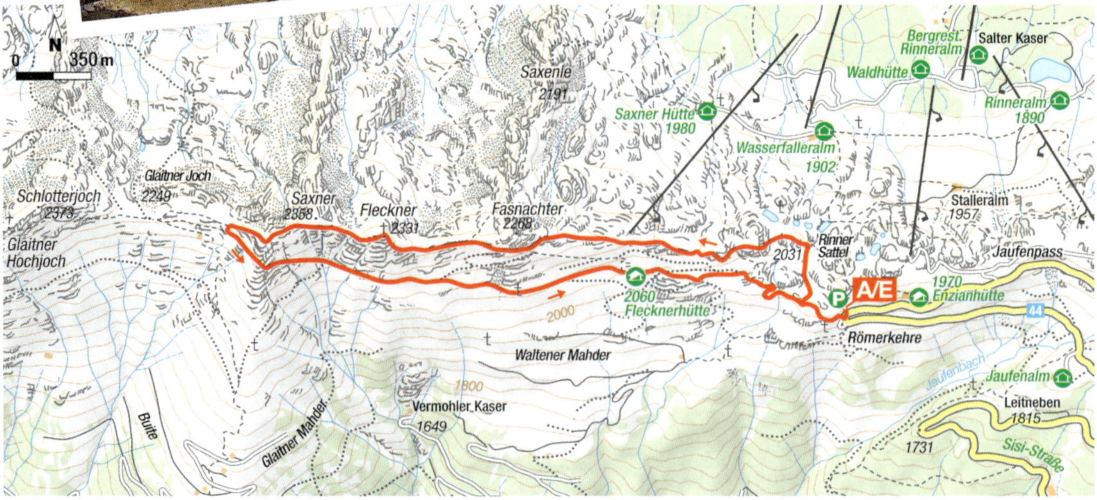

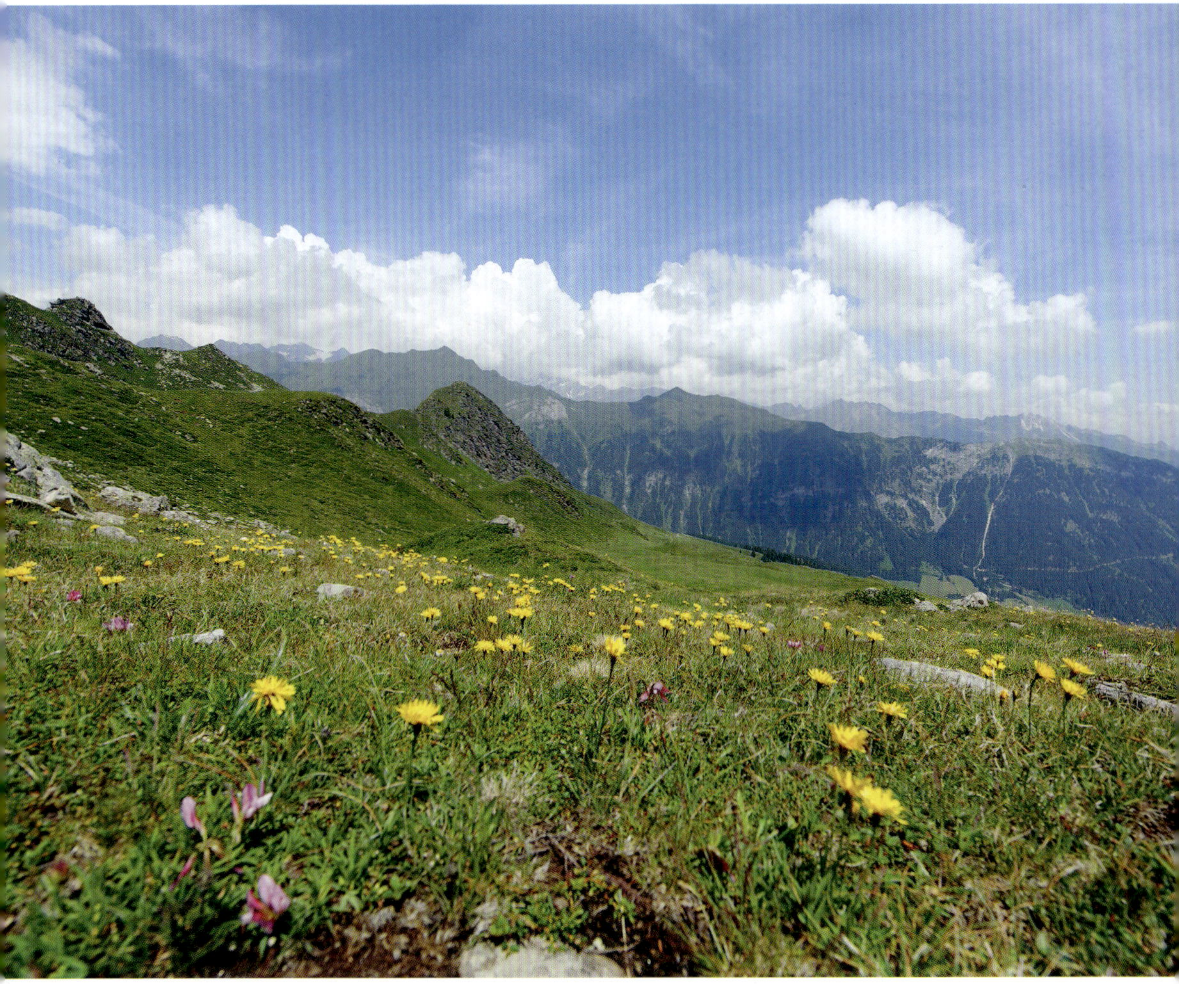

Im Juni beginnt die Blüte der Bergwiesen.

auf dem schmalen Bergpfad weiter in westliche Richtung. Ein gutes Stück tiefer gelegen sehen wir unter uns den Rückweg, den wir aber über den steilen Hang nicht direkt erreichen können. Schließlich nähern sich die beiden Pfade an, und wir können links über eine Spitzkehre auf den eigentlichen Rückweg stoßen. Nun wandern wir auf dem Pfad Nr. 12A in östlicher Richtung über Wiesenhänge zurück. Diesmal haben wir vor allem die Berge der Sarntaler Alpen im Blick, die gleich jenseits der Jaufenpassstraße beginnen. Kurz vor der Flecknerhütte verbreitert sich unser Weg zu einer Almstraße, und wir freuen uns nun über eine Pause auf der windgeschützten Sonnenterasse der Flecknerhütte (2100 m). Von hier sind es nun nur noch 15 Minuten bis zurück zu unserem Startpunkt an der Römerkehre.

22 Panoramarunde am Hirzer

Almenglück in den Sarntaler Alpen

Leicht | 4,5 km | 150 Hm | 1.45 Std.

Tourencharakter
Gemütliche Rundtour auf Wanderwegen und Pfaden mit wenigen Steigungen

Ausgangs-/Endpunkt
Talstation der Hirzerseilbahn (hirzer.info) in Saltaus
GPS 46.728864, 11.200039

Anfahrt
ÖPNV: Von Meran mit Bus 240 ins Passeiertal bis Haltestelle Saltaus direkt an der Bergbahn
Auto: Von Meran ins Passeiertal und bis Saltaus, Parkplätze an der Bergbahn

Einkehr
Unterwegs mehrere Berggasthäuser und Almen, z. B. Staffelalm (unterkirnhof.com), Tallner Alm, Resegger Alm (resegger-alm.com), Hirzerhütte (hirzerhuette.com), Gasthof Klammeben (neben der Bergstation)

Rechte Seite oben: Die Tallner Alm

Rechte Seite unten: So gut schmecken Rahmschwammerl mit Semmelknödeln!

Zur gemütlichen Wanderung gesellen sich ein fantastisches Panorama und jede Menge urige Einkehrmöglichkeiten unter dem Hirzer. Den Gipfel selbst lassen wir dabei aus, uns reicht der hervorragend angelegte Almweg, der sich auch gut für Familien mit Kindern oder Senioren anbietet.

Fünf-Sterne-Erlebnis Für diese Wanderung gönnen wir uns die Auffahrt mit der Hirzerseilbahn, die uns anstrengende 1500 Höhenmeter Aufstieg erspart. Auf halber Strecke müssen wir sogar einmal umsteigen – das merken wir uns schon mal für den Rückweg vor, denn die Mittelstation liegt auf 1400 Metern Höhe am kleinen Bergbauerndorf Prenn, das wir uns später noch anschauen können. Vorerst schweben wir gemütlich hinauf und haben an der Bergstation die Baumgrenze erreicht. Die Aussicht von hier oben ist das reinste Vergnügen: Im Westen liegen die

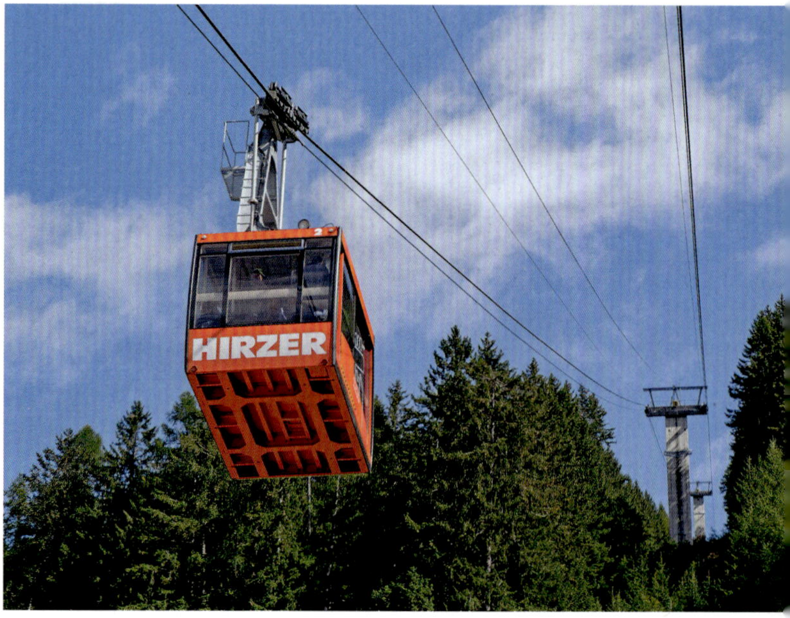

Die Hirzerseilbahn befördert uns bequem auf 1976 Meter Höhe.

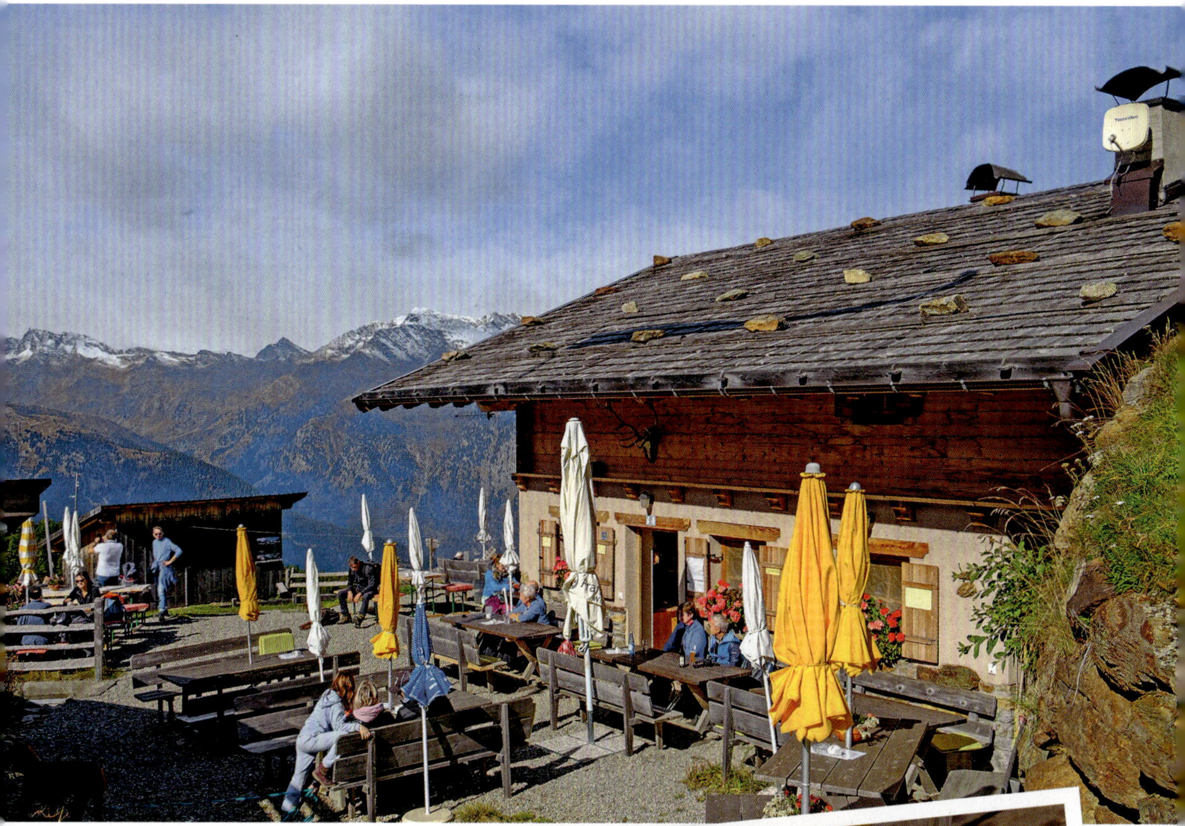

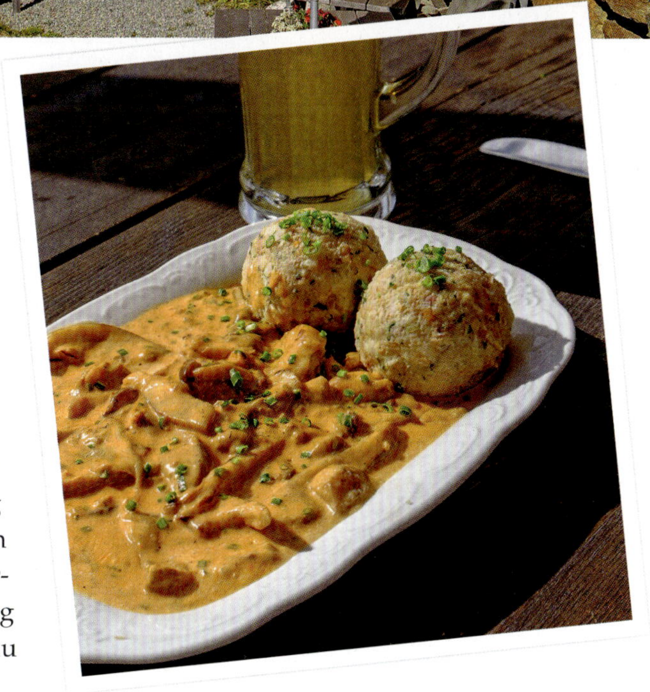

Ötztaler Alpen, im Tal blicken wir auf Meran und den Vinschgau, im Süden erheben sich die Berge des Ultentals, und gen Osten sehen wir hoch über unseren Köpfen den Hirzergipfel, der bereits zu den Sarntaler Alpen gehört. Den wollen wir für heute aber ganz beruhigt den sportlich fitten Bergsteigern überlassen. Zunächst werfen wir einen Blick in den Alpenblumengarten neben der Bergstation, dann folgen wir dem Weg in entgegengesetzter Richtung, also gen Süden; er ist mit »Staffel/Nr. 40« markiert und verläuft fast eben am Hang entlang. Wobei er, wenn man es genau nimmt, sogar etwas abwärtsführt.

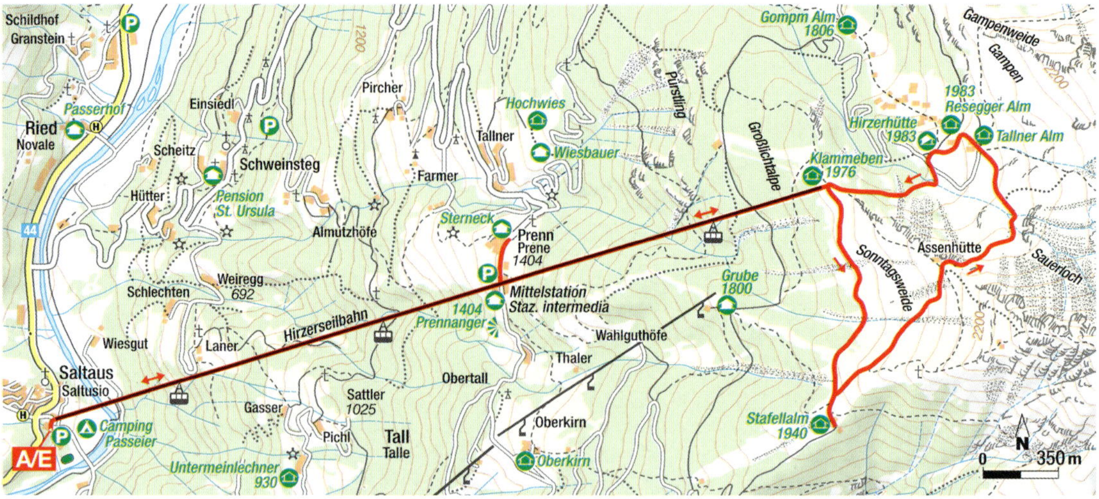
Schildhof
Granstein
Ried
Novale
Passerhof
Einsiedl
Scheitz
Schweinsteg
Pension
St. Ursula
Hütter
Pircher
Farmer
Tallner
Hochwies
Wiesbauer
Almutzhöfe
Sterneck
Prenn
Prene
1404
Mittelstation
Staz. intermedia
1404
Prennanger
Schlechten
Weiregg
692
Wiesgut
Laner
Hirzerseilbahn
Saltaus
Saltusio
Camping
Passeier
Gasser
Sattler
1025
Pichl
Tall
Talle
Obertall
Thaler
Wahlguthöfe
Oberkirn
Oberkirn
Untermeinlechner
930
Gompm Alm
1806
Pursting
Großlichtalpe
Klammeben
1976
Grube
1800
Sonntagsweide
Assenhütte
Stafellalm
1940
Gampenweide
Gampen
1983
Resegger Alm
Hirzerhütte
1983
Tallner Alm
Sauerloch
A/E
0
350 m
N

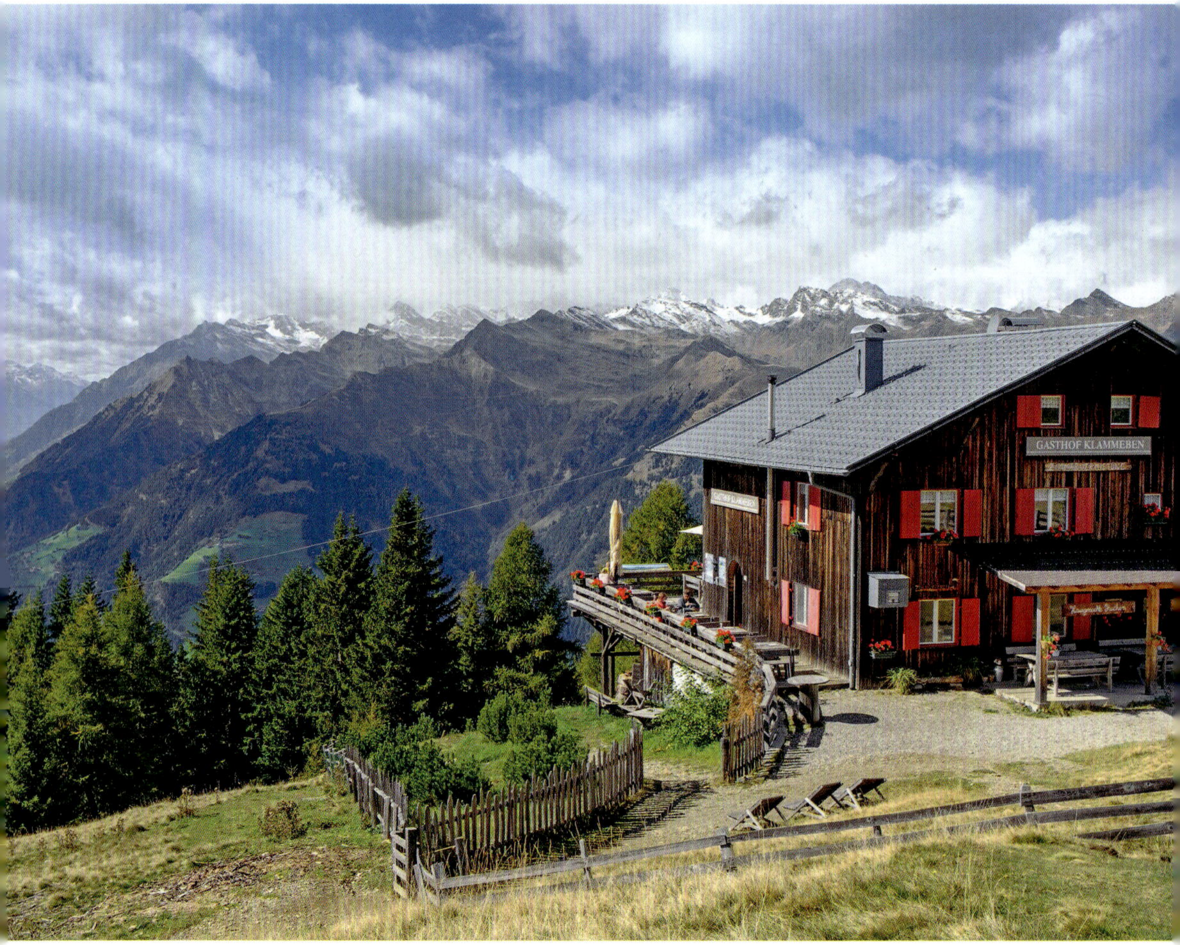
GASTHOF KLAMMEBEN

Zum Tallner Almboden Das Panorama verwöhnt uns die gesamte Strecke über, und so erreichen wir schnell die Staffelalm (1970 m), wo wir eine erste Einkehr in Erwägung ziehen können. Wobei wir uns den kulinarischen Genuss eigentlich erst noch verdienen müssen und deshalb oberhalb der Staffelalm den Aufstieg Richtung Tallner-Alm-Kaser in Angriff nehmen. Jetzt sind wir auf dem Almweg unterwegs und steigen auf einem steinigen Pfad aufwärts. Er führt über die Sonntagsweide wieder in nördliche Richtung zurück und teilt sich dann an einigen Felsen, wo wir den höchsten Punkt (2109 Hm) unserer Wanderung erreicht haben. Tief unter uns liegt in einem weiten Kessel der Tallner Almboden mit mehreren Hütten, und hoch über unseren Köpfen sehen wir den felsigen Gipfelaufbau des Hönigs und des Hirzers. An ihrer Flanke steigen wir nun zu den grünen Wiesen hinab, wo wir gleich zwischen drei Einkehrmöglichkeiten wählen können.

Kleiner Alpingarten neben der Bergstation

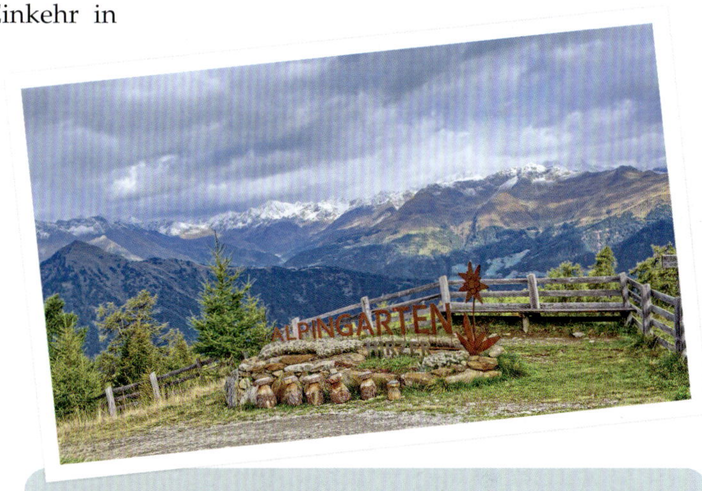

Auf den Hirzer

Mit seinen 2781 m ist der Hirzer die höchste Erhebung in den Sarntaler Alpen. Der Gebirgszug trennt das Passeier- vom Eisacktal, das wiederum durch das Sarntal in zwei Hälften geteilt wird. Wer den Hirzer bezwingen möchte, sollte möglichst früh aufsteigen, denn die knapp 900 Hm müssen ohne Schattenmöglichkeit bewältigt werden. Hinter der Tallner Alm beginnt der Aufstieg über den Gebirgsjägersteig zur Oberen Scharte, die zwischen Hönig und Hirzer liegt. Zum Finale geht es über den Grat zum Gipfel, wofür Schwindelfreiheit notwendig ist. Trittsicherheit ist bei dem gerölligen Untergrund immer wichtig (insgesamt 5.30 Std., 6 km, 900 Hm).

Hirzerhütte und Prenn Für den Rückweg wandern wir dann an der Hirzerhütte (1983 m) vorbei und folgen der kleinen Almstraße nach links. Sie führt zunächst leicht bergab und dann wieder aufwärts durch zwei Felsen durch zur Bergstation zurück. Hier steigen wir nur noch in die Bahn ein und schweben Richtung Tal hinab, wobei wir an den Besuch des netten Weilers Prenn mit seiner hübschen Kirche und der Jausenstation Zum Gustl erinnern wollen – mit dem Ticket können wir ohne Weiteres die Fahrt unterbrechen und alsdann mit einer späteren Gondel abfahren.

Linke Seite: Berggasthof Klammeben

23 Am Maiser Waalweg

Wälder, Obstbauanlagen und noble Villenviertel

Leicht | 9 km | ↑100 ↓ 250 Hm | 3 Std.

Tourencharakter
Gemütliche Streckenwanderung mit meist leichtem Gefälle entlang des Waals. Der Weg ist stellenweise etwas schmal, es gibt auch kleinere Wurzeln und Unebenheiten.

Ausgangspunkt
Talstation der Hirzerseilbahn (hirzer.info) in Saltaus
GPS 46.728864, 11.200039

Endpunkt
Meran
GPS 46.671597, 11.169282 (Meran/Steinerner Steg)

Anfahrt
ÖPNV: Von Meran mit Bus 240 ins Passeiertal bis Haltestelle Saltaus direkt an der Bergbahn
Auto: Von Meran ins Passeiertal und bis Saltaus, Parkplätze an der Bergbahn. Rückfahrt von Meran mit dem Bus (am besten von der Haltstelle Georgenstraße)

Einkehr
Am Ende der Wanderung gibt es den kleinen Ausschank »Rast am Waal«, der jedoch nicht immer geöffnet hat. Viele Möglichkeiten in Meran

Waalwege gibt es in Südtirol zwar viele, doch gilt der Maiser Waalweg als einer der schönsten. Begleitet vom Wasser, wandern wir durch dichte Vegetation, in der Sonnenstrahlen das Grün aufleuchten lassen – ein wirklich zauberhafter und noch dazu wenig bekannter Weg.

Ein Waal nimmt Fahrt auf Startplatz ist die Talstation der Hirzerseilbahn. Für uns geht es gleich abwärts entlang der kleinen Straße, die hinunter zur Passer führt. Der Fluss, die Lebensader der Stadt Meran, entspringt aus mehreren Quellbächen unterhalb des Timmelsjochs und durchfließt das Passeiertal. Ein Blick von der Brücke nach links zeigt uns auch den Beginn des Maiser Waals: In einem künstlich angelegten Kanal wird von der Passer ein Teil ihres Wassers für den Waal abgezweigt; es fließt mit weniger starkem Gefälle durch die künstlich angelegten Rin-

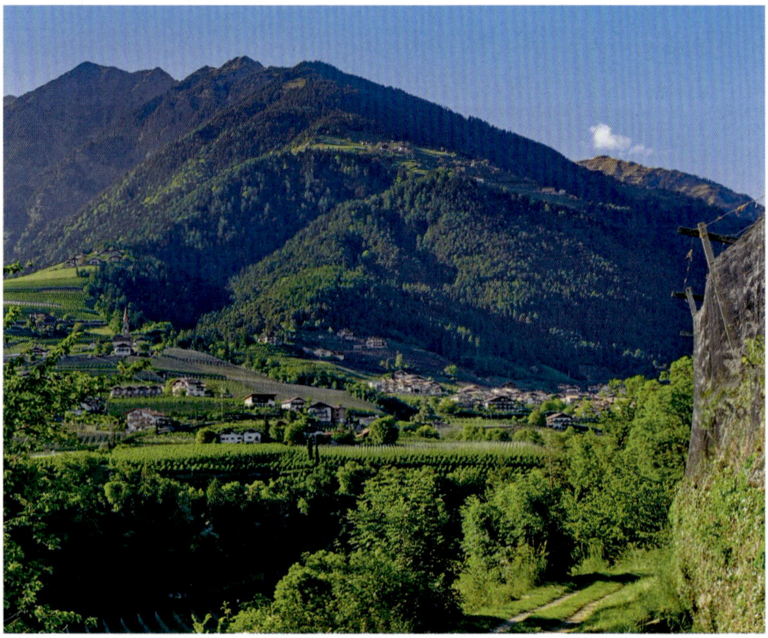

Zum Finale erfreuen uns die schönen Ausblicke auf das Passeier Tal und das Meraner Becken.

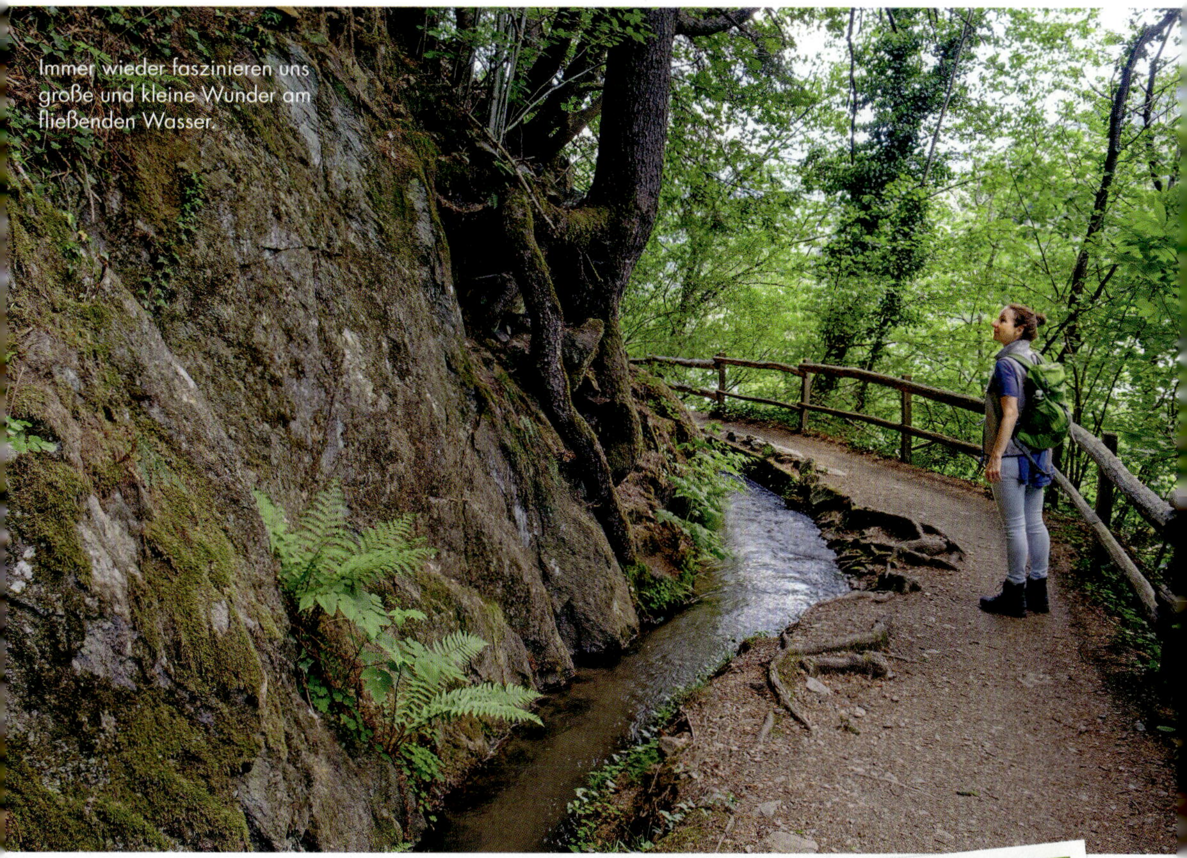

Immer wieder faszinieren uns große und kleine Wunder am fließenden Wasser.

nen, um die Felder entlang des Tals zu bewässern.
Nach der Brücke folgen wir der Beschilderung Richtung Apfelhotel, der Maiser Waalweg ist hier ebenfalls schon markiert. Anfangs verschwindet der Waal noch für ein paar Hundert Meter unter die Erde, aber kaum haben wir das große Apfelhotel passiert, wandern wir zwischen den Apfelplantagen und dem kleinen Bachlauf entlang. Kurz darauf queren wir den Masulbach, wo wir den Waal nochmals kurz aus den Augen verlieren. Nach einem Apfelfeld öffnet er sich jedoch wieder, und ab jetzt heißt es wirklich: Wasser marsch!

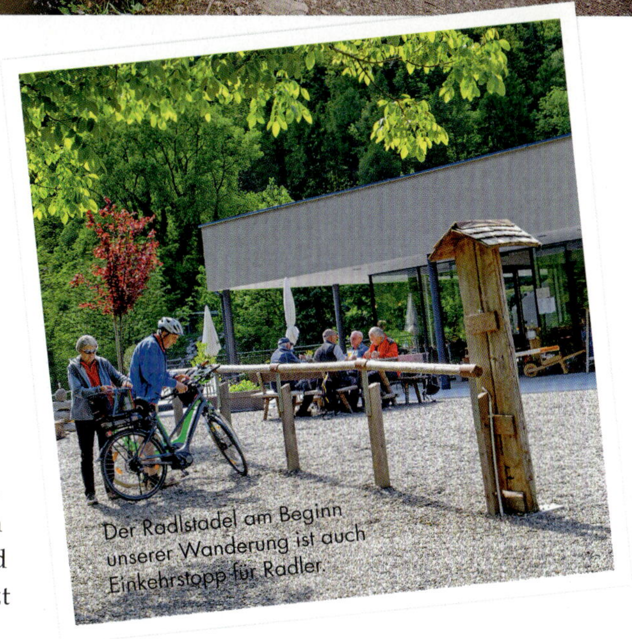

Der Radlstadel am Beginn unserer Wanderung ist auch Einkehrstopp für Radler.

Genuss pur Der Waal und die Beschilderung »Maiser Waalweg/Meran« zeigen uns die Richtung. An einigen wenigen Stellen ist der Bachlauf begradigt, und das Wasser grummelt in einem betonierten Bachbett vor sich hin. Ansonsten geben Steine, Felsen oder der Berghang den Lauf vor. Unabhängig vom Waal fließt auf unserer rechten Seite der große Fluss Passer, der sich, je weiter wir wandern, umso tiefer absenkt. Langsam wird die Vegetation dichter, Farne und Efeu säumen den Wasserlauf und hohe Kastanienbäume, Eichen, Buchen und vereinzelte Kiefern spenden Schatten. An einigen markanten Stellen sind Infotafeln angebracht, die uns die Flur- und Ortsnamen erklären.

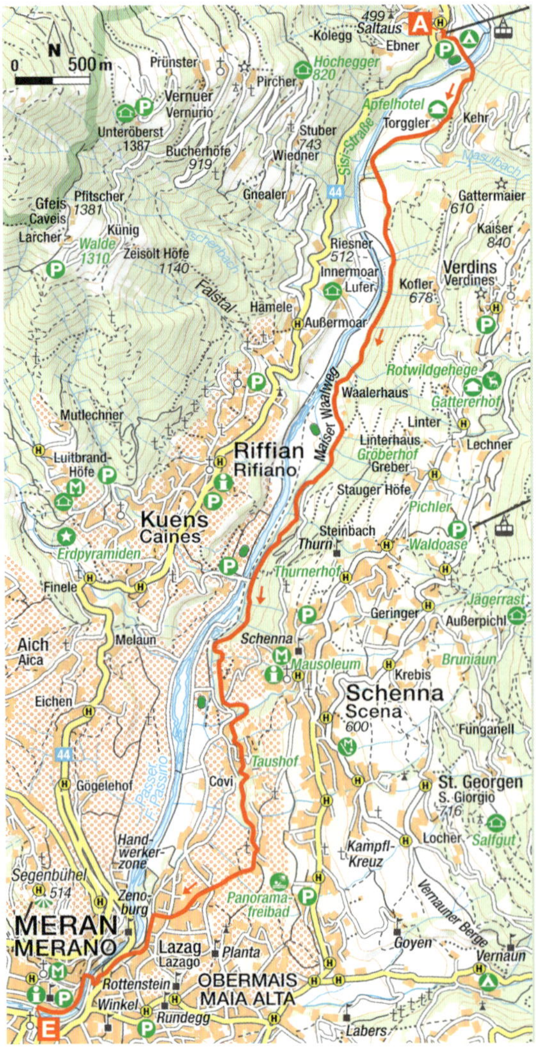

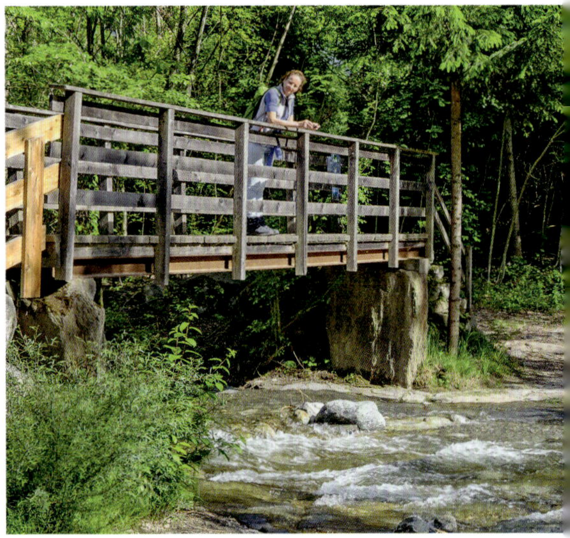

Mitte: Im ersten Drittel der Wanderung queren wir den Masulbach.

Schließlich erreichen wir das Waalerhaus, dumpf und gleichmäßig schlägt die Waalglocke den Takt und zeigt akustisch an, dass das Wasser seinen rechten Lauf nimmt. Weiter in Wanderrichtung genießen wir den Ausblick auf die nördliche Passeiertalseite, nach Riffian und langsam auch hinauf zum Dorf Tirol. Wir ignorieren im Folgenden alle Abzweigungen, dann wird der Weg sogar noch etwas urtümlicher, ehe er sich sanft unterhalb der ersten Villen von Schenna durch die Weinberge schlängelt. Wir queren eine Straße, und auf den letzten Metern führt der

Waalweg schließlich noch einmal an Felsen und einem Wasserfall vorbei.

Durch Obermais Schließlich erreichen wir am Buschenschank »Rast am Waal« zwar das Ende des Wegs, aber noch nicht unserer Wanderung. An der Vorderseite des wunderschönen Sonnwendhofs spazieren wir vorbei, und auch wenn der Weg über Privatgrund führt, befinden wir uns hier auf dem offiziellen Wanderweg. Imposant sind die großen und mächtigen Bäume auf dem Hof, vor allem die große Zeder, ein herrliches Naturdenkmal. Hier müssen wir uns nun für den Rückweg entschei-

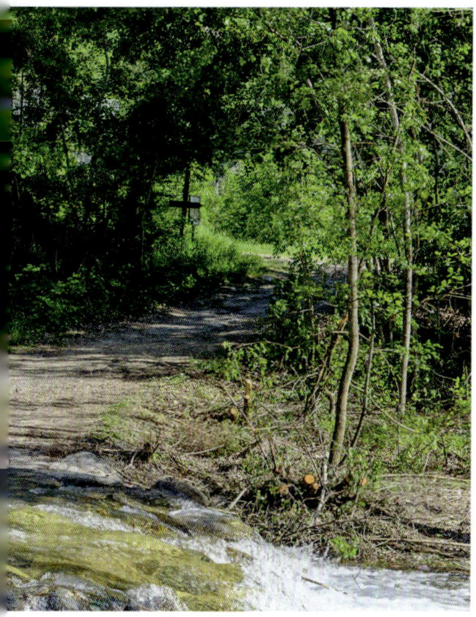

Obermais

Der Ort ist als Villenviertel von Meran bekannt – zahlreiche alte Ansitze, Schlösser und prächtige Villen, umgeben von großzügigen Gärten und Parkanlagen, säumen die Straßen. Das heute berühmteste Schloss Trauttmannsdorff beherbergte schon Sisi, die Kaiserin von Österreich, wenn sie zur Kur in Meran weilte. Es liegt inmitten der botanischen Gärten von Schloss Trauttmansdorff, 2001 eröffnet und mittlerweile eines der Top-Ausflugsziele in Südtirol. Das Zentrum von Obermais befindet sich rund um den Brunnenplatz, dem offiziellen Ende des Maiser Waalwegs.

den: Entweder queren wir an der Zeder geradeaus die Straße, setzen unsere Tour auf dem Maiser Waalweg weiter fort und erreichen so, vorbei am imposanten Schloss Planta, den Ort Obermais (s. Kasten), von wo wir mit dem Bus zurückfahren.
Alternativ halten wir uns rechts und steigen über die Pflanzensteinstraße abwärts. An ihrem Ende, an der Straßenkreuzung, die in der Mitte mit einem Baum, Brunnen und Wegkreuz geschmückt ist, folgen wir rechts der Beschilderung Richtung Meran. Wenige Meter später geht es links auf den Lazagsteig, der oberhalb der Passer verläuft. Ohne jeglichen Verkehr kommen wir so durch eine Unterführung zur Sommer- und zur Winterpromenade unweit der alten Brücke, dem Steinernen Steg, von dem wir zurück in die Altstadt gelangen.

24 Am Kuenser Waalweg

Idyllische Wanderung für Naturliebhaber

Mittel	8,9 km	↑470 ↓400 Hm	3.30 Std.

Tourencharakter
Teils breite Wege, teils schmale Steige, insgesamt aber nicht besonders schwierig

Ausgangspunkt
Bushaltestelle in Riffian
GPS 46.702114, 11.180617

Endpunkt
Bushaltestelle in Dorf Tirol
GPS 46.691575, 11.154594

Anfahrt
ÖPNV: Mit Bus 240 von Meran nach Riffian; zurück vom Dorf Tirol mit Bus 221 nach Meran
Auto: Eine Anfahrt von Meran ist mit dem Auto nicht sinnvoll.

Einkehr
Abstecher zum Gasthaus Longfall, ansonsten im Dorf Tirol

Der Kuenser Waalweg ist in der umtriebigen Region rund um Meran noch eher unbekannt: Auf einer idyllischen Weganlage ins Spronser Tal führend, folgt man auf gemütlichen Wegen dem Verlauf des Wassers und genießt dabei herrliche Ausblicke auf die gegenüberliegende Talseite.

Steiler Beginn Von der Bushaltestelle in Riffian folgen wir dem Wegweiser Richtung Waalweg und steigen steil zwischen den Häusern hindurch und über die freien Hänge hinauf zum schattigen Waalweg. Auf diesem gehen wir nach links und genießen bald eine schöne Aussicht auf die gegenüberliegenden Berghänge. Hier befindet sich auch eine Bank, um die Aussicht zu genießen und ein wenig zu verschnaufen. Wir erreichen einen Hof und gelangen auf eine Teerstraße, die uns mit einer Rechtskurve zu einem kleinen Tälchen bringt. Hier heißt es aufpassen: Die Meraner Waalrunde führt links auf der Fahrstraße weiter – wir verlassen diese aber und folgen dem Weg mit der Markierung Nr. 21 aufwärts. Der Steig führt durch ein dicht bewaldetes Tälchen und wird dabei immer steiler.

Am Tappeinerweg

Eine der schönsten Höhenpromenaden Europas führt von Meran hinauf zum Dorf Tirol: Auf dem Tappeinerweg (siehe Tour 2) wandern wir durch eine wunderbare mediterrane Landschaft mit Pinien, Himalayazedern, Korkeichen, Ölbäumen, Eukalyptusbäumen, Bambusarten, Magnolien, Agaven, Aloen und Feigenkakteen. Vom Dorf Tirol spazieren wir am Schloss Tirol vorbei ins kleine benachbarte Gratsch, wo der Tappeinerweg aussichtsreich und mit zahlreichen Bänken, Restaurants und Cafés bestückt zurück nach Meran führt.

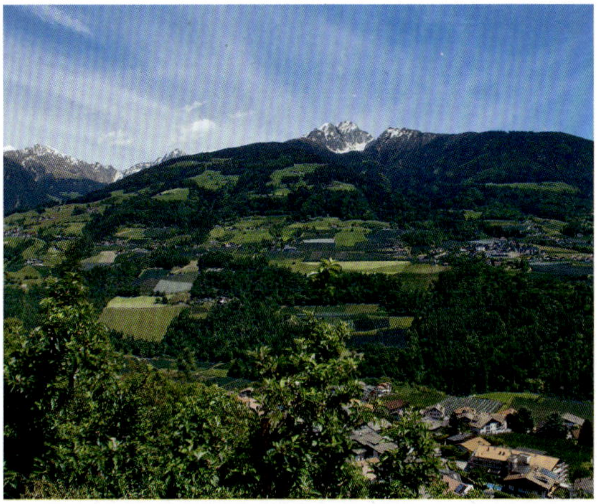

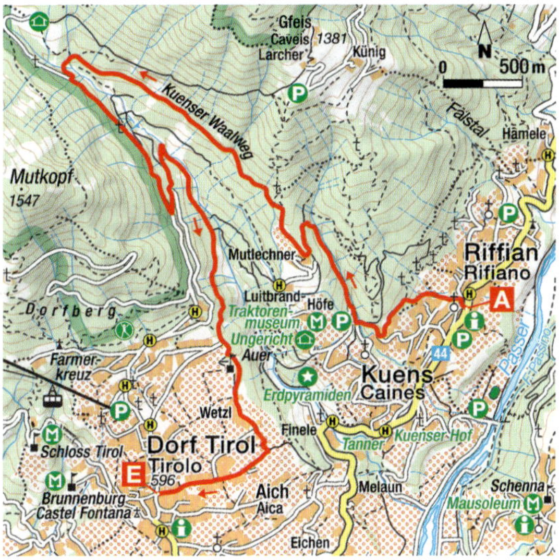

Oben: Blick auf Riffian

Romantischer Waalweg Wir kommen zu einer Schotterstraße und gehen auf dieser nach links bis zum Hof Mutlechner. Rechts daneben führen Treppenstufen in Richtung Kuenser Waal. Wir passieren eine Bank und ein Wegkreuz, wo sich eine erste Pausenmöglichkeit bietet, garniert mit einem tollen Blick auf die Umgebung. Nach einem Wasserhäuschen erreichen wir schließlich den Waalweg, der uns nun durchaus romantisch am Hang entlangführt. Felsen säumen den Weg, neben dem das Wasser des Waals fröhlich dahinplätschert, und immer wieder geben die Bäume den Blick auf die Umgebung frei. Mehrere Bänke bieten sich für eine Rast an.

Am Ende bringt uns der Weg leicht abwärts zu einer Wegkreuzung an einer Brücke, unter der recht eindrucksvoll das Wasser des Spronser Bachs durchrauscht. Wer eine Einkehrmöglichkeit sucht, kann von hier in 15 Minuten zum Gasthaus Longfall hinaufwandern.

Nach Dorf Tirol Ansonsten gehen wir über die Brücke und treffen auf eine Schotterstraße, der wir in Richtung Dorf Tirol folgen. Die erste Abzweigung des unteren Kuenser Waals ignorieren wir und halten uns dann bei der zweiten Abzweigung links. Der Weg wird bald zu einem schmalen Steig, der uns hinunter zu einem eindrucksvollen Wasserfall bringt. Talauswärts geht es nun oberhalb des tosenden Wassers entlang bis zu einer Wegteilung, wo wir den rechten Weg (Nr. 9) nehmen, der leicht bergauf führt. Nun wandern wir immer geradeaus bis zum Schloss Auer aus dem 13. Jahrhundert, in dem heute Ferienwohnungen untergebracht sind. Weiterhin folgen wir geradeaus dem Weg Nr. 9, bis er nach rechts abzweigt. Inzwischen sind wir aber nicht mehr auf einem Weg unterwegs, sondern auf einer Straße, auf der wir die Ortsmitte vom Dorf Tirol erreichen. Von hier fahren wir mit dem Bus zurück nach Meran.

25 Zum Knottnkino

Aussichtsplatz bei Vöran

Leicht	3,3 km	150 Hm	1.30 Std.

Tourencharakter
Einfache, gut zu begehende Wege

Ausgangs-/Endpunkt
Gasthof Alpenrose bei Vöran
GPS 46.625717, 11.210811

Anfahrt
ÖPNV: Von Meran mit Bus 204 über Hafling nach Vöran
Auto: Mit dem Auto von Meran nach Hafling und weiter in Richtung Vöran

Einkehr
Mehrere Einkehrmöglichkeiten unterwegs (z. B. Leadner Alm, leadner-alm.com) und in Vöran

Auf einem Aussichtspunkt oberhalb von Vöran wurden 30 Kinosessel aus Stahl und Kastanienholz installiert – hier kann man sich nach einer Wanderung gemütlich hinsetzen und das natürliche Panoramakino ringsum genießen. Besonders bei Sonnenuntergang ist die Stimmung an diesem fantastischen Ort sehr idyllisch.

Am Tschögglberg Der Südtiroler Tschögglberg wurde vor Millionen Jahren aus Lava und Asche geformt, und es entstanden die weinroten Kuppen, die einmalig sind in Südtirol. Die drei Kuppen Rotstein, Beimstein und Timpfler Knott können auf ei-

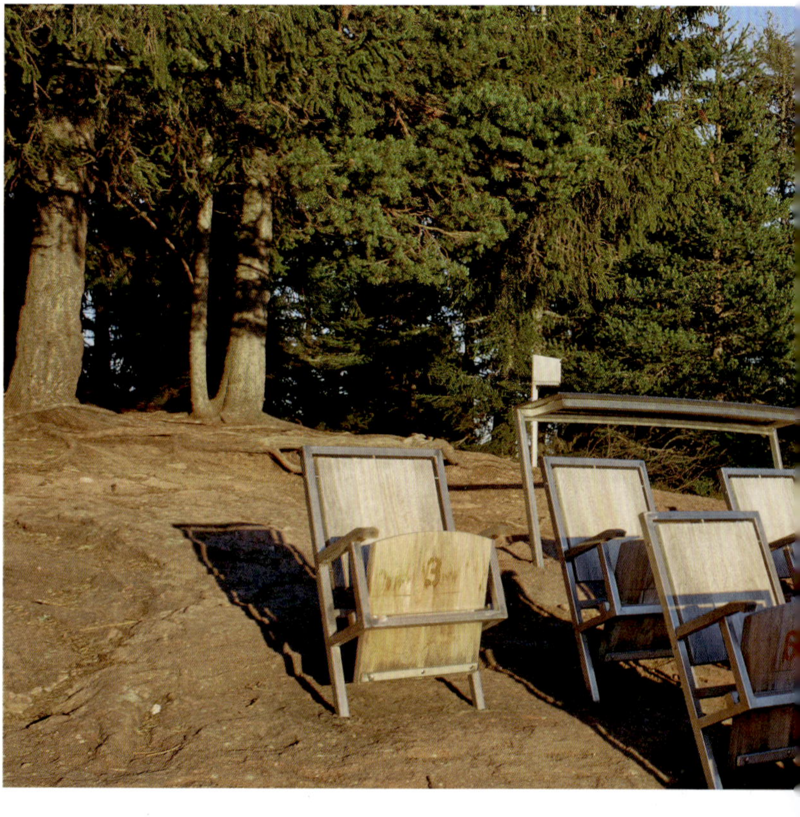

Bitte Platz nehmen: am Knottnkino.

ner schönen Rundwanderung von Vöran aus besucht werden. Das Knottnkino (1465 m) befindet sich auf der Kuppe des Rotsteins oberhalb von Vöran; es wurde im Jahr 2000 vom Künstler Franz Messner aus Klobenstein geschaffen. Die Aussicht von hier ist wirklich gigantisch: Man überblickt das gesamte Etschtal vom Penegal bis zu den eindrucksvollen Bergspitzen der Texelgruppe, und bei klarer Sicht kann man auch die Felszinnen der Dolomiten sehen. Auf diesem sonnigen Platz kann man stundenlang sitzen und die unterschiedlichen Lichtverhältnisse und Stimmungen beobachten. Besonders schön ist es, wenn die Sonne untergeht und hinter den Bergspitzen verschwindet – dann entwickelt dieser Ort eine fast schon magische Wirkung.

Unten: Blick zu den Dolomiten

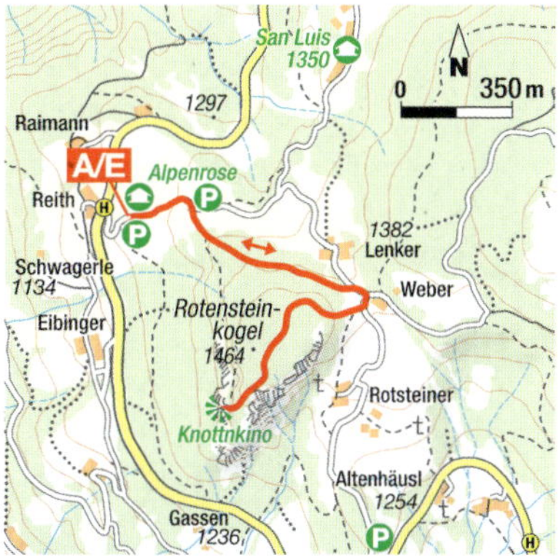

Aufstiegsvarianten zum Knottnkino Der schnellste Weg zum Naturkino auf dem Rotstein führt vom Gasthaus Alpenrose hinauf. Vom Parkplatz folgen wir kurz der Straße und biegen dann nach rechts auf den Weg Nr. 11

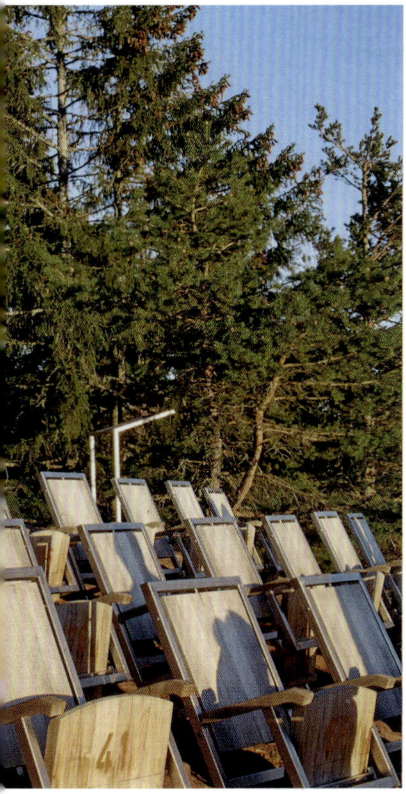

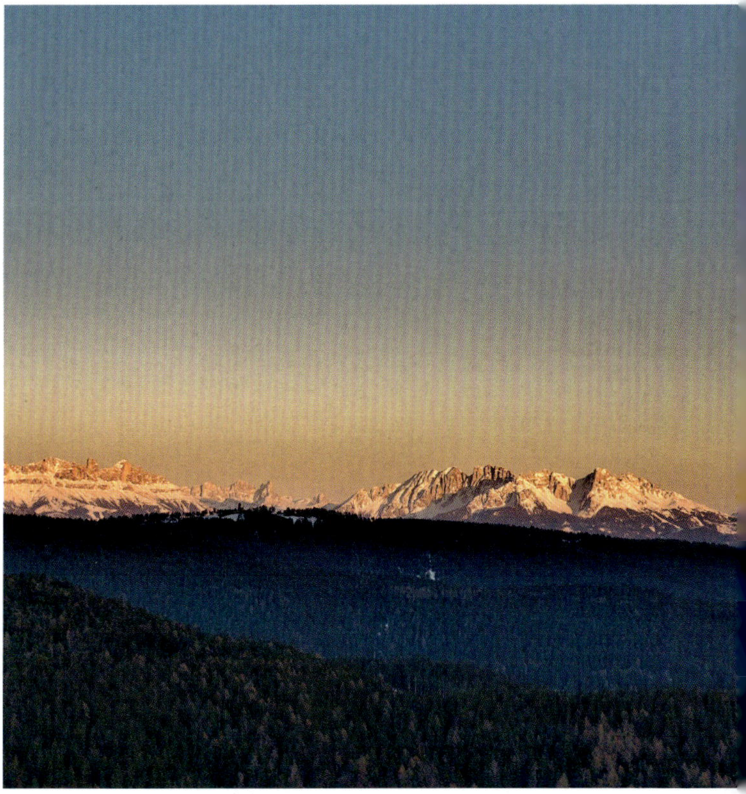

Neue Rundwanderung

Auf einer neuen Rundwanderungsmöglichkeit können wir alle drei Felskuppen in der Umgebung von Vöran erwandern: Von der Ortsmitte wandern wir zuerst hinauf zum Knottnkino auf dem Rotsteinkogel, danach geht es über den Schützenbrünnlweg zum Beimstein – auch hier wurden inzwischen Kinostühle installiert, die zu einer großartigen Aussichtspause einladen. Vom Beimstein bringt uns der Wanderweg zum Timpfler, dem dritten wunderbaren Aussichtspunkt auf dieser Runde. Danach spazieren wir gemütlich zurück zum Ausgangspunkt (insgesamt 4 Std., 11,7 km, 470 Hm).

ab, der uns hinauf in den Wald bringt. Durch diesen queren wir hinüber zu einem Sattel bei einem Bauernhof, wo nach rechts der Steig zum Knottnkino abzweigt. Durch den Wald steigen wir bergan zum Kopf des Rotsteins, vorbei an einem Kreuz mit Bank und einem tollen Ausblick, und weiter bis zu den Kinostühlen des Knottnkinos. Für den Anstieg benötigt man ungefähr eine Stunde.
Nicht viel weiter ist der Weg von der Ostseite des Rotstein-

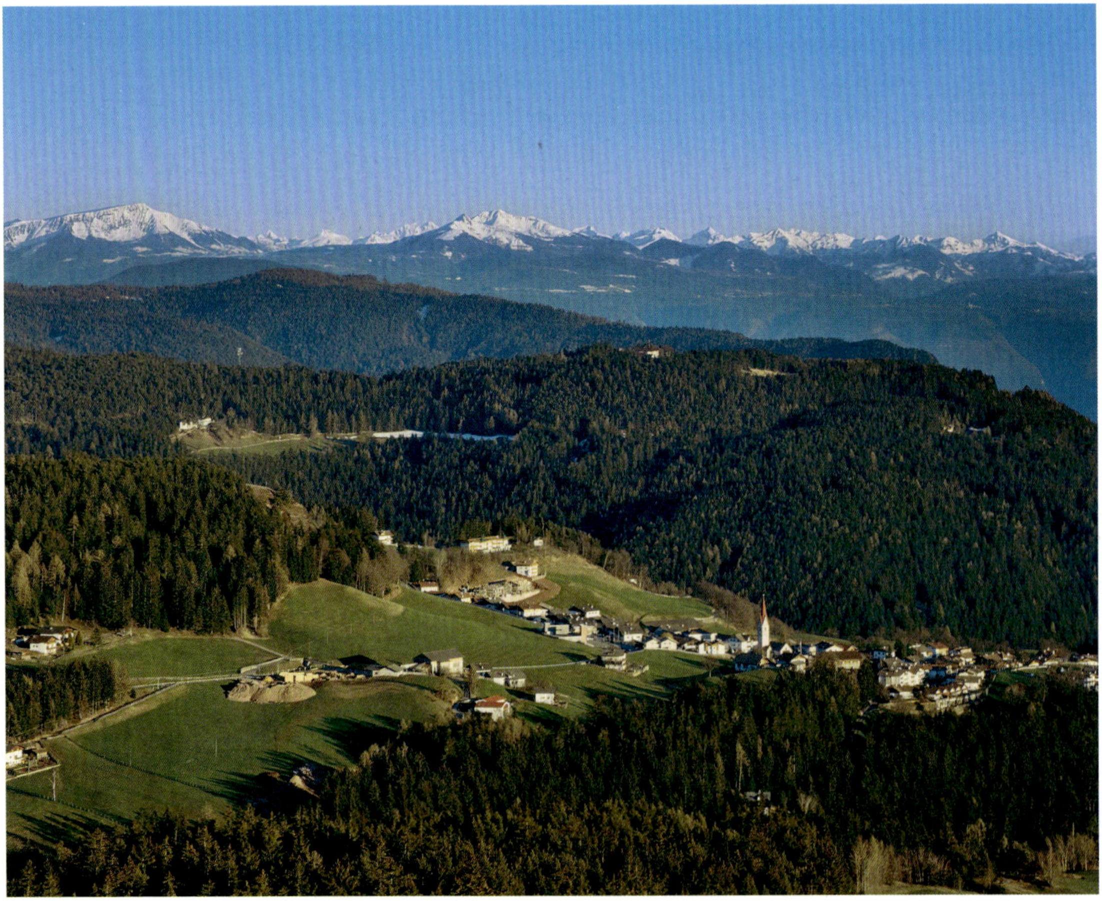

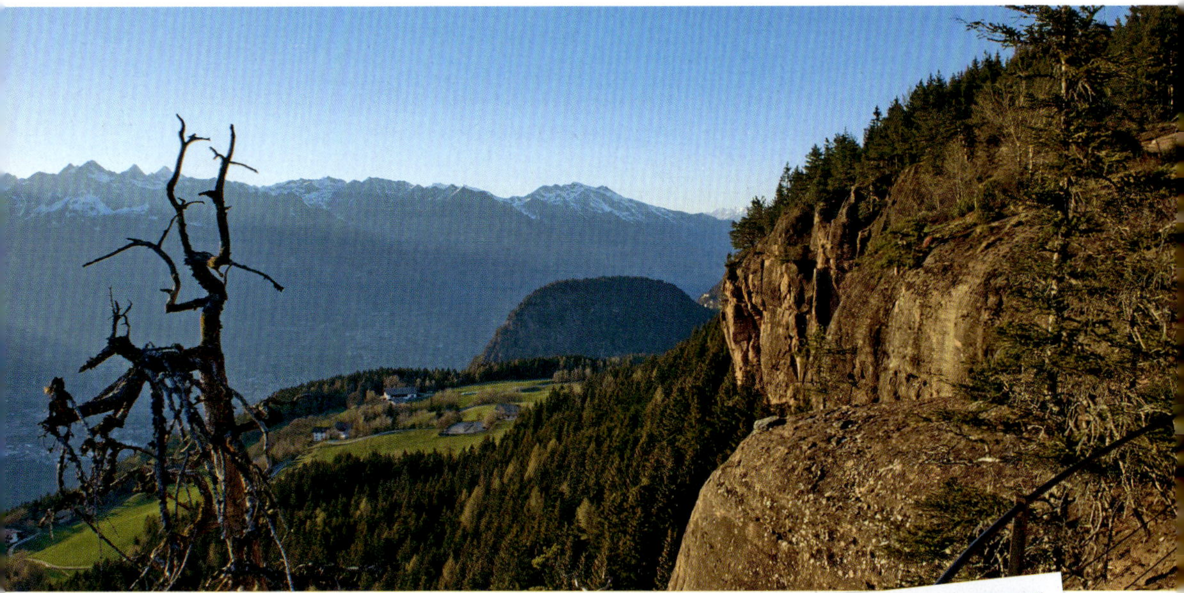

kogels: Etwas westlich von Vöran befindet sich ein großer Parkplatz. Von hier folgen wir zu Beginn einem Steig, auf dem wir die Straße ein Stück abkürzen. Anschließend wandern wir auf der Straße hinauf zum Sattel, wo wir auf den Steig vom Gasthof Alpenrose herauf treffen. Wie oben beschrieben geht es nun weiter bis zum Knottnkino.

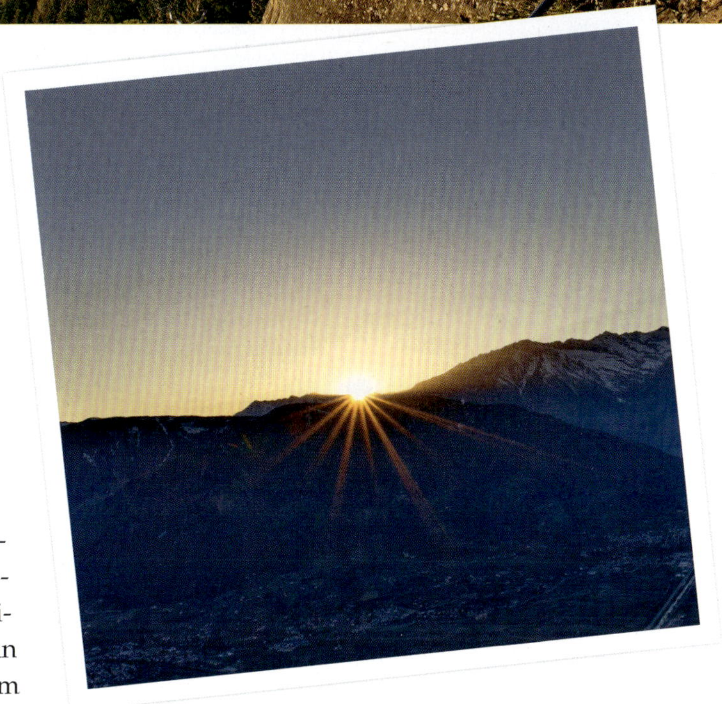

Einkehrfreuden Wer die Wanderung zum Knottnkino ein wenig ausdehnen und noch auf einer Alm einkehren möchte, kann die Leadner Alm besuchen. Vom Sattel erreichen wir auf der Straße (Markierung Nr. 11) über die Brugger Lacke, ein Naturbiotop, die Leadner Alm auf 1530 Metern Höhe. Hier kann man auf der sonnigen Terrasse leckere Südtiroler Gerichte und eine dem Knottnkino in fast nichts nachstehende fabelhafte Aussicht genießen.

Sonnenuntergangsstimmung

Oben: Blick in Richtung Ortlergruppe

Linke Seite: Tolle Aussicht bietet sich vom Knottnkino.

26 Zu den Stoanernen Mandln

Historischer Kraftplatz

Mittel | 20,2 km | 840 Hm | 7 Std.

Tourencharakter
Gut zu begehende Wanderwege und Forststraßen. Durch die Länge der Tour ist eine gute Kondition erforderlich.

Ausgangs-/Endpunkt
Ortsmitte von Vöran
GPS 46.60514, 11.22606

Anfahrt
ÖPNV: Von Meran mit Bus 204 über Hafling nach Vöran
Auto: Mit dem Auto von Meran nach Hafling und weiter in Richtung Vöran

Einkehr
Leadner Alm (leadner-alm.com) und Möltner Kaser (moeltner-kaser.com)

Am Gipfelplateau des Schönecks stehen über 100 dieser stoanernen Mandln – der geheimnisvolle Ort, um den sich viele Sagen ranken, ist ein wahrer Kraftplatz mit einer grandiosen Aussicht auf die Umgebung.

Keltischer Kultplatz Unsere Wanderung führt heute hinauf zum Gipfel des Schönecks mit seinen mystischen, willkürlich aufgebauten Steingestalten, die einen klein, die anderen mannsgroß. Gemäß alter Gerichtsprotokolle aus dem Jahr 1540 sollen zwischen ihnen einst Hexentänze und Teufelsfeiern veranstaltet worden sein. Funde von Felsgravuren und Werkzeugen stützen die Theorie, dass schon die Kelten den Ort für ihre Rituale genutzt haben sollen. Man spürt regelrecht etwas von dem mystischen Zauber dieses besonderen Platzes, der zudem mit einer grandiosen Aussicht lockt.

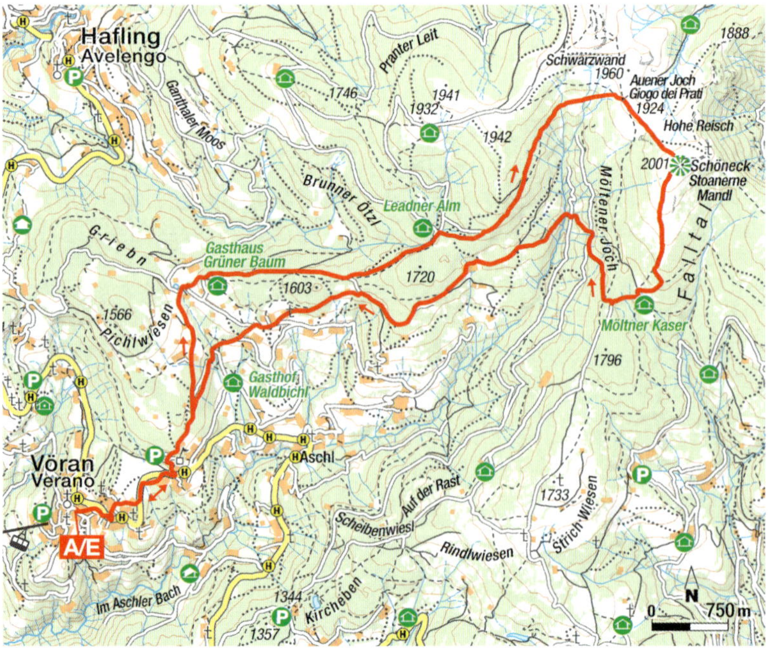

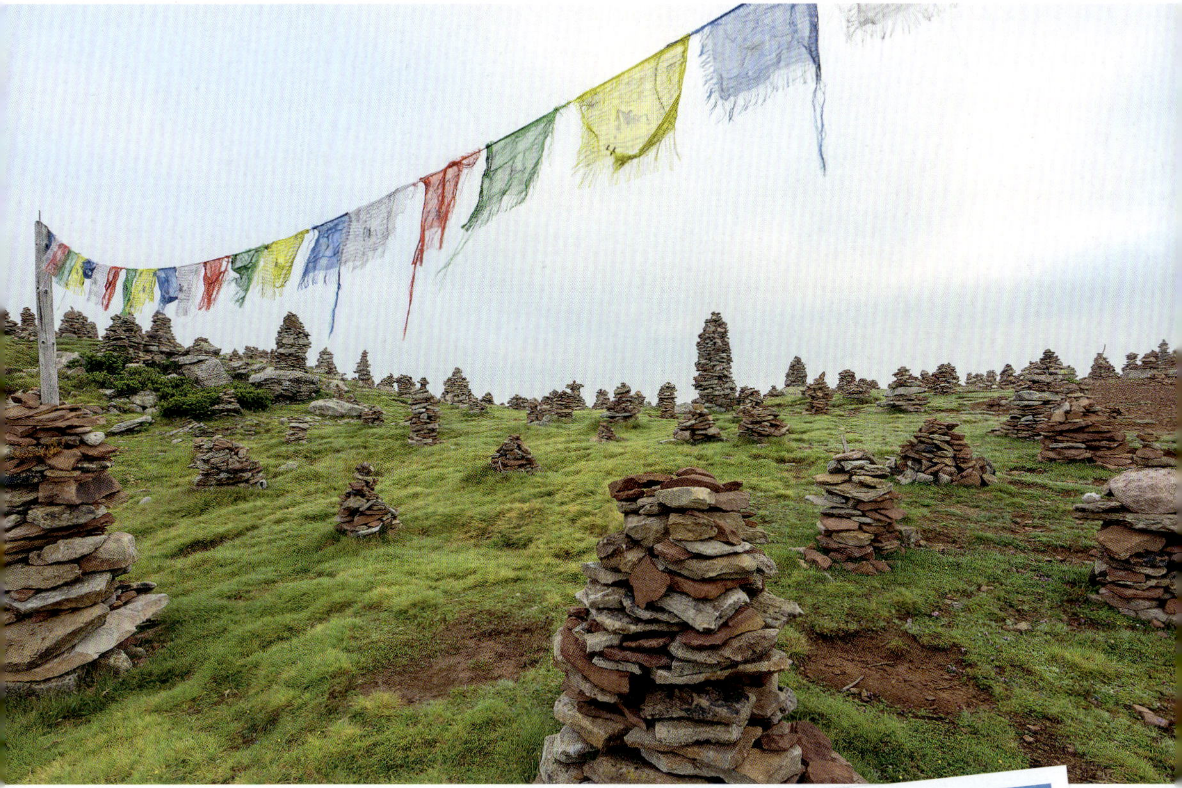

Start in Vöran Wir wählen für unsere Wanderung hinauf den längeren Zuweg von Vöran (es gibt auch kürzere Optionen, z. B. aus dem Sarntal von der Sarner Skihütte), starten hierzu in der Ortsmitte und folgen der Markierung Nr. 16 zur Hauptstraße, die von Hafling herüberkommt. Diese überqueren wir und gehen gleich wieder nach links, passieren den Oberwirt und folgen einem Weg, der uns nach rechts zurück zur Straße bringt. An dieser entlang wandern wir in nördlicher Richtung zum Gasthaus Grüner Baum, biegen nach links von der Straße ab und folgen weiter der Markierung Nr. 16. Eine lange Forststraße führt durch den Wald aufwärts zur Brugger

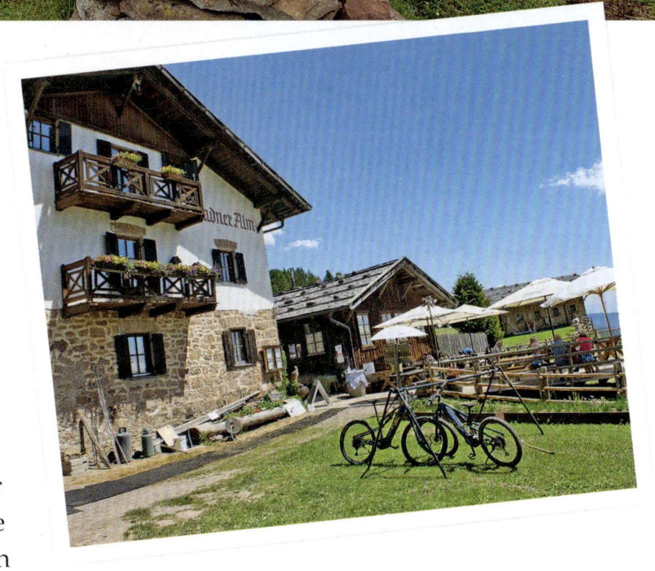

Pause an der Leadner Alm

Oben: Am Gipfel des Schönecks stehen zahlreiche Stoanerne Mandl.

Lacke, einem kleinen Naturbiotop. Unweit von hier befindet sich auch die Leadner Alm (1530 m), bei der wir eine kleine Pause einlegen können.

Vor Kühen geschützter Wegweiser

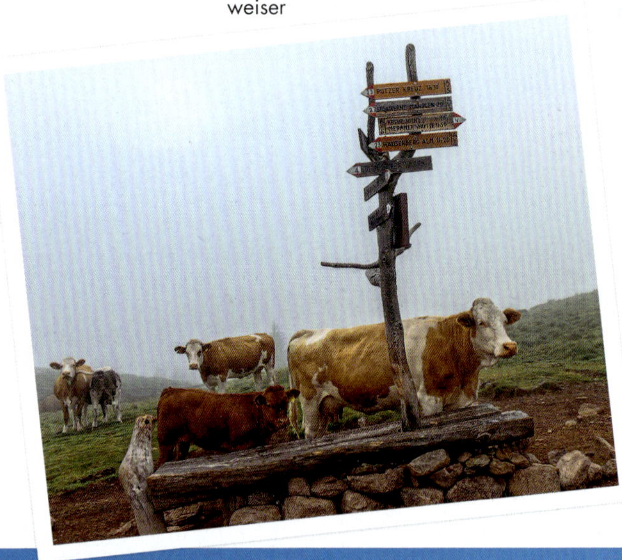

Zum Auener Joch Ab der Alm folgen wir weiter dem Weg Nr. 11 durch den kühlen Wald gemütlich aufwärts. An einer Wegkreuzung achten wir darauf, dass wir nach rechts abbiegen und weiter der Markierung Nr. 11 bis zum Auener Joch (1924 m) folgen. Hier haben wir bereits den Wald hinter uns gelassen, das Gelände weitet sich, und wir blicken auf die Berge der Umgebung. Auch die Stoanernen Mandln können wir schon erkennen. Wir halten uns wiederum rechts und folgen dem

Unten: Tolle Sicht vom Schöneck zum Villanderer Berg

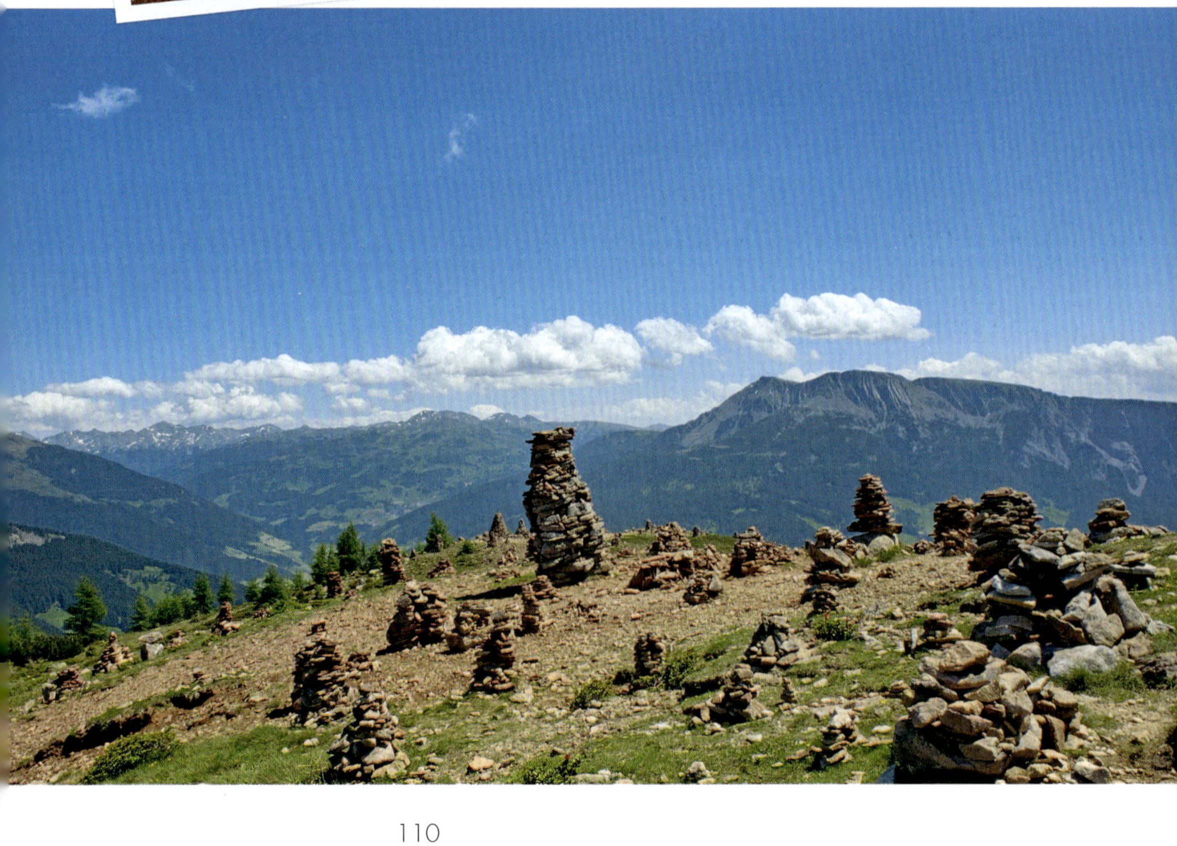

Steig (Nr. 11), der uns an den etwas steileren Gipfelaufbau heranbringt. Ohne besondere Schwierigkeiten steigen wir hinauf zum großen Gipfelkreuz und zu den vielen mystischen Steinmännern auf 2000 Metern Höhe. Gemütlich setzen wir uns dazwischen und genießen eine grandiose Aussicht auf die umliegende Bergwelt.

Rückweg über den Möltner Kaser Nach der Gipfelrast steigen wir ziemlich direkt nach Süden ab. Unser erstes Ziel ist der Möltner Kaser (1763 m), wo wir uns eine Einkehr gönnen, die wir uns nach der langen Wanderung verdient haben. Dann folgen wir kurz dem Forstweg, biegen aber bald nach rechts ab (Weg Nr. 15). Der Steig bringt uns bergab zu einem Bach, den wir überqueren. Auf der anderen Talseite folgen wir einem Forstweg, der uns bis kurz vor den Anstiegsweg bringt; davor biegen wir aber nach links ab und folgen einem Steig bis zum Gasthof Waldbichl. Von dort bringt uns die Markierung zurück zum Anstiegsweg, auf dem wir wieder nach Vöran zurückkommen.

Pferde grasen im Gipfelbereich.

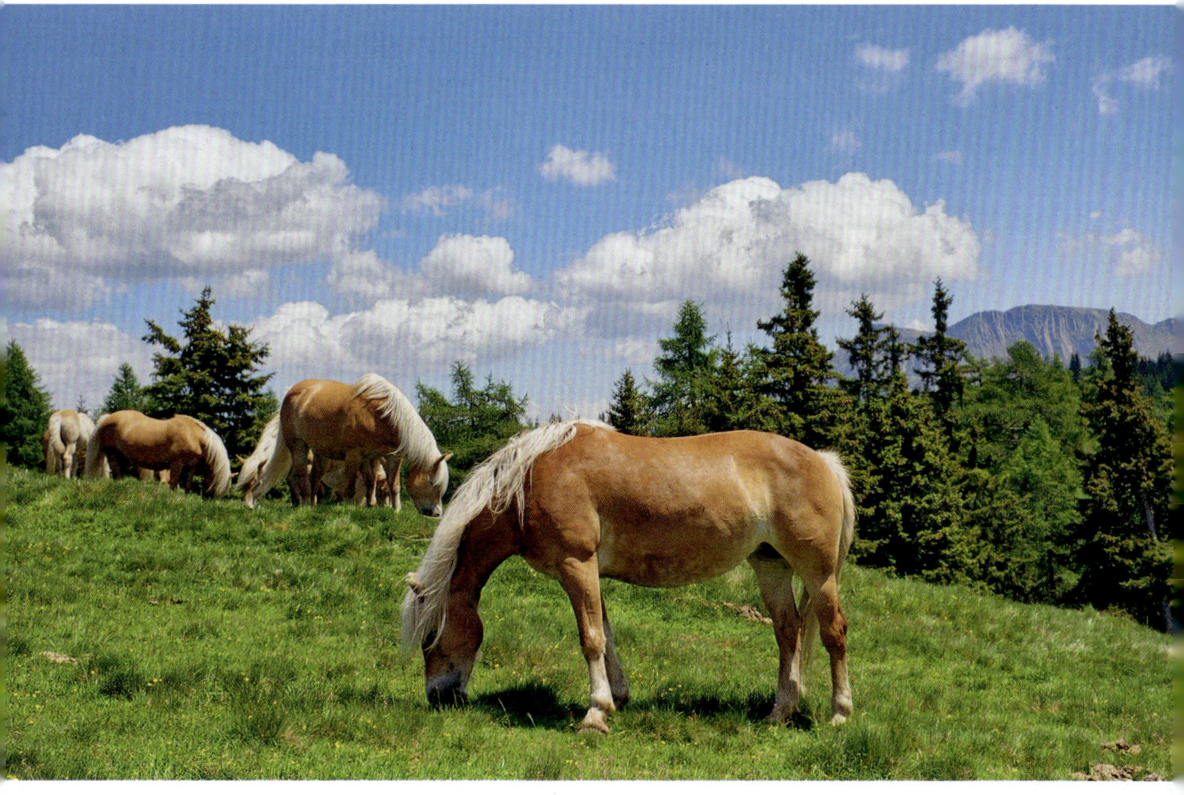

27 Völlaner Kastanienweg

Auf den Spuren einer stacheligen Schönheit

Leicht | 3 km | 120 Hm | 1 Std.

Tourencharakter
Mehr ein Spaziergang als eine Wanderung mit nur wenigen Höhenmetern über teilweise wurzeldurchzogenen Waldboden

Ausgangs-/Endpunkt
Kirche St. Severin in Völlan
GPS 46.590255, 11.145619

Anfahrt
ÖPNV: Von Meran mit Bus 211 nach Lana und vom dortigen Busbahnhof weiter mit Bus 214 nach Völlan zur Bushaltestelle direkt bei der Kirche
Auto: Über Lana in Richtung Gampenpass, dann rechts hinauf nach Völlan; Parkplätze an der Kirche oder am Sportplatz

Einkehr
Unterwegs keine. In Völlan mehrere Gasthäuser, z. B. Gasthof Falger (falger.net)

»Keschtn« nennt man in Südtirol die Esskastanien, mancherorts auch als Maronen bezeichnet, die reichlich an den sonnigen Hängen rund um Völlan wachsen. Die teilweise uralten Bäume säumen unseren Wanderweg, auf dem wir viel Wissenswertes über diesen wichtigen Brotbaum erfahren.

Südtiroler Maronenglück Bevor es Kartoffeln gab, galten die Esskastanien als das Brot der Bergbauern: Da sich Getreide in höherer Lage nicht ertragreich genug anbauen ließ, waren die Kastanien über viele Jahrhunderte hinweg die Hauptnahrungsquelle der Bergbevölkerung – ein Baum pro Kopf sorgte dafür, dass das Überleben in der kalten Jahreszeit gesichert war. Rund um Völlan gibt es noch zahlreiche dieser zum Teil uralten Kastanienbäume, die viele Generationen über den Winter hinweg ernährt haben. Ihnen zu Ehren wurde der Kastanien-Erlebnisweg angelegt, ideal vor allem im Herbst zu begehen, wenn die Bäume Früchte tragen und das Laub sich herbstlich-golden verfärbt.

Am Kastanien-Erlebnisweg Wir starten an der Völlaner Kirche St. Severin, deren Inneres mit beachtenswerten gotischen Fresken geschmückt und einen Besuch wert ist. Über den Parkplatz

Eigentum der Bauern

Kastanien gehören genauso wie die Äpfel der Obstplantagen den Südtiroler Bauern. Sie kümmern sich das ganze Jahr um die Bäume, pflanzen nach und ernten bzw. klauben mühevoll die Früchte zusammen. Damit nicht Heerscharen an Wanderern diese Ernte zunichtemachen, sind viele der Kastanienhaine eingezäunt – dies gilt es absolut zu respektieren, aber bitte pflücken oder sammeln Sie auch nicht die am Boden liegenden Keschtn ein!

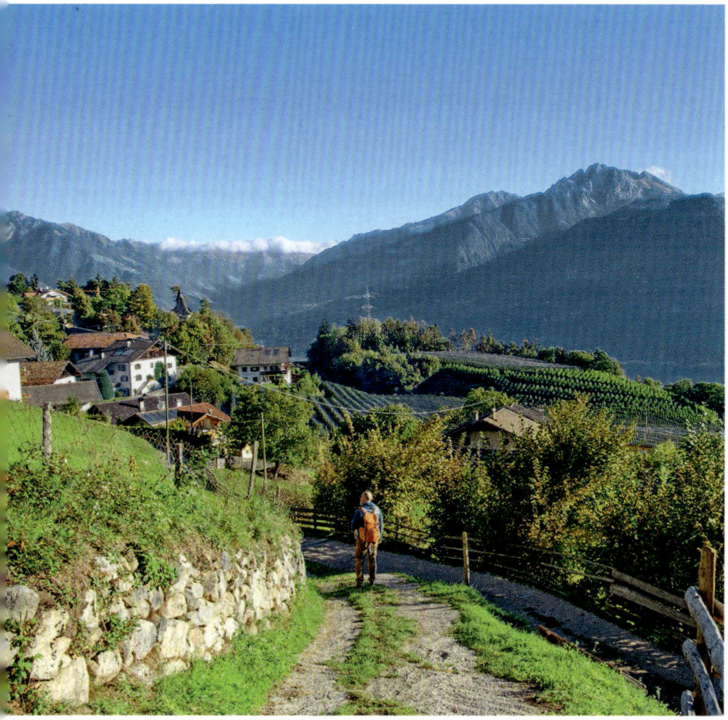

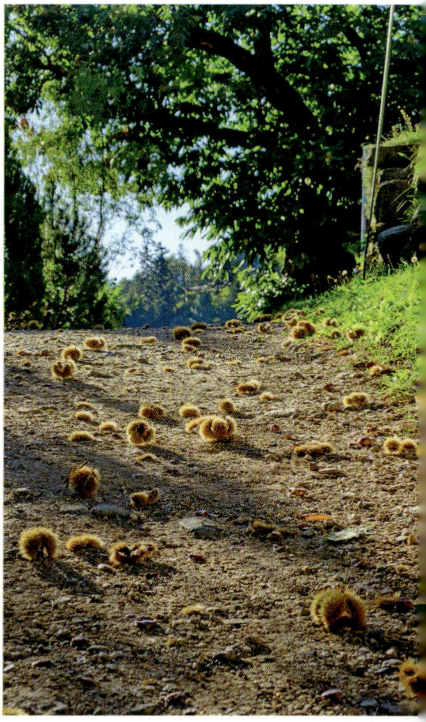

Im Herbst sind die Wege übersät mit den stacheligen Schönheiten.

Links: Kurzer Abstieg vom Kastanienweg zum Ortsteil St. Magdalena.

oberhalb der Kirche hinweg folgen wir der Propst-Wieser-Straße noch ein Stück, die uns durch die Apfelplantagen und am Sportplatz vorbei aus dem Ort hinausführt. Gleich am nächsten Haus auf der linken Seite beginnt, markiert mit einer großen stacheligen Holzkugel, der Kastanien-Erlebnisweg.
Wir wandern rechts am Haus vorbei, und die Straße steigt leicht zum Waldrand hin an. Hier biegen wir recht ab und folgen dann wenige Meter weiter an dem geschnitzten Baumstamm dem Wanderwegschild mit der Kastanien-Markierung. Er führt leicht bergauf und wendet sich dann nach rechts. Jetzt geht es im leichten Auf und Ab am Waldrand entlang zu einigen interessanten Infostationen. Wieder leicht bergab erreichen wir einen kleinen Löschweiher im Wald und damit schon fast den Wendepunkt unserer Runde. Nun spazieren wir am Zaun eines besonders schönen Kastanienhains entlang hinab und biegen an seinem Ende scharf rechts auf den Feldweg ein. Dieser führt uns mit wunderschöner Aussicht zurück in südliche Richtung. Nach einem Haus wird der Wanderweg wieder zur Propst-Wieser-Straße, auf der wir zum Ausgangsort zurückkehren.

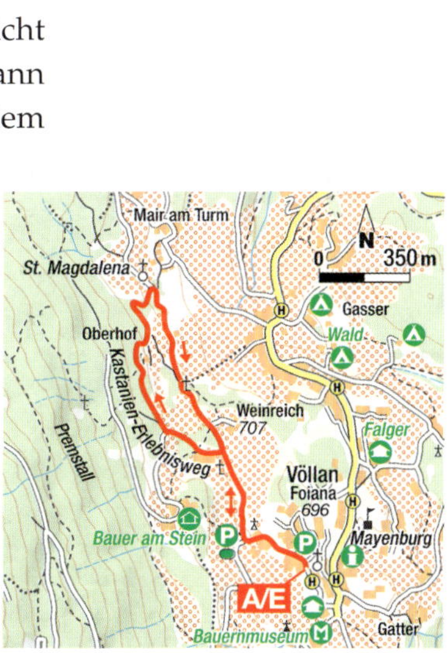

28 Zur Laugenspitze

Aussichtswarte südlich von Meran

Mittel | 10,7 km | 810 Hm | 5 Std.

Tourencharakter
Gute Steige, im unteren Teil nach Regen etwas feucht. Gipfelanstieg teilweise steil, aber nicht besonders schwer

Ausgangs-/Endpunkt
Parkplatz Hofmahdjoch an der Straße nach Proveis
GPS 46.506846, 11.044428

Anfahrt
ÖPNV: Mit Bus 245 ins Ultental nach St. Walburg, von dort mit Bus 247 Richtung Proveis, Bushaltestelle in der Nähe des Parkplatzes
Auto: Ins Ultental nach St. Walburg und weiter in Richtung Proveis; Parkplatz direkt nach einem langen Tunnel

Einkehr
Aleralm

Wenn man in Hafling oberhalb von Meran zur gegenüberliegenden Talseite blickt, erscheint die Laugenspitze als mächtiger Gipfel. Kaum zu glauben, dass der Berg relativ einfach und durch den hoch gelegenen Ausgangspunkt schnell bestiegen werden kann.

Zur Aleralm Vom Parkplatz Hofmahdjoch steigen wir direkt über die Stufen des Wanderwegs hinauf zu einem Rücken, über den wir ein Waldstück erreichen, in dem es steil bergauf geht. Dann verlassen wir den Wald und wandern über schöne Almwiesen zu einer Schotterstraße – Achtung, die Wiesen sind nach Regen manchmal etwas feucht. Links und rechts des Wegs weiden Kühe, an denen wir mit etwas Abstand vorbeiwandern. An der Schotterstraße gehen wir nach links und folgen dieser bis zur bewirtschafteten Aleralm (1814 m). Die Einkehr heben wir uns aber noch für den Rückweg auf.

Gipfelanstieg übers Laugenjöchl Von der Alm nehmen wir den Wanderweg in Richtung Laugenspitze, der in den Wald eintaucht. Wir wandern bergauf und gelangen wieder in freieres

Anstieg von Osten

Der beschriebene Anstieg von Westen auf die Laugenspitze ist verhältnismäßig wenig begangen, bekannter ist der Anstieg von Osten, vom Gampenpass – dieser ist allerdings steiler als der Westseiten-Anstieg, und man sollte unbedingt trittsicher sein: Zuerst steigt man zur Laugenalm auf und wandert von dort Richtung Laugensee, biegt aber vorher nach links zum Südostgrat ab, über den man steil den Gipfel erklimmt. Der Rückweg verläuft am Anstiegsweg (insgesamt 2.45 Std., 4,7 km, 910 Hm).

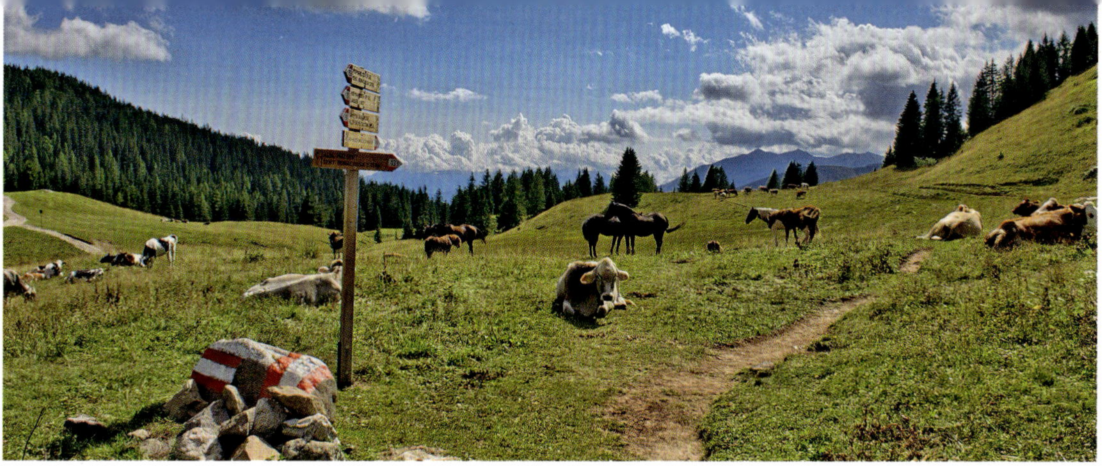

Zu Beginn quert man eine schöne Wiese.

Gelände. Der Steig führt über plattige Felsen, und mit jedem Höhenmeter wird die Aussicht großartiger: Im Westen erhebt sich der Kornigl als mächtiger Gipfel, und auch die Laugenspitze, unser Ziel, sehen wir bald vor uns. Der Steig flacht nun deutlich ab, und wir umwandern einen Aufschwung und folgen dem Steig ins Laugenjöchl (2050 m).
Die Abzweigung nach links ignorieren wir und wandern stattdessen immer geradeaus in Richtung Laugenspitze weiter. Der Weg wird nun immer steiler und führt in vielen Serpentinen über die Westflanke bergauf. Wir erreichen den Südwestgrat der Laugenspitze und steigen über diesen hinauf zum höchsten Punkt (2434 m) mit dem Gipfelkreuz. Die Aussicht von diesem exponierten Gipfel reicht sehr weit, vor allem der Blick nach Norden ins Meraner Becken ist beeindruckend.

Einkehr auf Italienisch Der Abstieg erfolgt auf dem Anstiegsweg. Dabei kehren wir unbedingt in der Aleralm ein – die hausgemachten Knödel und der Schokoladenkuchen sind hier sehr lecker. Bemerkenswert ist, dass auf der Alm nur Italienisch gesprochen wird, denn sie steht direkt hinter der deutsch-italienischen Sprachgrenze. Von der Alm wandern wir dann auf dem Anstiegsweg wieder zurück zum Parkplatz bzw. zur Bushaltestelle.

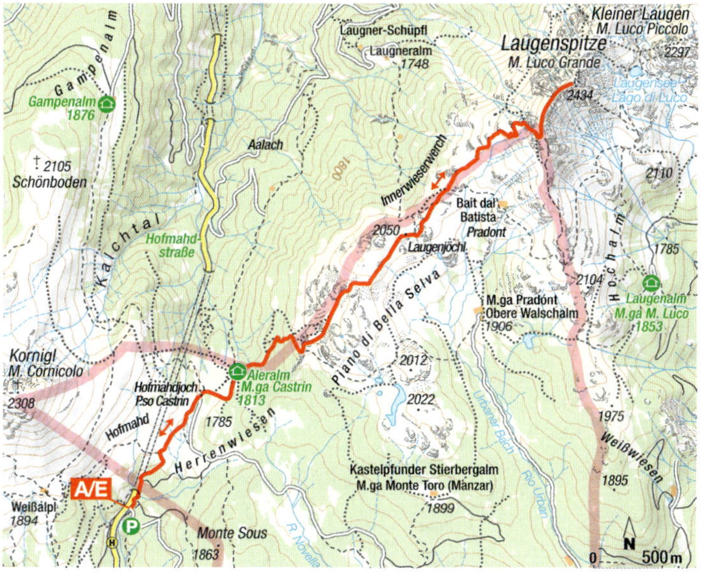

29 Ultentaler Höfeweg

Zeitreise in die Vergangenheit

Leicht | 6 km | ↑100 ↓250 Hm | 2 Std.

Tourencharakter
Aussichtsreiche Streckenwanderung auf Forstwegen, Wiesenpfaden und kleineren Bergwegen. Kaum Anstiege. Der Rückweg erfolgt für Autofahrer mit dem Bus. Die Tour lässt sich gut verlängern.

Ausgangspunkt
Lahnersäge, St. Gertraud im Ultental
GPS 46.490410, 10.877745

Endpunkt
St. Nikolaus im Ultental
GPS 46.509304, 10.924010

Anfahrt
ÖPNV: Mit dem Zug nach Lana oder Meran und weiter mit Bus 245 ins Ultental nach St. Gertraud bis Haltestelle Lahnersäge
Auto: Über Lana hinauf ins Ultental und fast zum Talende nach St. Gertraud; Parkplätze an der Lahnersäge

Einkehr
Am Weg liegen die Hofschänke bei den Urlärchen und kurz danach das Gasthaus Lärchengarten. Am Ende der Tour: Gasthaus Mesner in St. Nikolaus (waltershof.it) und Restaurant Edelweiß an der Lahnersäge

Das Ultental ist berühmt für seine vielen alten Bauernhäuser, eines schöner als das andere, dazu das herrliche Bergpanorama und die drei imposanten Urlärchen, die zu den ältesten Nadelbäumen Europas zählen – da gleicht die Wanderung einer Zeitreise in die Vergangenheit.

Falschauer und Lahnersäge Unsere Wanderung startet in St. Gertraud an der Lahnersäge. Hier befinden wir uns schon am Rand des Nationalparks Stilfserjoch, und passend dazu gibt es in der Lahnersäge ein Informationszentrum. Direkt davor fließt die Falschauer, und wir finden die ersten Wegweiser zum Ultner Höfeweg, die uns talauswärts schicken. Wir werden den Höfeweg auf der Schattenseite des Tals begehen, was besonders im Hochsommer sehr angenehm ist – ganz auf Sonne muss man nämlich trotzdem nicht verzichten, denn durch die lichten Berg-

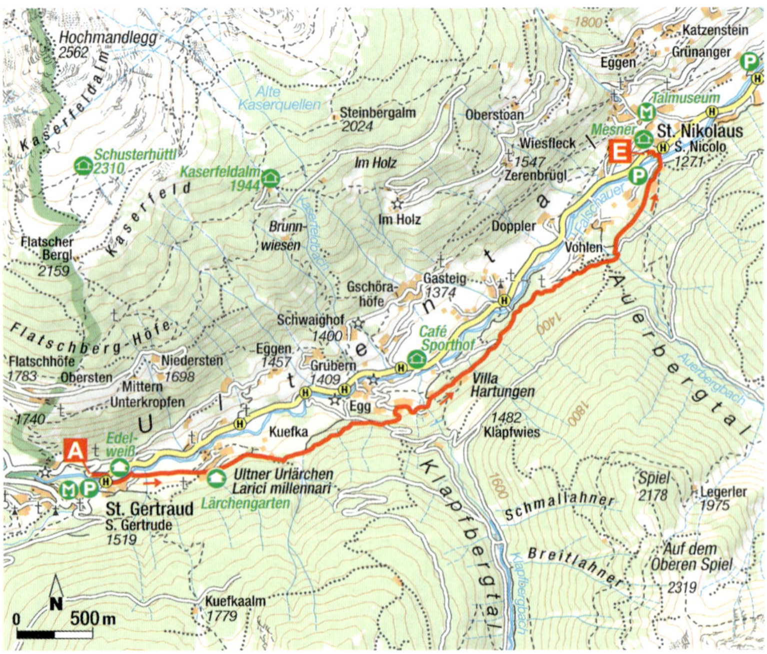

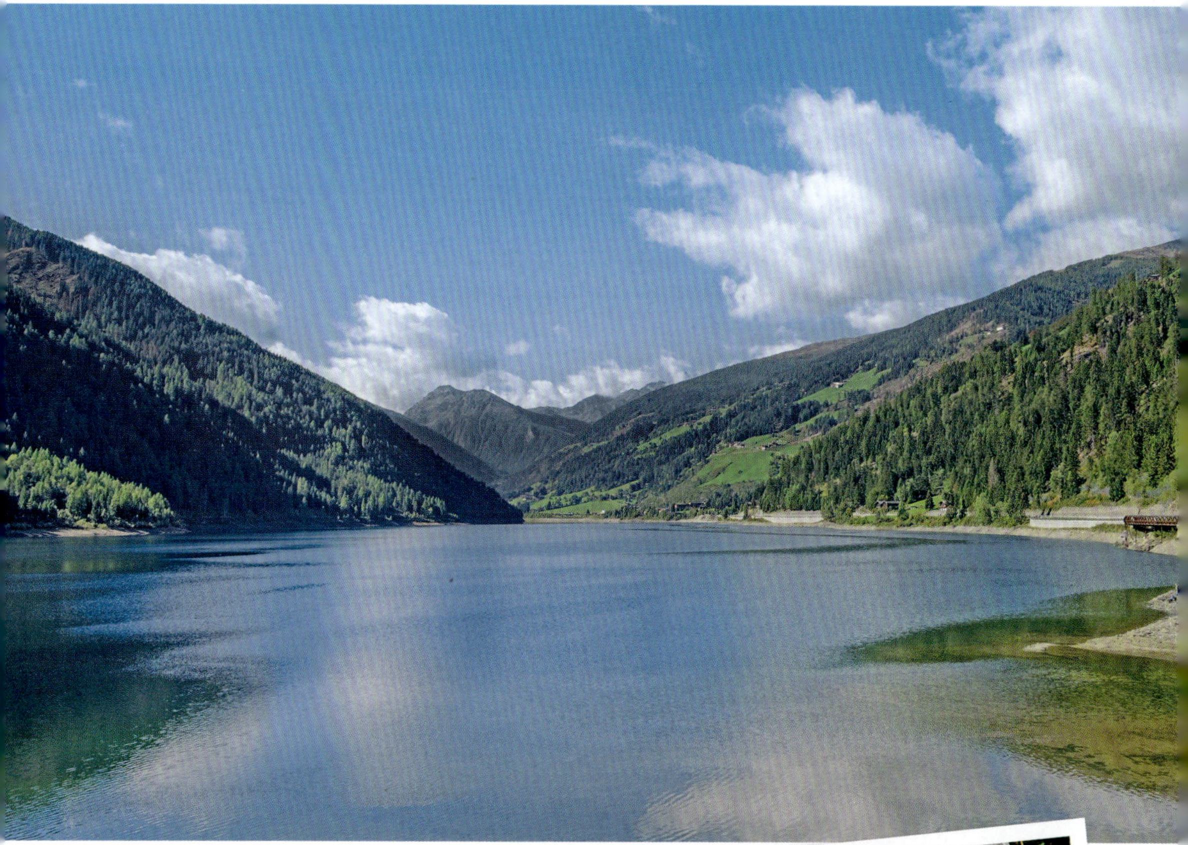

wälder scheint genügend von ihrem Licht auf unseren Weg.

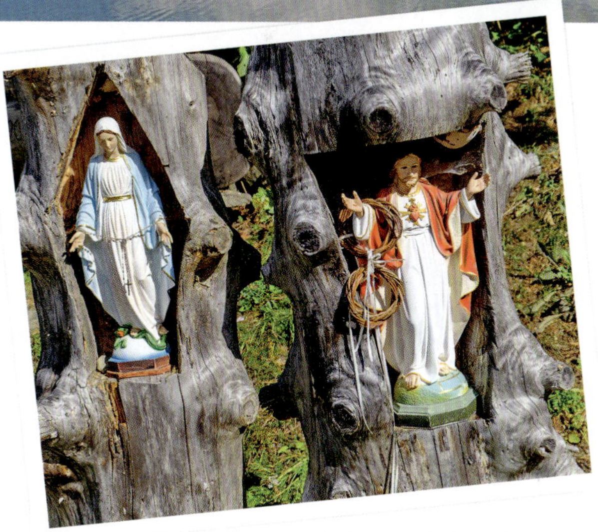

Glaubenssymbole finden wir an der Villa Hartungen.

Oben: Der Zoggler Stausee im Ultental

Urlärchen und Höfeweg Bald wandern wir auf einer kleinen Straße leicht bergauf, passieren die Hofschänke »Bei den Urlärchen« und flanieren durch den Bergwald, in dem wir schon die ersten hohen Lärchen sehen. Am Gasthof Lärchengarten ist der breite Weg zu Ende. Vor der Terrasse führt ein Pfad aufwärts zu den drei beeindruckenden Urlärchen, die mit ihren 850 Jahren wohl schon einige Stürme überlebt haben.
Hinter den Urlärchen führt der Höfeweg als Pfad über die Almwiesen und schenkt uns die erste beeindruckende Aussicht

Rechte Seite: Eine der Urlärchen bei St. Gertraud

über den Zoggler Stausee, während im Westen das kleine Dorf St. Gertraud mit den hohen Eggenspitzen das Ultental abschließt. Gleich darauf geht es leicht abwärts durch den Wald. Wir stoßen auf eine Teerstraße, der wir für wenige Meter nach rechts folgen, dann weisen uns schon die nächsten Schilder wieder nach links abwärts zu den nächsten Bauernhöfen. Ihre von der Sonne fast schwarz gefärbten Holzblockaufsätze lassen erahnen, wie alt sie sind.

Weiterweg bis St. Walburg

Der Höfeweg ist eigentlich eine knapp 18 km lange Rundtour, die im Ortsteil Kuppelwies unweit des Zoggler Stausees an der Talstation zur Schwemmalm beginnt und zunächst auf der Sonnenseite nach St. Gertraud zum Talende führt. Von dort geht es über die Urlärchen auf der Schattenseite, wie in unserer Tour beschrieben, zurück (dann insgesamt 5.10 Std., 17,5 km, 300 Hm).

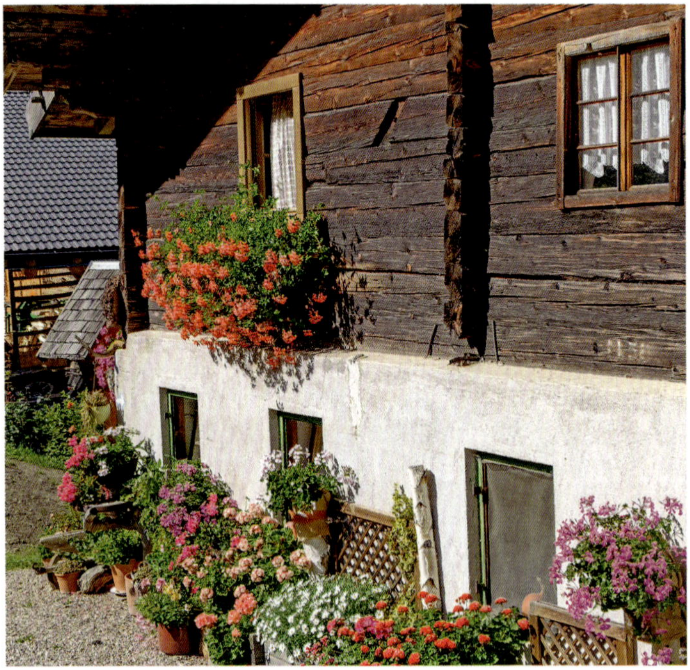

Die Holzbalken der Bauernhöfe sind von der Sonne dunkel gefärbt.

Klapfbach und Villa Hartungen

Der Weg führt über den Klapfbach mit seinem Wasserfall, dann erreichen wir die historische Villa Hartungen, die sich eindeutig an ihren kleinen Türmchen identifizieren lässt. Einst war sie ein Sanatorium mit vielen illustren Gästen, denen der Kurarzt Dr. Christoph Hartung von Hartungen statt Medikamenten Bewegung in der frischen Luft verschrieb. Heute ist in der Villa ein Seminarhaus für natürliche Gesundheit untergebracht, was sie zu ihren medizinischen Wurzeln zurückbringt.

Weiter auf der Zufahrtsstraße wandernd, laden uns verschiedene Installationen zum Thema »Weltreligionen« zum Nachdenken an. In der Kurve geht es wieder durch den Wald und dann ein letztes Mal rechts haltend über eine Wiese. Zum Finale queren wir den Auerbergbach und folgen einem Forstweg abwärts nach St. Nikolaus. Wir erreichen das Dorf am Falschauer Bach und steigen dort zur Hauptstraße hinauf, wo sich die Bushaltestelle für die Rückfahrt befindet.

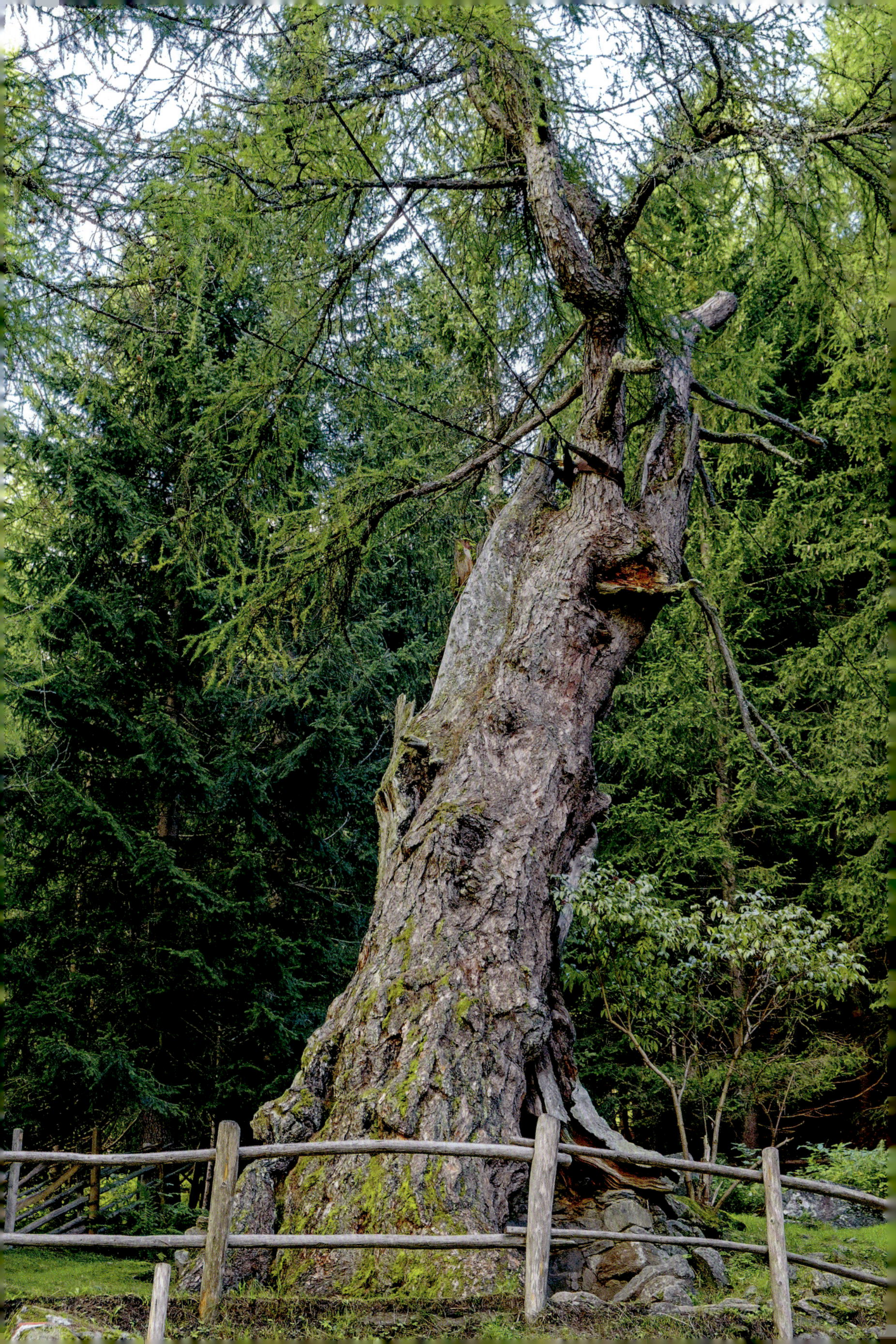

30 Bei der Stange

Wenig begangener Gipfel im Ultental

Mittel | 14,5 km | 975 Hm | 6 Std.

Tourencharakter
Gute, unschwierige Wanderwege und Forststraßen. Der Gipfelanstieg ist gut markiert, der Steig aber nicht immer sehr ausgeprägt.

Ausgangs-/Endpunkt
Parkplatz an der Staumauer des Zoggler Stausees
GPS 46.542116, 10.990338

Anfahrt
ÖPNV: Mit Bus 245 von Meran ins Ultental bis nach St. Walburg
Auto: Von Meran nach St. Walburg im Ultental bis zur Staumauer

Einkehr
Spitzner Alm

Der Gipfel mit dem seltsamen Namen »Bei der Stange« erhielt lange Zeit nur im Winter Besuch, da es keinen markierten Weg gab. Inzwischen ist der Gipfelanstieg von der Spitzner Alm gekennzeichnet und bietet eine schöne Kombination aus Almen- und Gipfeltour.

Zur Spitzner Alm Vom Parkplatz an der Staumauer des Zoggler Stausees gehen wir über die Staumauer und biegen an deren Ende nach links ab. Wir erreichen eine Schotterstraße, die in Richtung Spitzner Alm führt. Sie bringt uns um einen Rücken herum und durchquert einen kleinen Graben. Einen ersten Steig, der hier nach rechts abzweigt, ignorieren wir und wandern noch ein Stück auf der Schotterstraße weiter. Kurz vor einer Kurve können wir die Straße auf einem Wanderweg abkürzen. Wir kürzen nun mehrmals die Straße ab, indem wir ihr ein Stück fol-

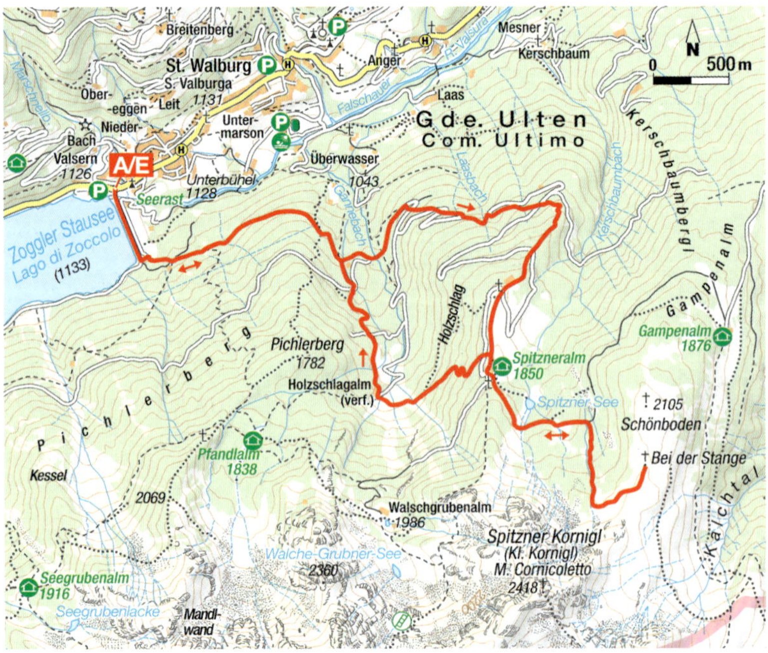

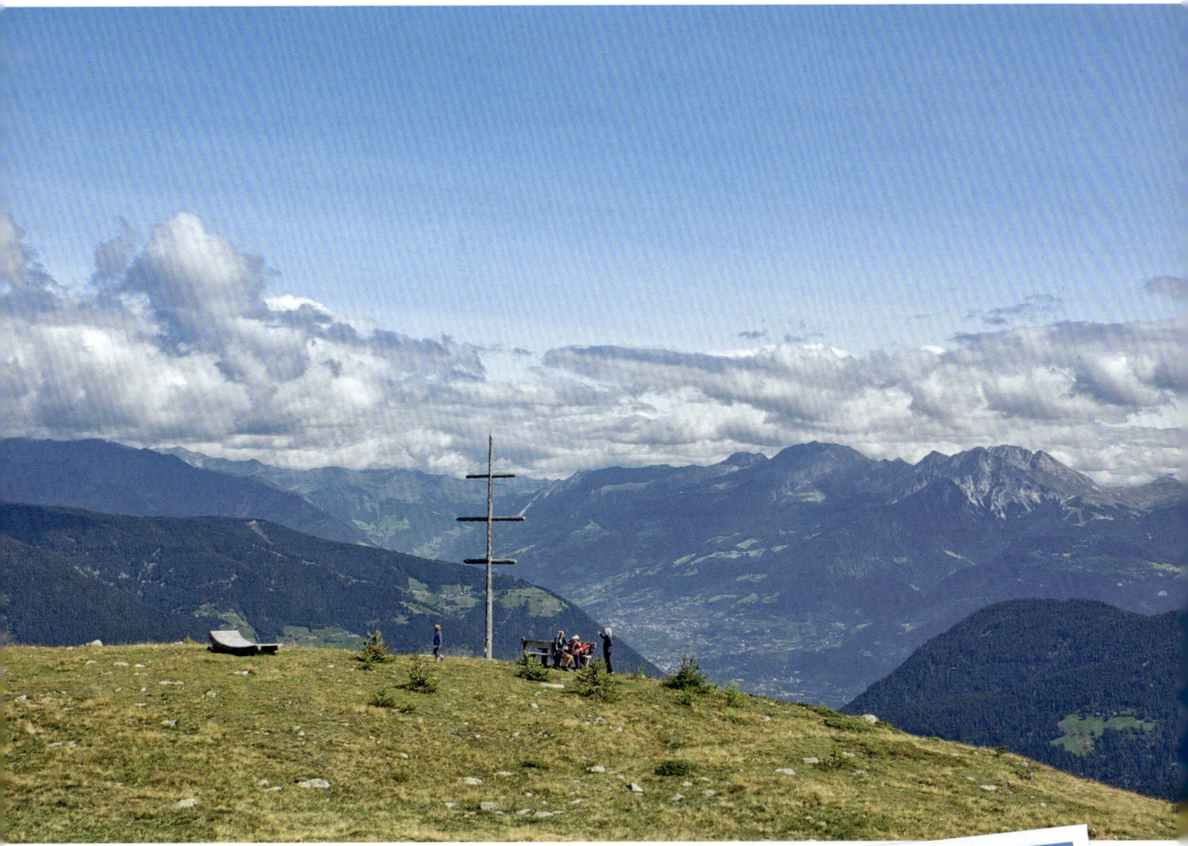

gen und dann wieder auf den Steig wechseln. Bald erreichen wir die freien Almwiesen der Spitzner Alm (1856 m) und gehen hinauf zum eingezäunten Almgelände. Hier legen wir eine erste Pause ein und genießen die tolle Aussicht auf das Ultental und die umliegenden Berge.

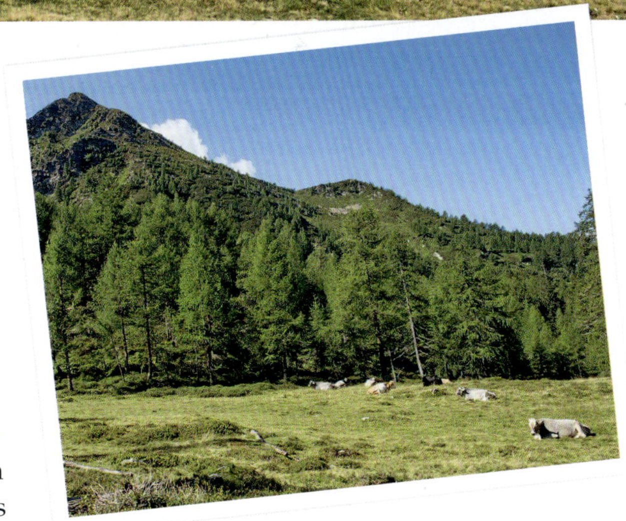

Kühe am Anstiegsweg

Oben: Interessanter Name, aber ein toller Panoramagipfel: bei der Stange

Zum Gipfel Nach der Pause an der Alm gehen wir zur Wegteilung wenige Meter oberhalb der Alm und nehmen hier die Schotterstraße, die nach links führt. Wir folgen dieser ein Stück, bis nach rechts der Gipfelanstieg (Wegweiser »Bei der Stange«) abzweigt. Der Weg führt zu einem kleinen Tälchen und hinauf auf einen freien Rücken. Oberhalb davon

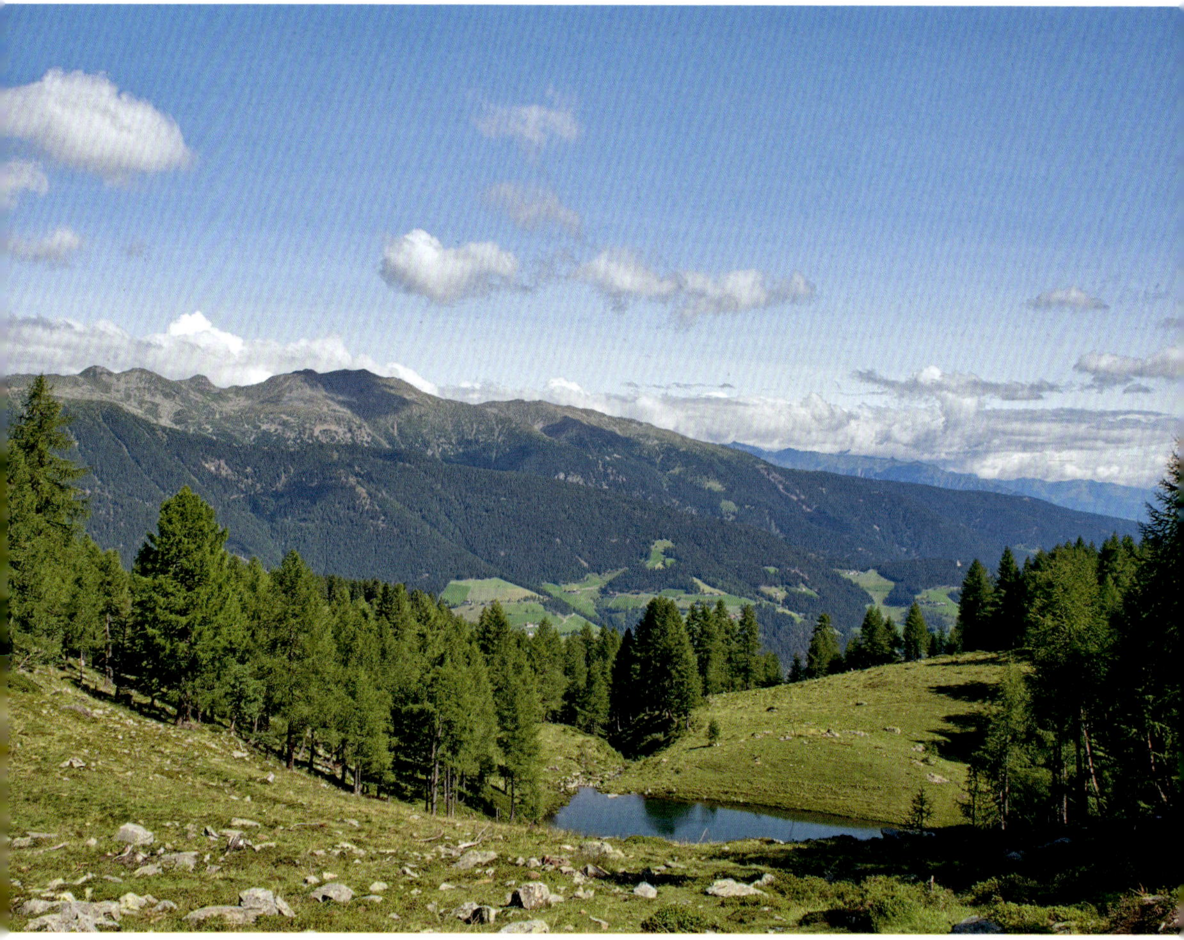

Kleiner See unweit der Spitzner Alm

erhebt sich der Spitzner Kornigl, auf der gegenüberliegenden Talseite erblicken wir die Laugenspitze. Wir folgen nun immer den Markierungen über den freien Kamm bis zu einer Erhebung, von wo wir hinunter auf das Gipfelkreuz (2108 m) blicken, das etwas tiefer auf einem vorgeschobenen Aussichtspunkt steht. Hier wird der Steig etwas undeutlich, was aber nicht schlimm ist, denn das Gelände erweist sich als übersichtlich. Wir erreichen den Aussichtspunkt, an dem sich eine gemütliche Bank befindet, und genie-

Ultener Höfeweg

Eine schöne gemütliche Tour ist der Ultener Höfeweg (siehe Tour 29), der in St. Gertraud im hinteren Ultental beginnt und zu den eindrucksvollen Urlärchen führt. Durch das Tal geht es bis nach Kuppelwies, und wer möchte, kann noch weiter bis nach St. Gertraud wandern. Dabei kommt man bei vielen, schönen alten Bauernhöfen vorbei.

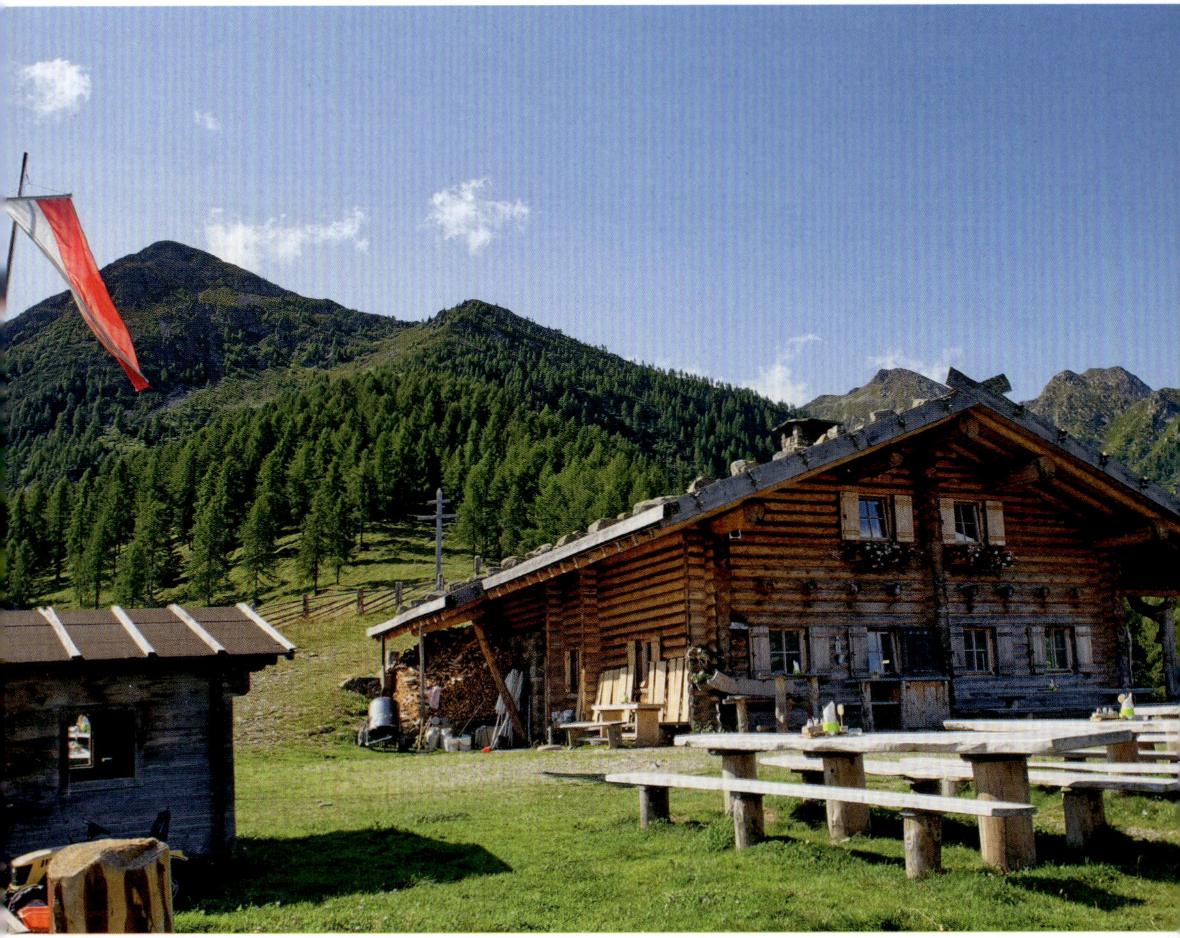

Die Spitzner Alm

ßen von diesem einen tollen Rundblick auf das Ultental und die Umgebung – ein wirklich schöner Platz, an dem man stundenlang sitzen könnte.

Abstieg über die Holzschlagalm Anschließend wandern wir am Anstiegsweg hinunter zur Spitzner Alm, wo wir einkehren können. Dann folgen wir für den weiteren Rückweg noch ein Stück dem Anstiegsweg, wenden uns dann aber dort nach links, wo der Steig Nr. 21A steil im Wald bergab führt und hinüber zur unbewirtschafteten Holzschlagalm (1572 m) quert. An der Alm biegen wir nach rechts ab und steigen auf dem steilen Steig durch den Wald hinab zu der Forststraße, die wir schon vom Anstieg her kennen. Auf dieser kehren wir zurück zur Staumauer am Zoggler Stausee.

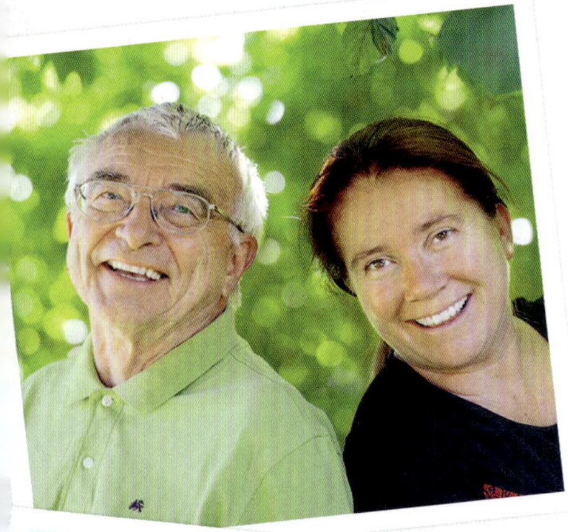

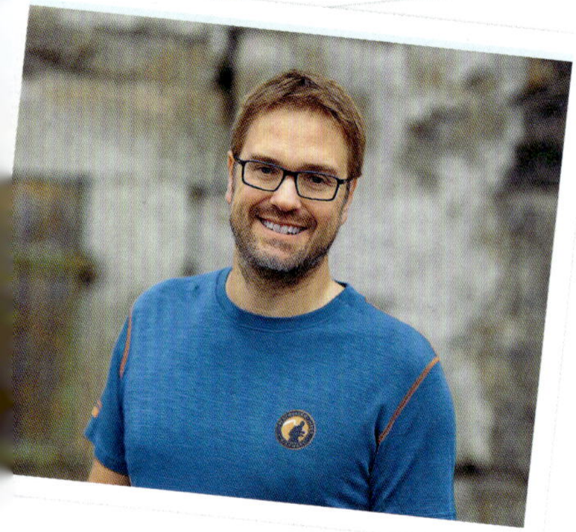

Zugabe

Was wir noch sagen wollten *So macht Recherche Spaß: Vom Frühjahr bis zum späten Herbst genießen wir die angenehmen Wandertemperaturen rund um Meran im sogenannten Burggrafenamt. Im Lauf der Jahreszeiten verändert sich dann nicht nur die Natur, auch einige der Wanderungen lassen sich gut mehrfach im Jahr begehen, sind sie doch immer wieder unterschiedlich, je nachdem, ob man zwischen blühenden Obstbäumen oder unter schwer tragenden Apfelbäumen entlangwandert. Und falls es einmal im Hochsommer zu warm werden sollte, visiert man einfach die höher gelegenen Wanderziele an.*

Aber was, wenn es wirklich einmal schlechtes Wetter sein sollte? *Macht nichts! Wir lassen uns von den dunklen Wolken nicht die Urlaubslaune verderben, denn im Meraner Land gibt es immer ein Ersatzprogramm bei schlechtem Wetter: Besuchen Sie doch das Frauenmuseum in Meran oder die berühmte Therme gegenüber dem Kurhaus. Auch die Trauttmansdorfer Gärten am gleichnamigen Schloss samt Touriseum sind eine gute Alternative, denn bei Regen herrscht dort schon mal deutlich weniger Besucherandrang. Im Passeiertal lockt das Andreas-Hofer-Museum, und in Tscherms erwarten uns die malerischen Sieben Gärten. Und wie wäre es mit einem Besuch der Pfarrkirche Maria Himmelfahrt in Lana mit ihrem weltberühmten Schnatterpeck-Altar? Oder soll's lieber ins Südtiroler Obstbaumuseum gehen? Viele Burgen und Schlösser wie Schloss Tirol, die Burg von Schenna, Schloss Lebenberg oder die Jaufenburg lohnen sich ebenfalls – und natürlich ist es auch bis in die Landeshauptstadt Bozen nur ein Katzensprung.*

Wir wünschen Ihnen *in jedem Fall, dass Sie die Tage in Südtirol genauso genießen wie wir und dass Sie mit vielen unvergesslichen Urlaubsmomenten wieder nach Hause kommen werden!*

Herzlichst

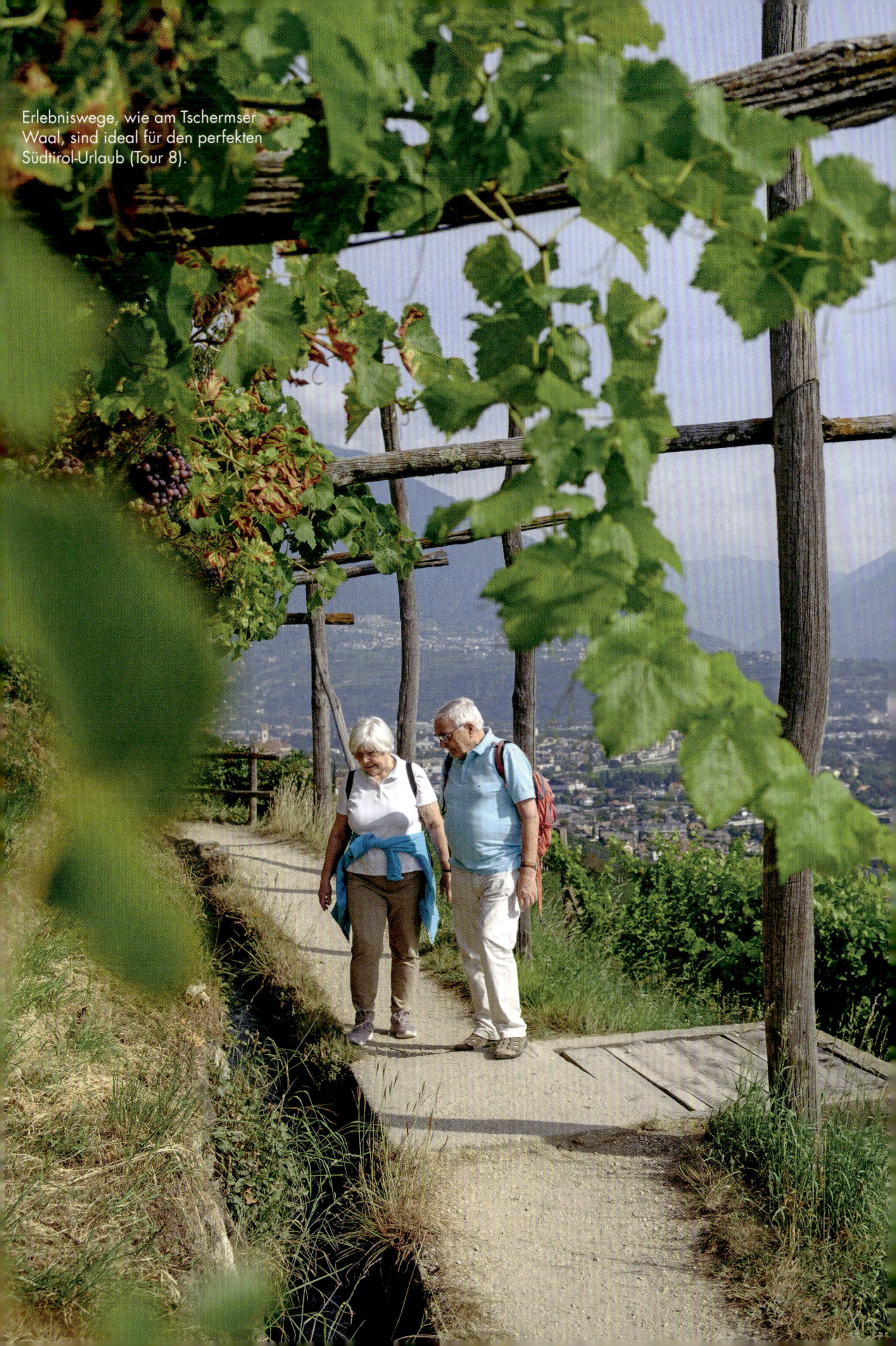

Erlebniswege, wie am Tschermser Waal, sind ideal für den perfekten Südtirol-Urlaub (Tour 8).

Register

Impressum

Verantwortlich: Sabine Klingan
Lektorat und Redaktion: Anette Späth
Layout: Eva-Maria Klaffenboeck
Kartografie: Bruckmann Kartografie, Heidi Schmalfuß
Repro: LUDWIG:media
Herstellung: Bettina Schippel
Printed in Turkey by Elma Basim

★★★★★

Sind Sie mit diesem Titel zufrieden? Dann würden wir uns über Ihre Weiterempfehlung freuen. Erzählen Sie es im Freundeskreis, berichten Sie Ihrem Buchhändler, oder bewerten Sie bei Onlinekauf. Und wenn Sie Kritik, Korrekturen, Aktualisierungen haben, freuen wir uns über Ihre Nachricht an Bruckmann Verlag, Postfach 40 02 09, D-80702 München oder per E-Mail an lektorat@verlagshaus.de.

Unser komplettes Programm finden Sie unter www.j-berg-verlag.de

Alle Angaben dieses Werkes wurden von den Autoren sorgfältig recherchiert und auf den neuesten Stand gebracht sowie vom Verlag geprüft. Für die Richtigkeit der Angaben kann jedoch keine Haftung übernommen werden, weshalb die Nutzung auf eigene Gefahr erfolgt. Insbesondere bei GPS-Daten können Abweichungen nicht ausgeschlossen werden. Sollte dieses Werk Links auf Webseiten Dritter enthalten, so machen wir uns die Inhalte nicht zu eigen und übernehmen für die Inhalte keine Haftung.

In diesem Buch wird aus Gründen der besseren Lesbarkeit das generische Maskulinum verwendet. Weibliche und anderweitige Geschlechteridentitäten werden dabei ausdrücklich mitgemeint, soweit es für die Aussage erforderlich ist.

Empfehlung der Redaktion
Sie sind auf der Suche nach weiterführender Literatur? Dann empfehlen wir Ihnen den Titel *Erlebnis-Wanderungen in und um Garmisch* von Lisa und Wilfried Bahnmüller und Markus Meier. Oder Sie werfen einen Blick in die Zeitschrift BERGSTEIGER SCHÖNER SÜDWESTEN. Hier werden Sie bestimmt fündig.

Bildnachweis: Alle Bilder im Innenteil und auf dem Umschlag stammen von den Autoren.
Umschlagvorderseite: Am Sonnenberg zwischen Partschins und Naturns (Tour 14)
Umschlagrückseite: St. Martin am Schneeberg (Tour 20)

Die Deutsche Nationalbibliothek verzeichnet diese Publikation in der Deutschen Nationalbibliografie; detaillierte bibliografische Daten sind im Internet über http://dnb.d-nb.de abrufbar.

© 2023 J. Berg in der
Bruckmann Verlag GmbH
Infanteriestraße 11a
80797 München

ISBN 978-3-86246-999-4